Mathias Wendel

Ute York

# *Maskenball der Seele*

Neue Wege der esoterischen
Reinkarnations-Therapie



Knaur

*Hinweis:* Alle in diesem Buch geschilderten Fallgeschichten sind authentisch; Namen und Lebensumstände der Klienten wurden jedoch geändert.

# Inhalt

# Teil I

# DIE KLIENTIN

## Der Mann ohne Gesicht

Das Therapie-Tagebuch von Susanne,
die sich auf der Flucht vor ihrem Mörder
in die Vergangenheit zurückführen läßt.

Ich muß zugeben, daß ich von Susannes Geschichte anfangs höchstens die Hälfte geglaubt habe – mit Betonung auf höchstens. Natürlich weiß ich, daß fast alle Klienten bei der ersten Unterhaltung mit ihrem zukünftigen Psychotherapeuten ein bißchen schwindeln. Schließlich wollen sie in dieser Situation einen möglichst souveränen Eindruck machen (das will der Therapeut übrigens auch). Einige Klienten neigen sogar zu kräftigen Übertreibungen – in der Hoffnung, daß ihre hochdramatische Lebensgeschichte beim Therapeuten großes Interesse und tiefes Mitgefühl hervorruft.
Nein, beim Erstgespräch legt man nicht jedes Wort auf die Goldwaage. Aber die Geschichte, die mir die selbstbewußte junge Frau im eleganten grauen Kostüm erzählte, kam mir selbst mit allen innerlichen Abstrichen immer noch ziemlich unglaubwürdig vor. Und sie gehörte auch nicht gerade zum Alltagsrepertoire eines Psychotherapeuten. Eher klang sie wie ein Kriminalroman:

Susanne war 35 Jahre alt, glücklich verheiratet – wie sie gleich betonte –, Mutter von zwei kleinen Söhnen, ehrgeizig und erfolgreich in ihrem Beruf als Geschäftsführerin einer gutgehenden Werbeagentur. Was immer sie anfing, schien ihr zu gelingen.
»Ich hatte allen Grund, mit meinem Leben zufrieden zu sein«, erklärte sie fast entschuldigend. »Und ich war's auch. Ich hoffte, es würde eine Weile so bleiben.«
Dann lag eines Tages, aus heiterem Himmel, ein Brief zwischen

der Geschäftspost: fingierter Absender, höfliche Anrede, fehlerfreie Rechtschreibung. In geschliffener Sprache und allen nur denkbaren perversen Details, illustriert mit Pornobildern, in die Susannes Foto einkopiert worden war, wurde dort der Sexualmord beschrieben, den der Verfasser mit Susanne plante: »... falls Du nicht bis zum 31. 12. aus Deutschland verschwindest ... verlaß Dich drauf – ich komme!«

Susanne hatte einen Blick auf den Kalender geworfen: Er zeigte das Datum vom 24. März.

»Der hat's wohl nötig«, hatte sie gemurmelt – und den Brief achtlos zur Seite geschoben. Aber eine seltsame tiefe Unruhe hatte sie seitdem keine Sekunde verlassen. Der zweite Brief kam genau einen Monat später, am 24. April. Diesmal brachte Susanne ihn zur Polizei – mitsamt der Kugel, die zur Untermauerung der Drohung darin enthalten war – und einer detaillierten Schilderung der sexuellen Perversionen, die dem Mord mit einer Kugel dieses Kalibers vorausgehen würden.

Das war der Tag gewesen, an dem die Angst gekommen war, die sie seither nie mehr verlassen hatte und die sich in jedem Monat vor dem 24ten, dem Tag, an dem sie den nächsten Brief erwartete, zur Panik steigerte. Der Brief blieb nie aus, verspätete sich niemals um auch nur einen Tag und ließ erkennen, daß der Schreiber über jeden ihrer Schritte informiert war: »Du bist ja immer noch da.« Stets endete er mit der gleichen Drohung: »Verlaß dich drauf – ich komme!«

Beim sechsten Brief, pünktlich am 24. August, hatte Susanne, einem Nervenzusammenbruch nahe, die Leitung der Agentur vorübergehend ihrer Stellvertreterin Charlotte übertragen und war für einige Zeit verreist: Urlaub mit unbekanntem Ziel – und der trügerischen Hoffnung, daß dieser Alptraum nach ihrer Rückkehr vorüber sein würde. Die Fotokopie des Briefes vom 24. Ok-

tober lag schon da – das Original hatte bereits das Sittendezernat der Kriminalpolizei zu den Akten genommen. »Ich hoffe, Du hast den letzten Urlaub Deines Lebens genossen – so wie Du die Dinge genießen wirst, die ich mit Dir machen werde, bevor …«
Die Kriminalpolizei bedauerte: Alle Nachforschungen seien im Sande verlaufen.

Nun, acht Wochen vor Ablauf der Frist, saß Susanne mir gegenüber: zierlich, schwarzhaarig, sehr blaß.
»Ich habe genügend Zeit damit verbracht, mich selbst zu bemitleiden und von anderen bedauern zu lassen«, erklärte sie trotzig.
»Die Polizei wird den Täter niemals finden.
›Liebe Frau S.‹, hat der Kommissar gestern gesagt, ›Sie haben unser tiefes Mitgefühl. Sie wissen, wir haben alles Menschenmögliche getan, um den Briefeschreiber ausfindig zu machen. Unsere Psychologen vermuten nach wie vor, daß er ein Geistesgestörter ist, pervers, aber harmlos. Natürlich haben wir Verständnis dafür, daß Sie trotzdem etwas beunruhigt sind. Machen Sie sicherheitshalber über Silvester mit Ihrer Familie eine schöne Reise, und wenn Sie wiederkommen, ist alles vergessen!‹
Vergessen!« fuhr Susanne sarkastisch fort. »Ich kann Tag und Nacht an nichts anderes mehr denken. Ich frage mich die ganze Zeit: Wer mag nur dieser Mensch sein, der mich so haßt? Aber nun habe ich es satt, einem Phantom nachzujagen. Ich will nicht länger bei jedem, der mir über den Weg läuft, denken: Könnte er der Täter sein? Warum muß so etwas ausgerechnet mir passieren – ich habe doch niemandem etwas getan? Ich bin am Ende. Ich habe nicht mal so sehr Angst davor, daß er mich wirklich umbringt. Ich habe viel mehr Angst vor der Macht, die er über mich hat. Ständig grüble ich drüber nach: Was läßt er sich als nächstes einfallen, um mich psychisch fertigzumachen? Er bringt

mich fast um meine Existenz und meinen Verstand. Von meiner Familie ganz zu schweigen: Können Sie sich vorstellen, welche Stimmung seit Monaten bei uns herrscht? Ich habe kleine Kinder, die von der Geschichte nichts erfahren dürfen. Aber natürlich spüren sie, daß etwas nicht stimmt. Ich brauche Hilfe, um die nächsten Monate zu überstehen. Ein guter Freund hat mich zu Ihnen geschickt. Glauben Sie, daß Sie mir helfen können?«

Ich warf einen Blick in Susannes Horoskop, das meine Sekretärin kurz zuvor noch über den Computer ausgedruckt hatte: Skorpion-Mond, also eine Frau, die in den Tiefen ihrer Seele durchaus einige »dicke Leichen« liegen haben konnte – besonders wenn es um Sexualität geht –, die das aber niemals zugeben würde. Dazu war ihr Bedürfnis nach Harmonie und heiler Welt viel zu groß: Waage-Aszendent! Das paßte. Also war an ihrer Geschichte möglicherweise etwas dran. Auch die Zeit für die Konfrontation mit den dunklen Seelentiefen stimmte: Pluto befand sich im Transit. Und Macht oder Machtverlust durch Sexualität sind Themen, die geradezu typisch für Pluto und sein Stirb-und-Werde-Prinzip sind. Susannes Hausaufgaben waren sozusagen »fällig«. Ihre scheinbar so heile – scheinheile? – Welt war dabei, zusammenzustürzen. Nun bestand die Chance, sie durch eine ehrlichere zu ersetzen. Das war natürlich genau das, was Susanne nicht wollte. Sie hatte nur den einen Wunsch: Alles sollte wieder so werden wie früher.

»Ich bin nicht sicher, ob ich Ihnen helfen kann, Ihre heile Welt wieder herzustellen«, sagte ich vorsichtig. »Aber wir könnten auf alle Fälle Ihre Seele durchleuchten und herausfinden, was Sie persönlich mit der Sache zu tun haben. Vermutlich werden Sie danach auch besser mit dieser Bedrohung umgehen können. Sie

müssen selbst entscheiden, ob Ihnen das reicht. Phantasien von sexueller Gewalt haben Sie nie?«
»Nie!« erwiderte Susanne empört. »Was denken Sie! Mit der Sexualität habe ich keinerlei Probleme.« Und sie fügte leise hinzu: »Ich denke, ich werde trotzdem zu Ihnen kommen. Ich habe keine andere Wahl.«
Einige Wochen später begann ihre Therapie.
Ich bitte meine Klienten, von den einzelnen Sitzungen eine Art Protokoll anzufertigen. Die meisten tun das auch, manche mehr oder weniger lustlos, so, wie man Hausaufgaben erledigt. Die Eintragungen in ihr Therapie-Tagebuch, das Susanne jeden Morgen kommentarlos auf meinen Schreibtisch legte, lasen sich dagegen nicht wie Hausaufgaben, sondern eher wie ein Psychokrimi. Denn parallel zu den Entwicklungen in ihrem Kampf mit dem Schattenmörder lief der »Krimi« ihrer Seele ab.
Dies ist das Tagebuch von Susanne:

*1. Sitzung*

Mein Gott, denke ich, als ich das abgedunkelte, völlig schwarz eingerichtete Therapiezimmer betrete, worauf hast du dich da nur eingelassen! Ich setze mich auf den äußersten Rand der schwarzen Couch und versuche, in der Dunkelheit das Gesicht des Mannes wiederzuerkennen, der in den nächsten vier Wochen mein Therapeut sein wird. Ich kenne ihn doch kaum! Ist er warmherzig? Verständnisvoll? Ist er der richtige Weggefährte auf dieser Reise zu meinen Schatten, unter denen sich irgendwo ein Sexualmörder verborgen hält? Brauche ich denn wirklich einen Psychotherapeuten? Hätte ich nicht doch besser den Privatdetektiv eingestellt, den Marcus (ihr Mann) unbedingt engagieren wollte? Oder wenigstens eine ganz klassische Psychoanalyse bei dem Doktor gemacht, zu dem drei meiner Freundinnen gehen? Marcus hält mich für völlig verrückt, seitdem ich mich zu einer Reinkarnations-Therapie angemeldet habe. Ob er womöglich recht hat?

Jetzt, Stunden nach der ersten Sitzung, weiß ich das zwar immer noch nicht. Dafür habe ich über mich selbst Dinge erfahren, die mich zutiefst verunsichern: Da mache ich eine Therapie, um herauszufinden, wer mich ermorden will. Und was passiert? Gleich in der ersten Sitzung habe ich jemanden ermordet: meinen Vater. Kalt und genußvoll, ohne jede Reue. Etwa hundert tiefe Atemzüge habe ich gebraucht, bis ich dazu fähig war. Ich, die ich jede Form von Gewalt verabscheue, zehn Jahre engagiertes Mitglied in der Friedensbewegung! Wenigstens hatte ich, fand ich, ein akzeptables Motiv: Mein Vater hatte mich (in der Bildergeschichte während der Therapie) seit Jahren brutal vergewaltigt – immer, wenn er betrunken war. Und immer auf dem Küchentisch. Ich verstehe nicht, wieso ich ausgerechnet darauf gekommen bin. Es fing so harmlos an:

Eine Wiese sollte ich mir vorstellen – irgendeine Wiese. Und dann gleich das! Zwar ist »mein Vater« nicht in Wirklichkeit mein Vater. Und ich bin auch nicht »ich«: die warmherzige, fröhliche und temperamentvolle Mutter, die liebevolle Partnerin – an meine beiden Lieblingsrollen traue ich mich nicht ran. Ich bin auch nicht die erfolgreiche Geschäftsfrau, sondern ein bretonisches Bauernmädchen. Seltsam – woher weiß ich trotzdem so sicher, daß ich das bin? Im roten Kleid, mit schweren braunen Lederschuhen stehe ich auf einer verdorrten, braunen Septemberwiese und gehe langsam auf ein verlassenes Bauernhaus zu. Alt ist es, verfallen, von Brombeeren umrankt, von

Brennesseln fast zugedeckt – eines der Häuser, zu denen ich mich hingezogen fühle, auch heute noch. Ich komme gleich in die Küche: ein alter Tisch, ein paar zerbrochene Stühle, daneben zwei dunkle Schlafkammern, ein Ziegenstall. In den ersten Stock traue ich mich nicht, deshalb richte ich es einfach so ein, daß die Treppe nach oben eingestürzt ist – kein Problem. In den Keller mag ich auch nicht. Aber da schickt mich der Therapeut trotzdem runter – obgleich ich ihn ausdrücklich darauf aufmerksam mache, daß dieses Bauernhaus gar keinen Keller hat! – Er hatte dann doch einen:

In der Vorratskammer finde ich ein Glas mit eingemachten Pflaumen. Den Raum neben der Vorratskammer kenne ich gut – das ist der mit den Ratten. Da hat mein Vater mich immer eingesperrt. Natürlich will der Therapeut gleich wissen, warum. Ich mag ihm nicht sagen, daß mein Vater mich immer in der Rattenkammer eingeschlossen hat, wenn ich ihm nicht zu Willen war. Also lüge ich ein bißchen und sage, daß ich dort rein mußte, wenn ich die Hausarbeit nicht zu seiner Zufriedenheit erledigt hatte. Der Therapeut glaubt's mir. Oder er tut jedenfalls so.

Und dann schickt er mich in den nächsten Keller, noch tiefer, dorthin, wo es so stinkt. Ich wehre mich mit Händen und Füßen. Ehe ich da hinabsteige, sage ich doch lieber die Wahrheit: Dort unten liegt die Leiche meines Vaters. Ich habe ihn umgebracht. Damals, als er meine Mutter fortschickte und mich wieder einmal auf den Küchentisch zwingen wollte – da habe ich ihm das Brotmesser in die Kehle gestoßen!

Aus. Filmende. Mehr will der Therapeut nicht wissen. Nach der Bildergeschichte, wieder im Sitzen: Noch ehe ich dazu komme, das arme, mißbrauchte Mädchen mit flammenden Worten in Schutz zu nehmen, schildert er mir meine eigene Geschichte noch einmal. Er verdreht nichts. Er benutzt sogar meine eigenen Worte – offenbar hat er sich während der Sitzung Notizen gemacht. Und trotzdem hört sich die Geschichte plötzlich ganz anders an. Ich merke, worum es geht.

Meine Themen, sagt er, seien Einsamkeit, Macht, Kälte und Triebhaftigkeit. Die Küche stehe symbolisch für Sex, ebenso wie Essen. Das verfallene, mit Nesseln und Dornen gut geschützte Haus symbolisiere meine Persönlichkeit und drücke viel Abwehr und Angst vor den Gefühlen aus, genau wie die braune, verdorrte Wiese und die schweren, klobigen Schuhe. Die Art des Tötens, ohne eine Spur von Reue, zeige Berechnung, Kälte, Verzweiflung. Noch bräuchte ich für den Mord ein entschuldbares Motiv. Aber das, meint mein Therapeut, würde sich in den nächsten Sitzungen auch noch ändern. Ich könnte mich in dieser Beziehung auf einiges gefaßt machen, sagt er. Nicht unfreundlich, aber überaus gelassen.

Ich fühle mich völlig verkannt und verspüre den dringenden Wunsch, ihm auf der Stelle klarzumachen, was für eine warmherzige, liebenswerte Frau ich im Grunde bin. Aber dann sage ich doch lieber nichts. Denn irgendwie ist tief in mir das unbestimmte Gefühl: Das, was ich da auf der schwarzen Couch in dem schwarzen Raum über mich erfahren habe, das ist auch ein Teil von mir. Aber morgen, nehme ich mir fest vor, morgen werde ich ihm eine Geschichte erzählen, bei der ich besser wegkomme!

*2. Sitzung*

Wenn ich wirklich versucht haben sollte, mir diesmal eine bessere Rolle auszudenken, so ist mir das gründlich mißglückt. Um Gottes willen nicht schon wieder einen Mord, habe ich mir

vorgenommen. Zeig dich diesmal, wie du wirklich bist. Was soll der Therapeut sonst von dir denken!
Seltsam, meistens ist es mir völlig gleichgültig, was andere von mir halten. Ich bin sogar stolz drauf, daß ich den Ruf habe, eine knallharte Business-Frau zu sein, die nur dann weich wird, wenn es um ihre Familie geht. Doch ausgerechnet hier, in diesem schwarzen Raum, in dem ich freiwillig sitze, um mehr über das Dunkle in mir zu erfahren, da habe ich plötzlich das Bedürfnis, weiblich, unschuldig und verletzbar zu wirken. Und dann reichen wieder hundert oder zweihundert tiefe Atemzüge, um Dr. Jekyll in Mr. Hyde zu verwandeln. Zwar habe ich heute tatsächlich niemanden umgebracht. Was ich getan habe, ist viel schlimmer: Ich habe den Kutscher dafür bezahlt, daß er mein Kind beiseite schaffte. Fassen kann ich das immer noch nicht. Denn bei allen schlechten Eigenschaften, die ich habe – die Liebe zu meinen Kindern ist aufrichtig und uneigennützig. Dies ist die Geschichte:

Ich sitze im Kerker, Hände und Füße gebunden, im Stroh rascheln wieder die verdammten Ratten, die mich schon in der ersten Sitzung so in Panik versetzt haben. Doch ich bin nicht verzweifelt – im Gegenteil: Ich bebe geradezu vor Zorn, denn ich fühle mich zu Unrecht hier gefangen.
Der Therapeut will wissen, wie ich in den Kerker gekommen bin. Ich »schaue nach« – wie einfach die Bilder kommen! –, und ich finde mich in einem Schloß wieder. Die Zeit: spätes Mittelalter. Ich bin um die vierzig, groß, kalt, gebieterisch – aber schön. Vor mir steht ein Kind, es fleht mich an, bei ihm zu bleiben: ein kleines Mädchen mit roten Locken, sieben, acht Jahre alt – meine Tochter. Nacht für Nacht wird sie von entsetzlichen Alpträumen geplagt – immer sind es riesige Ratten, die sie im Traum bedrohen. Doch heute will ich ausgehen, um mich zu amüsieren. Ich

schicke das Kind achtlos zu den Dienstboten zurück und fahre vierspännig und aufgeputzt auf einen Ball.
Dort lerne ich einen Mann kennen, der in diesem Leben Marcus ist, mein Mann. Ich erkenne ihn sofort – trotz der altmodischen Kleidung. Er hat die Augen von Marcus. Er gleicht ihm auch im Wesen: Gütig ist er, humorvoll, warm – lauter Eigenschaften, die mir – damals? – fehlen. Ich will ihn haben, diesen Mann, und was ich will, bekomme ich auch. Doch bald muß ich feststellen, daß er meine kleine Tochter mehr liebt als mich. Rasend vor Eifersucht befehle ich dem Kutscher, das Kind wegzuschaffen. Ich sage nicht ausdrücklich, was er mit ihm machen soll, aber ich gebe ihm Geld. Viel Geld … Natürlich wird meine Tochter bald vermißt. Aber obgleich viele der Dienstboten mit dem Finger auf mich zeigen, kann mir niemand etwas nachweisen.
Ausgerechnet mein Mann sorgt dafür, daß ich in den Kerker komme. Ich rase vor Zorn. Vor Zorn, nicht vor Angst. Denn ich bin zuversichtlich, daß er mich dort wieder rausholt. Ich weiß, daß er ohne mich nicht leben kann: Ich bin heiter, klug – und ich bin gut im Bett. Tatsächlich werde ich vor Gericht freigesprochen. Mein Mann hat – buchstäblich in letzter Sekunde – zu meinen Gunsten ausgesagt. Gesiegt habe ich trotzdem nicht: Nach dem Freispruch verläßt er mich.

Diesmal versuche ich erst gar nicht, mich vor dem Therapeuten zu rechtfertigen. Ich bin zutiefst deprimiert. Mag ja sein, daß es sich bei dieser herzlosen Frau um meinen Schatten handelt – wie der Therapeut sagt. Aber ich bin nicht sicher, ob ich diesen Schatten wirklich kennenlernen will. Bin ich überhaupt bereit, irgendeinen Schatten kennenzulernen? Wäre es nicht viel angenehmer, weiterhin mit dem Gefühl zu leben, daß ich an meinem heutigen Schicksal keine Schuld trage? »Sicher wäre es das«, hat

mein Therapeut trocken gesagt. »Bis zum nächsten Mal. Aber dann bleibt's vielleicht nicht bei den Drohungen. Dann steht möglicherweise wirklich jemand mit dem Messer hinterm Busch.« Er hat natürlich recht. Im Kopf kann ich die Konfrontation mit meinen Schatten auch ganz gut verkraften. Aber körperlich breche ich zusammen. Rasende Kopfschmerzen, Übelkeit, Erschöpfung. Das liegt natürlich auch daran, daß ich gestern mit dem Fasten begonnen habe. 10 Tage Fasten gehören zur Therapie. Ich bin froh, daß die Kinder in den nächsten Wochen bei meiner Mutter sind. Marcus, mein Mann, ist der einzige, mit dem ich reden mag. Ich weiß nicht, was mit ihm geschehen ist: Er, der große Skeptiker, der eine Reinkarnations-Therapie für absurd hielt, ist plötzlich so verständnisvoll. Meine – unsere – Situation hat offenbar Dimensionen erreicht, bei denen er mit dem scharfen, analytischen Verstand, auf den er sonst immer so stolz ist, auch nicht weiterkommt. Das macht ihn weicher, und wir rücken näher aneinander. »In diesem Leben«, sagt er – er sagt tatsächlich »in diesem Leben« – »steh' ich dir bei.« Und fügt augenzwinkernd hinzu: »Ich liebe dich – trotz deiner schwarzen Vergangenheit!«
PS. Morgen ist der 24. November.

*3. Sitzung*

Mein Schatten war wieder da. Aber diesmal kam er nicht mit der Post. Regine, meine Sekretärin, die nun seit über einem halben Jahr voller Angst auf die Post wartet, rief gestern schon ganz früh an: »Es ist nichts dabei. Vielleicht hat er aufgegeben, Susanne. Du weißt doch: Er verspätet sich nie. Vielleicht ist dieser Alptraum nun endlich vorüber.« Ich war skeptisch, doch als auch in der Mittagspost kein Brief lag, habe ich Marcus angerufen. Marcus sitzt an jedem 24sten zwischen acht und zehn Uhr neben seinem Telefon und wartet auf neue Hiobsbotschaften. Deshalb war er gestern morgen genauso erleichtert wie Regine und ich – und auch so optimistisch: »Du wirst sehen, er hat aufgegeben. Er hat die Lust verloren. Oder Angst bekommen, oder was weiß ich. Heute abend gehen wir aus. Ich will dich endlich wieder einmal lachen sehen. Mach dich so schön du kannst!«

Zur Therapie gehe ich an diesem Morgen fast mit leichtem Herzen. Ob's daran lag, daß diesmal keine Bilder kommen wollten? Oder habe ich sie, wie mein Therapeut vermutete, einfach abgewürgt? Jedenfalls haben wir das Bildern etwas früher beendet und statt dessen über mein Horoskop geredet. Bisher habe ich nie recht an Astrologie geglaubt, aber seit heute vormittag bin ich reichlich verunsichert. Wenn Astrologie wirklich der Unsinn ist, für den ich sie bisher immer gehalten habe – woher weiß der Therapeut dann so viele Dinge über mich? Er kennt mich doch erst seit drei Sitzungen. Woher weiß er zum Beispiel, daß ich dazu neige, meine Intuitionen für unfehlbar zu halten? Oder daß ich, was das Erotische angeht, manchmal von außergewöhnlichen, bizarren und unmöglichen Situationen träume – es aber beim Träumen belasse? Oder woher kennt er meine Art, mit der ich eine Konferenz leite: scheinbar kollegial, und doch stehe ich immer im Mittelpunkt?
»Das steht doch hier in Ihrem Horoskop«, sagte er, so als wäre das die selbstverständlichste Sache der Welt. Er versucht auch, mir zu erklären, was die Symbole, Linien, Dreiecke und Quadrate dort bedeuten, aber ich verstehe kein Wort. Ich weiß nur, daß er, verdammt noch mal, mit jedem Satz recht hat. Ich glaube, ich muß in meinem Leben noch eine Menge Dinge lernen, und nicht nur über mich selbst!

Bis zum Abend kein Brief. Ich bin vor Erleichterung von einer fast unwirklichen Heiterkeit und spüre unbändige Lebenslust. Marcus und ich haben im letzten Jahr so wenig miteinander gelacht. Gerade steige ich in das schwarze Seidenkleid, das er so gern mag, da klingelt das Telefon. »Das werden deine Söhne sein, du kinderloser Vater«, sage ich vergnügt und nehme den Hörer ab.

»Ich habe dich wieder vor deiner Agentur gesehen«, sagt die fremde, seltsam tonlose Stimme. »Du bist ja immer noch da. Und eine neue Frisur hast du auch. Glaubst du, ich erkenne dich so nicht wieder? Du weißt doch, was wir beide vorhaben. Erst werde ich dich in den Arsch ficken. Dann werde ich dir einen Knebel in den Mund schieben und ein Messer ...« Ich lasse den Hörer fallen und breche in Tränen aus. Marcus, der neben mir steht und alles mitgehört hat, wird weiß im Gesicht. »Könnte ich ihn doch nur umbringen«, sagt er leise. »Dieses Schwein zerstört unser ganzes Leben.« Ich heule, schluchze, schreie hysterisch. Hört der Terror denn niemals auf? Den Rest des Abends verbringen wir mit Spekulationen – genau wie damals vor nun über einem halben Jahr, als diese miese, schmutzige Geschichte begann. Wieso ruft er nun bei uns zu Hause an? Oder war das vielleicht gar nicht der Mann ohne Gesicht? Womöglich nur ein blöder Zufall, falsch verbunden, ein dummer Scherz? Hätte ich den Anrufer in ein Gespräch verwickeln sollen, während Marcus die Polizei alarmierte? Warum haben wir bloß keine Fangschaltung legen lassen? Aber bisher hat er noch niemals zu Hause angerufen, immer nur Briefe in die Agentur geschickt. Irgendwann nachts lasse ich den schwarzen Seidenfummel zu Boden fallen, nehme zwei Schlaftabletten und lege mich heulend ins Bett. Marcus sitzt mit einer Flasche Whisky vorm Fernseher und starrt auf das Testbild. Am nächsten Morgen sitzt er immer noch da. Schweigend, mit tiefen Rändern unter den Augen und unrasiert geht er ins Büro. Ich bin so deprimiert, daß ich nicht mal die Kinder anrufen mag, um ihnen guten Morgen zu sagen.

*4. Sitzung*

In der Sitzung heute morgen, nach einer schlaflosen Nacht, habe ich die Depression dann auf einer anderen Ebene erlebt:

Ich arbeite als Hausmädchen bei einer großbürgerlichen Familie. Außer mir gibt es dort noch eine Menge anderer Dienstboten. Aber sie meiden mich – ich gelte als hochnäsig, weil ich Französisch kann und Klavier spiele. Eines Tages mache ich »Karriere« – ich werde Gesellschafterin bei der Dame des Hauses. Sie hat mich gern. Zum ersten Mal in meinem Leben erfahre ich Geborgenheit und Zuneigung. Das Glück hält jedoch nicht lange an, denn der Hausherr glaubt, daß ich seine Frau gegen ihn aufwiegle – ich muß gehen.
Mit dem Geld, das mir meine mütterliche Freundin zum Abschied gegeben hat, miete ich mich in einer Pension ein. Naiv, wie ich bin, merke ich erst nach einiger Zeit, daß ich in einem Freudenhaus gelandet bin. Aber das stört mich nicht – ich fühle mich wohl dort. Die fünf Mädchen, die hier arbeiten, sind bald meine Freundinnen. Doch als mein Geld verbraucht ist, versuche ich trotzdem nicht, wie die anderen, meinen Lebensunterhalt als Hure zu verdienen. Nicht, weil ich dafür zu moralisch bin – ich komme mir einfach zu fein dafür vor.
Also gehe ich weg und suche mir eine »anständige« Tätigkeit. Wieder bin ich Gesellschafterin in einem bürgerlichen Haus. Doch diesmal mag ich die Frau nicht, für die ich arbeite. Dafür

gehe ich mit ihrem Mann ins Bett. Natürlich werde ich schwanger, natürlich fliege ich raus. Wieder stehe ich auf der Straße. Aber ich freue mich auf mein Kind. Endlich wird da jemand sein, den ich lieben kann. Die Wehen setzen viel zu früh ein. Ich schaffe es gerade noch, das Freudenhaus zu erreichen, in dem ich damals gewohnt habe. Dort leben die einzigen Freunde, die ich habe. An diesem Winterabend wird mein kleiner Sohn geboren. Er ist winzig und viel zu zart – aber was für ein Kämpfer er ist!
Doch dann bricht in der Stadt eine Epidemie aus, der zahllose Menschen zum Opfer fallen. Mein Kind stirbt. Die meisten meiner Freundinnen sterben. Nun will ich auch nicht länger leben. Doch ich habe nicht den Mut, Selbstmord zu begehen. Deshalb suche ich Arbeit in einem der vielen hastig errichteten Asyle, in denen die Seuchenopfer versorgt werden. Ich pflege, tröste, helfe, so gut ich kann – bis auch ich eines Tages erkranke. Ich sterbe, wie ich mir das gewünscht habe. Ich bin 24 Jahre alt.

Am Ende der Geschichte wische ich mir die Tränen aus dem Gesicht. Ich weiß nicht, ob ich aus Selbstmitleid heule oder aus Erleichterung darüber, daß ich endlich einmal nicht so kalt und herzlos war wie in meinen anderen Leben. Nun kann ich auch darüber reden, was gestern abend geschehen ist. Der Therapeut reicht mir ein Taschentuch. Zum ersten Mal glaube ich so etwas wie Wärme in seinem Gesicht zu spüren.
»Wir werden ihn finden, Ihren Schatten«, sagt er. »Rechtzeitig?« frage ich voller Panik. »Rechtzeitig«, wiederholt er. Ich bin ein bißchen getröstet. Aber nur ein bißchen. Denn mehr noch als der Schatten in mir beunruhigt mich der greifbare, der irgendwo lebt und mit seinen sorgfältig formulierten sadistischen Briefen mein Leben zerstört. Ich mag nicht daran denken, daß der eine mit dem anderen zu tun haben könnte.

*5. Sitzung*

Heute in der Sitzung habe ich erfahren, daß ich einmal eine Hexe war. Seltsam: Gespürt – geahnt? – habe ich das schon lange. Ich habe auch schon immer ein bißchen »gehext«: Timmi bei Vollmond mit einem selbsterfundenen Ritual die Warzen weggezaubert. Marcus die Kopfschmerzen wegmassiert. Und wenn mir jemand gegenübersitzt, kann ich manchmal seine Gedanken lesen – was bei Verhandlungen mit wichtigen Kunden sehr von Vorteil sein kann. Aber ich habe das nie für übersinnliche Fähigkeiten gehalten, sondern allenfalls für überdurchschnittlich stark ausgeprägte Intuition. An Übersinnliches mag ich nicht glauben. Schließlich habe ich nicht umsonst ein paar Semester lang Psychologie studiert.

Doch heute in der Sitzung – und auch noch danach – habe ich begriffen, daß dahinter viel mehr sein muß als psychologisch erklärbares Einfühlungsvermögen. Ich weiß nun genau, wie man sich als Hexe fühlt und wie man arbeitet, und ich weiß auch, daß »Hexenkünste« keine rationale Erklärung brauchen, weil sie auf einer anderen Wirklichkeitsebene stattfinden, wo immer diese auch angesiedelt sein mag. Und dieses neugewonnene Wissen stammt nicht aus Büchern, sondern aus mir selbst. Natürlich hätte ich mir im nachhinein auch noch ein paar handfeste Fähigkeiten gewünscht, etwa die Erinnerung an das Rezept für einen Liebestrank (oder soll ich ehrlicherweise zugeben, daß mir die Todesformel oder zumindest ein Schutzzauber noch lieber gewesen wäre?), aber danach hat mich mein Therapeut leider nicht gefragt. Er fand meine Geschichte auch so »stimmig«. Ich ja auch. Trotzdem macht es mich traurig, daß all das Wissen um diese geheimen Dinge in mir vergraben sein soll – gerade jetzt könnte ich es so dringend gebrauchen!

Zutage kam meine hexische Vergangenheit beim Thema »Kopf«. Das ist die Geschichte:

Mein Kopf liegt auf einem Holzklotz, der nach Blut riecht und nach Tod. Viele Menschen stehen auf dem Richtplatz. »Tod der Hexe!« rufen sie. Ich knie dort und habe keine Angst. Das spürt auch der Scharfrichter. Offenbar stört es ihn in seinem Berufsverständnis – jedenfalls braucht er zwei Hiebe mit dem Beil, bis mein Kopf auf den mit Sägespänen bedeckten Sandboden rollt. Ich habe die Vermutung, daß das kein Versehen war, aber es macht mir ohnehin nichts aus: Ich habe meinen Körper längst verlassen und bin in der anderen Welt, in der man keine Schmerzen spürt. Dort darf ich aber nicht bleiben, denn der Therapeut schickt mich zurück an den Zeitpunkt, an dem mein Hexenleben begann:

Siebzehn Jahre bin ich da alt. Ich lebe mit meiner Großmutter in einem Haus im Wald und lerne von ihr das Wissen um die geheimen Dinge: die Wirkung der Kräuter und der Drogen, das Rezept für den Liebestrank und die Formel für den Todeszauber. Das alles interessiert mich zwar, aber genauso gern gehe ich ins Dorf. Dort ist nämlich immer etwas los – zumindest, wenn ich mich darum kümmere: Mit meinen magischen Kräften schaffe ich es, daß ganz »zufällig« immer dann ein fahrender Sänger, ein Wanderzirkus oder ein Gaukler im Ort auftaucht, wenn ich gerade dort bin. Die Leute im Dorf bringen das auch mit mir in Zusammenhang, jedenfalls freuen sie sich, wenn ich komme.
Natürlich ist da auch ein Mann, der mich interessiert. Mit Entsetzen erkenne ich schon wieder das Muster, das ich nun schon in einigen Leben an mir beobachtet habe: Der Mann selbst ist mir gleichgültig. Er ist so unwichtig, daß ich in der Therapie nicht einmal sein Gesicht erkenne. Aber ich will ihn haben. Was mich

an ihm fasziniert, ist, daß er vergeben ist – er hat Frau und Kind und liebt beide. Doch den Liebestrank beherrsche ich aus dem Effeff …

Mein Geliebter ist mir nach kurzer Zeit verfallen. Das wird mir bald lästig, und so versuche ich, den Liebeszauber wieder zu lösen. Aber meine Großmutter ist zornig, weil ich meine Macht mißbraucht habe, und so zaubert sie mir zur Strafe den »blinden Fleck«: Niemals im Leben werde ich die Formel zur Lösung des Liebeszaubers finden. Trotzig begebe ich mich auf die Suche. In der ganzen Welt fahnde ich nach dem einen Wissen, das mir verborgen bleiben soll. Ich lerne viel, beherrsche die Magie in allen Spielarten – bis auf den einen Punkt. Schließlich, alt geworden, resigniere ich. Ich lasse mich in einer Stadt nieder und versuche dort, meine Künste und mein Wissen für einen guten Zweck einzusetzen. Und weil ich offenbar nie zur Bescheidenheit geneigt habe, bin ich bald die berühmteste Hexe meiner Zeit.

Schließlich kommt es, wie es kommen muß: Einer der Mächtigen verlangt, daß ich seinen Gegner mit dem Todeszauber belege. Ich weigere mich, werde daraufhin, nicht ganz zu Unrecht, der Hexerei bezichtigt und zum Tode verurteilt. An meine letzten Gedanken in diesem Leben erinnere ich mich noch genau: Ich habe, sage ich, immer nur nach dem vollkommenen Wissen gesucht, das die Macht gibt, und niemals nach der Liebe. Was ich zu spät begriffen habe, ist dies:

*Wer die Liebe hat, der braucht nicht die Macht. Und wer geliebt wird, der braucht nicht vollkommen zu sein.*

Die Geschichte, die ich heute erlebt habe, hat mich tief gerührt. Ich habe gesehen, wie leichtfertig und rücksichtslos ich – wieder einmal – mit dem Schicksal anderer Menschen umgegangen bin. Woher nehme ich nur heute die Berechtigung, im Selbstmitleid zu ertrinken, wenn es mir selber mal an den Kragen geht? Und wo, bitte schön, ist die Weisheit geblieben, die die Hexe am Ende ihres Lebens besaß?

So viel Selbsterkenntnis, so viel Einsicht! Trotzdem habe ich mich heute bei einer Hellseherin angemeldet. Meine Nachbarin Anna hat mir die Telefonnummer gegeben. »Amrita«, sagte sie, »sieht Dinge, die andere nicht sehen. Vielleicht kann sie dir auch sagen, wer dich so fertigmachen will.«
Noch vor einer Woche hätte ich jeden, der mit einem solchen Vorschlag gekommen wäre, für verrückt erklärt. Ich habe Marcus gefragt, was ich tun soll. Marcus, der Skeptiker, der vieles von dem, womit ich mich zur Zeit beschäftige, ironisch als »Voodoo« bezeichnet, hat nur auf das Telefon gestarrt. »Geh hin«, hat er gesagt. »Wir haben nichts zu verlieren.« Heute in einer Woche habe ich einen Termin.

*6. Sitzung*

Ich bin geflogen! Heute in der Sitzung habe ich meinen Körper verlassen. Da war nur noch eine starre, leere Hülle, die unter mir lag und der ich mich nah fühlte, und zugleich unendlich fern. Ab und zu hab' ich mal versucht, einen Zeh zu bewegen. Nur um zu sehen, ob er noch da war – und dann bin ich wieder nach oben geschwebt. Wie lange ich dort war – eine Stunde oder eine Ewigkeit –, weiß ich nicht. In der Unendlichkeit spielt Zeit keine Rolle. Irgendwann rief mich die Stimme meines Therapeuten in die Wirklichkeit zurück. Nie bin ich einem Ruf mit mehr Widerwillen gefolgt.

Begonnen hatte alles wie eine ganz normale Sitzung: mit Atmen. Nimmt denn diese Quälerei diesmal nie ein Ende, denke ich. Die Phase des intensiven Atmens, die in jeder Sitzung dem Einstieg in frühere Leben vorausgeht und etwa 20 Minuten dauert, ist mir immer lästig. Ich weiß, daß sie notwendig ist, damit ich zu einer anderen Bewußtseinsebene gelange. Aber ich mag das Kribbeln in meinen Armen und Beinen nicht. Und ganz besonders hasse ich es, die Kontrolle über meinen Körper und über meinen kritischen Verstand aufgeben zu müssen. Heute kommt es mir vor, als hätte ich nun schon seit Stunden heftig ein- und ausgeatmet. Ich kann nicht mehr. Und vor allem: Ich mag nicht mehr. Ich öffne die Augen und blicke den Therapeuten fragend an. Ob er die Zeit vergessen hat? Er ignoriert meinen Protest und bedeutet mir, weiterzuatmen: noch tiefer, noch intensiver, noch schneller. Ein und aus und ein und aus.

Irgendwann gibt mein Körper den Widerstand auf. Und in dem Augenblick, in dem mein Atem endlich zur Ruhe kommt, bin ich – ohne Suggestion, ohne Vorbereitung, aber auch ohne Abwehr – in die andere Dimension eingetreten, in der man seinen Körper nicht mehr braucht. Ich weiß, wo ich mich befinde – niemand muß es mir sagen. Meine Seele ist hier zu Hause. Zwischen Zeit und Raum, einen halben Meter über meinem Körper schwebend, fühle ich mich so glücklich, so frei wie nie zuvor.

Nun weiß ich, daß ich den Tod nicht fürchten muß. Nicht nur das. Ich habe erlebt, wie süß der Tod ist – und ahne nun, wie gefährlich die grenzenlose Sehnsucht danach sein kann, dieses Gefühl noch einmal zu erleben …

Als die Sitzung zu Ende ist, habe ich tausend Fragen. Aber ich bringe kein Wort heraus. Der Therapeut nickt mir zu. »Sie sollten jetzt nicht Auto fahren. Lassen Sie Ihren Wagen hier stehen, und gehen Sie zu Fuß nach Hause.«

Im Englischen Garten ziehe ich die Schuhe aus und laufe barfuß durchs Gras. Mir ist, als hätte ich Flügel. Das Gefühl atemlosen Glücks hält bis Sonntag abend an. So gern hätte ich anderen davon erzählt. Aber wem? Marcus?

»Aha«, sagt er etwas hilflos, als ich versuche, Worte für das zu finden, was sich nicht in Worte fassen läßt. Marcus bemüht sich immer noch sehr, meiner Therapie gegenüber offen zu sein. Er glaubt mir auch, was ich ihm darüber erzähle. Aber sein staatlich geprüfter und promovierter Chemikerverstand hat keine Ahnung, unter welcher Rubrik er meine Erlebnisse ablegen soll.

Also gehe ich bei Anna vorbei. Sie ist Yoga-Lehrerin, vielleicht kann sie mir mehr darüber sagen. Anna hört mit großem Interesse zu. »Ich habe bei einem Rebirthing-Seminar erlebt, daß einige Teilnehmer ihren Körper verlassen haben«, sagt sie. »Ich selbst habe das leider noch nicht erfahren.« Wenigstens erklärt sie mich nicht für verrückt.

Abends rufe ich die Kinder zum Telefon-Gutenachtkuß an. Timmi und Jonas sind sechs und acht Jahre alt. »Diese Nacht hatte ich solche Sehnsucht nach dir, da habe ich dich besucht«, sagt Jonas. »Es war sooo schön. Wir sind Eis essen gegangen und in den Zirkus, und dann hast du mich zurückgeflogen. Ohne Flugzeug. Aber Oma sagt, das war nur ein Traum. Niemand kann ohne Flugzeug fliegen.« – »Davon versteht Oma nichts«, antworte ich energisch. »Früher, als Hexe, bin ich dauernd geflogen – ohne Flugzeug. Und heute in der Therapie auch.« – »Fliegst du auf einem Besen?« fragt Jonas beeindruckt. »Ach wo«, sag' ich, »das schaffe ich auch ohne.« Und ich fühle mich zum ersten Mal an diesem Wochenende so richtig verstanden.

Sonntag nacht versuchen Marcus und ich wieder einmal, miteinander zu schlafen. Unser Sexleben ist seit letztem Jahr, als der Schatten und die sexuelle Gewalt über uns hereinbrachen, eine Katastrophe. Jedesmal, wenn Marcus mich berührt, sehe ich ihn wieder vor mir: den gesichtslosen Mann, der mir in immer neuen Varianten mitteilt, wie er mich quälen und demütigen wird, bevor er mich schließlich – durch eine Kugel in die Scheide »fertigmacht«. Wie ich ihn hasse, und in diesem Augenblick alle Männer – auch Marcus, den ich liebe. Auch diesmal ist es nicht anders. »Du willst ja auch nur Sex. Warum tust du nicht etwas, um mir zu helfen?« schreie ich ihn an. Ich weiß, wie ungerecht ich bin. Wie hysterisch. »Verzeih mir«, sag' ich leise. »Ist schon gut«, sagt Marcus und dreht sich zur Wand.

*7. Sitzung*

»Sie wissen, daß ich am Freitag meinen Körper verlassen habe?« Der Therapeut lächelt. Gemessen an der Distanz, die er normalerweise verbreitet, erscheint mir das als geradezu überschwengliche Reaktion. Ich stelle fest, daß mich dieses Lächeln freut – und ärgere mich gleich anschließend über mich selbst. Warum ist es mir bloß so wichtig, daß er mich für eine interessante Frau hält? Natürlich weiß ich, daß ich nur ein »Fall« unter vielen bin. Er muß ja auch nicht alle Klienten mögen. Aber mich soll er mögen! »Ich habe es vermutet«, sagt er schließlich. »Manchmal geschieht das während des Intensiv-Atmens, und es ist für alle, die das erleben, eine tiefgreifende Erfahrung. Aber wir müssen heute trotzdem auf die Erde zurück. Oder nach Möglichkeit sogar noch ein bißchen tiefer.«
Nicht nur ein bißchen tiefer. Viel tiefer bin ich in der Sitzung

heute gelandet. Meiner privaten Hölle der Demütigung verdammt nahe. Das Thema »mein Körper« klang, wieder mal, so harmlos. Und genauso harmlos fängt meine Geschichte auch an …

Ich gehe in der Morgenfrühe am Bach spazieren, hellwach, voller Energie und Lebensfreude. Ziehe die Schuhe aus, wate durchs Wasser, höre dem Gesang der Lerchen zu und spüre die ersten warmen Sonnenstrahlen auf der Haut. Der Bach mündet in einen kleinen See. Ich ziehe mich aus, schwimme und lasse mich dann von der Sonne trocknen. Ganz intensiv spüre ich das Wohlbehagen – und bin mittlerweile therapieerfahren genug, um zu wissen: Das kann nicht lange gutgehen.

Da kommen sie schon, acht wilde Reiter auf schwarzen Pferden, immer näher, ich wage nicht aufzustehen, um mich zu verstekken – vielleicht haben sie mich nicht gesehen! Da sind sie schon da und fallen über mich her. Verzweifelt versuche ich, dem ersten, dem Anführer, zu gefallen. Ich gebe mich ihm nur zu bereitwillig hin, in der Hoffnung, daß er mich dann vor den anderen beschützt. Doch er denkt gar nicht daran. Mit einer herrischen Geste stellt er mich jedem einzelnen zur Verfügung.

Dann springen sie auf ihre Pferde und jagen davon. Nackt, beschmutzt und erniedrigt bleibe ich im Gras liegen – und versuche, vor mir selbst zu verbergen, daß ich neben der Scham und der Demütigung auch Lust verspürt habe.

Zwanzig Jahre später: Rundlich, adrett, mit gestärkter weißer Schürze stehe ich am Küchenherd und koche. Ich habe zwei heranwachsende Töchter und einen netten, harmlosen Mann, mit dem der Sex unter die Kategorie eheliche Pflichten fällt. Ich lebe in einer normalen, bürgerlichen Umgebung. Die Wunden von damals sind vernarbt.

Aber es gibt andere Narben aus einem anderen Leben, dem zweiten an diesem Vormittag: Ich bin eine junge Hexe, stehe am Pranger und werde ausgepeitscht. Ich soll gestehen, daß ich eine Hexe bin. Obgleich ich mühelos aus meinem Körper austreten und mich auf die andere Wirklichkeitsebene zurückziehen könnte, tue ich's nicht.

Ich genieße die Peitschenhiebe, will bis an die äußerste Schmerzgrenze gehen. Erst als sie anfangen, mir mit ihren spitzen Lanzen die Haut zu durchbohren und Salz in die Wunden zu streuen, verspüre ich keine Lust mehr, nur noch Qual. Aber auch diese Erfahrung will ich auskosten bis zum Tod. Ich krepiere wie ein Tier – und fühle mich triumphierend, unbesiegt.

Zurückgekehrt »in Zeit und Raum«, traue ich mich nicht, den Therapeuten anzuschauen.

Ich schäme mich so! Wieso erzähle ich ihm während der Sitzung eigentlich Dinge, die ich außerhalb dieses schwarzen Zimmers nicht mal denken würde? Es ist nicht etwa so, daß ich nicht merke, was ich sage. Ich sehe die Bilder, höre jedes Wort ganz bewußt, spüre jede Empfindung – Lust, Schmerz, Freude –, bin Hauptdarsteller, aber gleichzeitig auch kritischer Kommentator des Films, den meine Seele abspulen läßt. Ich kann durchaus zum Ausdruck bringen, daß mir das, was sich da gerade abspielt, absolut nicht gefällt. Wenn's gar zu peinlich wird, kann ich sogar mal was weglassen. Aber mir eine andere Rolle aussuchen oder die Handlung »frisieren«, das geht einfach nicht. Darauf habe ich offenbar nicht den geringsten Einfluß.

Und so sitze ich wieder einmal da wie ein reuiger Sünder, der das Strafgericht erwartet. Das kommt natürlich nicht. Therapeuten dürfen ja von Berufs wegen nicht werten. Sollte er – sozusagen privat – schockiert sein, läßt er sich das jedenfalls nicht anmerken.

Im Gegenteil: Eher habe ich das unangenehme Gefühl, ihm seien meine Geschichten noch längst nicht schmutzig – oder soll ich sagen »schweinisch« – genug. So nach der Devise: Nur weiter so. Jetzt kommen wir der Sache langsam näher.
Das ist ja das Schreckliche! Ich, die ich mich immer so darum bemühe, möglichst perfekt zu sein – als Mutter, als Frau, im Beruf. Ich, die im Leben immer die Musterschülerin sein wollte – ich habe selbst auch das Gefühl, ganz allmählich zum Kern der Sache vorzudringen. Was ich da heute erlebt habe – die masochistische Lust an der Qual –, ist ein Teil von mir, den ich nicht wahrhaben will. Den ich in diesem Leben nicht lebe. Aber mein Schatten, der Mann ohne Gesicht, der am anderen Ende des Seils zieht – der lebt ihn. Und ich bin seine Partnerin!

*8. Sitzung*

In der Agentur gibt's Probleme. Charlotte hat angerufen, meine Stellvertreterin. Ich mag sie gern. Sie ist klug, engagiert und trotz ihres Ehrgeizes überaus loyal. Monatelang hat sie mit mir gelitten, wenn wieder mal eine neue Drohung mit der Post kam. Falls ich wirklich die Leitung der Agentur abgebe, könnte ich mir keine bessere Nachfolgerin wünschen. »Notfall«, sagt Charlotte. »Sonst würde ich dich gar nicht behelligen. Die Druckerei kann den Termin für die Ärztebroschüre nicht halten, und der Kunde droht, uns wegen Vertragsbruchs zu verklagen. Fred« – das ist unser Productioner und ihr Exfreund – »hat wirklich alle Hebel in Bewegung gesetzt. Keine Chance. Kannst du nicht mal mit den Leuten reden? Ich weiß ja, du hast im Moment andere Sorgen, aber …«
Ich merke, wie ich aufblühe. Endlich kann ich wieder einmal

beweisen, daß mehr in mir steckt als eine angeknackste Seele, die Psychotherapie braucht und die schon aus der Fassung gerät, wenn ihr Therapeut die rechte Augenbraue hochzieht! Diesem schleimigen Typen von der Druckerei werde ich's zeigen! Nie hätten sie sich das früher getraut, als ich noch da war. Aber offensichtlich rechnet schon keiner mehr mit mir, seitdem bekannt geworden ist, daß ich mich für einige Zeit aus dem Geschäft zurückgezogen habe. (Über die schmutzigen Einzelheiten dieser Geschichte kann die klatschsüchtige Branche gar nicht genug in Erfahrung bringen!) Zehn Minuten später hat mir der Besitzer der Druckerei versichert, daß es sich nur um ein ärgerliches Mißverständnis gehandelt habe. Selbstverständlich würde der Termin gehalten. Natürlich, Frau S., verbindlich, Sie wissen doch, für Sie tun wir alles!

Ich habe Charlotte das Ergebnis meiner Verhandlung mitgeteilt, ihre neidvolle Bewunderung genossen und noch ein bißchen geplaudert. Ich habe ihr sogar erzählt, daß ich morgen zu einer Hellseherin gehe. Meiner nüchternen, vernünftigen Charlotte verschlug's hörbar die Sprache. »Du wirst doch nicht an solchen Unsinn glauben!« sagte sie schließlich vorwurfsvoll. »Das hängt davon ab, was dabei herauskommt«, habe ich lachend geantwortet.

Zum ersten Mal seit Beginn der Therapie betrete ich das schwarze Zimmer mit einem zufriedenen Lächeln. Heute kriegt er mich nicht klein, der Therapeut! »Macht« heißt diesmal das Thema. Könnte gar nicht besser passen, denke ich – und bin dann – wieder einmal – zutiefst entsetzt über das Bild, das in mir aufsteigt und das ich vergeblich wegzuschieben versuche:

Wieder bin ich groß, schön, mächtig und eiskalt – so wie damals, als ich mein Kind aus Eifersucht vom Kutscher »wegschaffen«

ließ. Diesmal bereitet es mir teuflische Lust, Macht über die Seelen auszuüben. Ich sehe mich umgeben von Männern, die vor mir auf Knien liegen. Sie alle sind meine Lehrer: Wissenschaftler, die ich an meinen Hof befohlen habe, um das gesamte Wissen meiner Zeit in Erfahrung zu bringen. Nun gibt es nichts mehr, das sie mich lehren können. Alles, was sie wissen, weiß nun auch ich. Deshalb will ich sie loswerden. Um sie ein letztes Mal zu quälen, habe ich mir ein besonders widerwärtiges Spiel ausgedacht: Wenn sie mir ihr erstgeborenes Kind opfern, dürfen sie zu ihren Familien zurückkehren. Tun sie es nicht, so müssen sie sterben. Alle überlassen mir, als ihr verzweifeltes Flehen nicht hilft, schließlich ihr Kind, alle – bis auf einen: Franziskus. Ich schenke ihm trotzdem das Leben, denn er beherrscht die eine Wissenschaft, die mir noch nicht vertraut ist: Astrologie.

Ich studiere von früh bis spät, und habe immer noch das Gefühl, daß mir das Verständnis der Zusammenhänge dieses Systems verschlossen bleibt. Franziskus lehrt mich, was ich von ihm verlange – aber nichts darüber hinaus. Er hat als einziger keine Angst vor mir, weil er, der mein Horoskop kennt, mich durchschaut. Seine Unnahbarkeit macht mich rasend. Ich zwinge ihn, mit mir zu schlafen, wenn ich ihn schon nicht zwingen kann, mich zu lieben – und spüre, daß er für mich unerreichbar bleibt. Schließlich lasse ich ihn gehen.

Und weil ich mich selbst nicht mehr ertragen kann, stricke ich eine Intrige gegen mich selbst und sorge dafür, daß mir der Kopf, der mir immer so viele Probleme macht, auf dem Richtplatz abgeschlagen wird. Niemand, wen wundert's, vermißt mich.

Und ich habe wieder ein Leben hinter mir, in dem ich mir einbildete, daß derjenige, der die Macht hat, damit auch die Liebe erkaufen kann. Mittlerweile sollte ich es, verdammt noch mal, doch besser wissen!

»Sie zeigen sich«, sagt mein Therapeut, »immer wieder als eine sehr kalte Frau.« Wie ich ihn dafür hasse! Warum sitze ich hier eigentlich jeden Tag und zerfleische mich selbst? Für das, was mich diese Therapie kostet, könnte ich nach Bali fliegen und dort vier Wochen lang die ganze Welt und alle Probleme vergessen. Bloß: Wenn ich zurückkäme, so läge mit Sicherheit wieder ein neuer Brief da. Und ich ahne: Der Mann ohne Gesicht, mein Schatten, wird so lange Macht über mich haben, wie ich mich vor ihm fürchte. Der einzige Ort der Welt, an dem ich die Furcht vielleicht verlieren kann, ist dieses schwarze Zimmer. Nur hier, im Schattenbereich meiner Seele, habe ich die Chance, meinem gesichtslosen Mörder zu begegnen, ihm in die Augen zu schauen und zu sagen: »Ich habe keine Angst mehr vor dir.« Marcus kann mir dabei nicht helfen. Das kann nur der Therapeut. Bis morgen um zehn also …
PS. Ich frage mich, ob meine heutige Abneigung gegen die Astrologie mit den Erfahrungen von damals zu tun haben könnte. Oder ob ich womöglich schon damals zu dumm dafür war …

*9. Sitzung*

Heute haben wir in der Therapie zwei Stunden lang nur miteinander geredet. Da sind so viele Dinge, die ich wissen möchte. Ob die Bilder, die ich sehe, wirklich frühere Leben wiedergeben. Und: Wenn ich mich unter der Fülle der Beweise (?) entschließe, an Reinkarnation zu glauben – was von mir inkarniert denn eigentlich? Mein Körper? Meine Seele – was auch immer das sein mag? Meine Persönlichkeit? Und warum das alles? Kommt man irgendwann auch einmal zum Ziel? Und was ist das Ziel?
Marcus hält die Vorstellung, immer wieder neu geboren zu wer-

den, für genauso absurd wie die Geschichte vom himmlischen Paradies. Das ist, sagt er, nichts weiter als das Wunschdenken von Menschen, die nicht damit fertig werden können, daß mit dem Tod ein für allemal Schluß ist. Reinkarnation sei nicht nur chemisch unmöglich – welche Moleküle sollten denn dann wie wiederkommen? –, sondern darüber hinaus auch eine grauenhafte Vorstellung: immer wieder von vorn – jedes Leben eine Kette von vielen Niederlagen und wenigen Siegen, von Durchschnittlichkeit, Krankheit, Leid, Sterben ... Nein danke, meint Marcus, das wäre nichts für ihn.
Ich weiß nicht recht: Von der chemischen Seite verstehe ich nichts, darüber kann ich nichts sagen. Ich vermute allerdings, daß – sollten wir tatsächlich immer wieder geboren werden – da Faktoren ins Spiel kommen, von denen die Naturwissenschaftler keine Ahnung haben. Und was Marcus' Widerwillen betrifft, stets aufs neue zu beginnen – ich glaube fast, das sagt viel über Marcus' Einstellung zum Leben aus. Aber wenig darüber, ob Reinkarnation vorstellbar ist oder nicht.
Wie wenig ich doch über solche Dinge weiß! Ich müßte so vieles lesen, so vieles lernen ... Andererseits: In früheren Leben (?) habe ich doch oft genug nach dem vollkommenen Wissen gesucht – und darüber vergessen, daß es nicht auf das Wissen ankommt, sondern auf das Herz. Vielleicht gelingt es mir ja diesmal, auf mein Herz zu hören.

PS. Gestern abend habe ich Marcus' Mutter angerufen und gefragt, ob sie noch weiß, um wieviel Uhr ihr einziger Sohn geboren wurde. Die Antwort kam wie aus der Pistole geschossen: Montags früh um 4.30 Uhr. Die Geschichte, die dann folgte – vom Einsetzen der ersten Wehen bis zum Entzückungsschrei der Hebamme über das schönste Baby in ihrer dreißigjährigen Laufbahn – hatte ich schon viele Male von ihr gehört. Aber ich hab's mir nicht anmerken lassen. In den nächsten Tagen werde ich die Sekretärin im Institut bitten, Marcus' Horoskop auszudrucken. Mal sehen, ob der Therapeut damit auch etwas anfangen kann!

*10. Sitzung*

Ein einziges Mal möchte ich von meinem Therapeuten etwas Tröstliches hören. Etwa, daß andere Klienten in ihren Bildern genauso widerwärtig sind wie ich. So machtbesessen, sadistisch, unbarmherzig – manche womöglich sogar noch schlimmer. Aber er denkt gar nicht dran, so etwas zu sagen. Er macht auch nie die andere Bemerkung, auf die ich insgeheim hoffe: daß zwischen dem Inhalt meiner Bilder und meinem »jetzigen« Charakter eine erstaunliche Diskrepanz bestünde.

Ich gäbe meinen rechten Arm dafür, zur Abwechslung auch einmal etwas Freundliches über mich zu hören! Statt dessen sagt er etwas ganz anderes. An Grausamkeiten, Kälte, Schatten sei in meinen Bildern kein Mangel. Was er jedoch noch vermisse, behauptet mein Therapeut, sei dies: daß ich auch mal zugebe, wieviel Lust mir meine Spiele um Macht und Gewalt bereiten. Nicht ein einziges Mal hätte ich bisher eine solche Situation wirklich mit Genuß ausgelebt.

Vielleicht, antworte ich hoffnungsvoll, hat es mir nie den rechten Spaß gemacht? Da könne er nur lachen, meint mein Therapeut. Der Spaß war da. Und der dazugehörige Mann auch.

»War dieser Mann Marcus?« will ich wissen. Seit ein paar Tagen hat der Therapeut sein Horoskop in meiner Akte liegen, aber er hat noch nie etwas dazu gesagt. Er schüttelt den Kopf. »Nein, das war nicht Marcus – jedenfalls nicht der Marcus, den Sie heute kennen. Ihr Mann hätte zwar das entsprechende Potential dazu, versteckt seine Aggression, Triebhaftigkeit und Leidenschaft jetzt aber anscheinend hinter einer Fassade von Wissenschaftlichkeit, Besonnenheit und Disziplin. Wahrscheinlich hält er sich selbst für einen ruhigen und gelassenen Menschen. Sie sagen, er ist Chemiker? Ja, da hat er wohl unbewußt diesen Beruf zu einem Riegel umfunktioniert, der ihm hilft, seine brodelnden Feuer zurückzuhalten. Ich könnte mir vorstellen, daß er mit explosiven Gemischen arbeitet – hinter Panzerglas natürlich. Ich kann mir aber auch vorstellen, daß er aufgrund Ihrer Geschichte langsam aus der Fassung gerät und wieder mehr von seinem eigenen Feuer und seiner Irrationalität wahrnimmt...«

Ich hab's mir längst abgewöhnt, mich darüber zu wundern, daß mein Therapeut mich offensichtlich besser kennt als ich mich selbst. Aber daß er Marcus, den er nie gesehen hat, so präzise charakterisiert, als hätte mein Mann bei ihm Therapie gemacht, das verstehe ich einfach nicht. Wie kann er wissen, daß Marcus tatsächlich mit entzündlichen und unter Druck stehenden Flüssiggasen zu tun hat?

Aber noch etwas anderes interessiert mich fast noch mehr: »Wenn es nicht Marcus ist«, sage ich – ironisch, um zu verbergen, wie neugierig ich bin –, »dann möchte ich diesen Traummann doch gern kennenlernen.« – »Warten Sie's ab«, antwortet mein Therapeut lakonisch.

Und so betrete ich heute eine Welt, in der zwar kein »Dream Lover« aus vergangenen Zeiten auf mich wartet, dafür jedoch ein Thema, das mindestens genauso faszinierend ist: »Gehen Sie zurück in Zeit und Raum zu einer Situation, in der Sie mit Magie zu tun haben.«

Zuerst will ich wütend protestieren. Der will dich manipulieren, denke ich. Sein Problem, wenn er einen Hang zu solchen Themen hat. Laß dich bloß nicht in diese Kiste abdrängen. Wenn du ein paarmal auf das Hexenthema angesprungen bist, heißt das noch längst nicht, daß du diesen Unsinn ernst nimmst!

Die Hexenbücher, die ich vor ein paar Jahren in London gekauft habe, stehen ungelesen im Bücherregal und warten drauf, daß ich »mal Zeit für so was« finde – ebenso die drei Bände über »Black Art«. Nein, mit mir nicht! Für so etwas bin ich viel zu realistisch.

Doch warum klingeln dann beim Thema »Magie« in mir alle Glocken? Ich höre es mit Besorgnis, und gleichzeitig versuche ich, die Bilder zurückzudrängen, die nun schon in mir aufsteigen. Einerseits bin ich voller Neugier. Und andererseits habe ich Angst davor, schon wieder mit so dunklen Schatten meiner Seele konfrontiert zu werden. Denn wenn ich schon bei vergleichsweise harmlosen Themen so vom Leder ziehe – was wird dann erst beim Thema »Magie« passieren?

Doch diesmal ist meine Seele freundlich zu mir. Seltsame Bilder schickt sie – wieder so fremd und auf eine merkwürdige Weise zugleich so vertraut.

*Erster Film:*

Ich bin Mönch in einem buddhistischen Kloster. Zunächst nur widerwillig, um die Verpflichtung zu erfüllen, die verlangt, daß jeder Buddhist bis zu seinem 25. Lebensjahr sechs Monate in einem Kloster verbringt. Doch nach einer Phase der Rebellion finde ich dort Frieden und beschließe zu bleiben. Irgendwann spüre ich, daß mir die Gabe des Heilens zuteil wird. Daraufhin schickt mich der Abt nach draußen in die Welt, mit der Aufgabe, mich dort nützlich zu machen. Die Menschen sind mir fremd geworden, ich zögere lange, mich ihnen zu nähern. Bis ich eines

Tages an einem Brunnen ein kleines Mädchen sehe, dessen Augen mit Geschwüren bedeckt sind. Ich helfe ihm, und danach auch anderen, und bin dabei bemüht, die Kraft, die mir geschenkt wurde, nicht zu mißbrauchen.
Die Versuchung ist groß, einen Verstorbenen zum Leben zu erwecken, aber zu meiner (jetzigen) Erleichterung gebe ich ihr nicht nach. Ich lebe ein normales Leben, heirate eine Frau, die im Hintergrund bleibt, und kehre als alter Mann schließlich ins Kloster zurück.

*Zweiter Film:*
Ich bin in Atlantis. Seltsam – woher weiß ich das nur so genau? Ich habe nie etwas über die versunkene Insel gelesen. Und nun lebe und arbeite ich dort in einem Tempelbereich als Priesterin und finde das völlig selbstverständlich. Natürlich besitze ich magische Fähigkeiten, wir leben ja in dieser Kultur, in der Magie zum Alltag gehört. Ich kann die Probleme der Menschen an ihrer Aura erkennen, und so ist es meine Aufgabe, Ratsuchenden zu helfen. Zu mir kommt eine junge Frau, die von einem Mann, den sie nicht mehr liebt, ein Kind erwartet. Trotzdem will sie das Kind behalten. Damit hat sie nach den Gesetzen von Atlantis ein Tabu verletzt, denn hier werden nur Kinder aus bestehenden Beziehungen akzeptiert. Nicht die Sexualität ist in Atlantis tabuisiert, erkläre ich dem Therapeuten, sondern die eigenmächtige Entscheidung, in einer Kultur, in der allein der Fortbestand der herrschenden Rasse zählt, ein Kind der Liebe zu bekommen. Liebe kommt im Vokabular von Atlantis nicht vor. Ich bewundere insgeheim den Mut der jungen Frau und helfe ihr, indem ich ihr heimlich die Flucht in die Alte Welt ermögliche. Dort hapert es an vielen Dingen, aber die Liebe zu ihrem Kind wird sie da leben dürfen. Natürlich breche auch ich damit ein Tabu; kein

Atlantide darf die Insel ohne Erlaubnis verlassen. Die Hohepriesterin zieht mich zur Rechenschaft. Ich verliere meinen Titel und werde aus dem Tempelbereich ausgestoßen. Allmählich entsteht in mir ein immer stärker werdender Widerspruch gegen die in Atlantis herrschenden Normen. Ich verletze sie bewußt, indem auch ich schwanger werde, und verlasse aus Liebe zu meinem Kind die magische Insel.

*Dritter Film:*
Ich bin ein skurriler Dichter, der alte Jonathan, der allein in einem Turm lebt. Die Menschen im Dorf mögen mich; sie besuchen mich oft, vor allem die Kinder, weil ich so schöne Geschichten erzähle. Besonders meine Balladen gefallen ihnen, das, was ich abschätzig als meine Küchendichtung bezeichne. Viel wichtiger ist mir nämlich meine Aufgabe, als Seher durch meine Visionen die Verbindung zwischen den sichtbaren und den unsichtbaren Welten herzustellen. Anfangs bin ich deshalb verlacht worden. Eine Dichterlesung, bei der ich meine visionären Gedichte vorlas, wurde zur schmachvollsten Niederlage meines Lebens. Mittlerweile jedoch ist das Verständnis der Zeit für die Mythen dieser Erde gewachsen, und so hören mir die Menschen – Kinder und Erwachsene – manchmal auch zu, wenn ich die Botschaften vortrage, die nicht, so kommt es mir vor, von mir stammen, sondern nur durch mich übermittelt werden.
Was das denn für Botschaften wären, will mein Therapeut wissen. Ich lausche in mich hinein und sage ihm bereitwillig, was ich da höre. Seltsam klingen die Worte, und gleich danach habe ich sie wieder vergessen.

Nach der Sitzung bin ich zum ersten Mal mit mir einverstanden. Es tut gut zu wissen, daß es zwischen den Verzahnungen von

Scham und Schuld auch ein paar Leben gibt, deren ich mich nicht zu schämen brauche. Aber begreifen kann ich das, was ich heute erlebt habe, nicht. Fragend schaue ich meinen Therapeuten an. Ist das für ihn denn wirklich normal?
Heute ist er derjenige, der überrascht wirkt. »Haben Sie viel über Atlantis gelesen?« will er wissen. »Nein, nie«, sage ich verwundert. »Warum? Kommt das, was ich Ihnen darüber erzählt habe, etwa auch in einem Buch vor?« – »Nicht nur in einem. Und Sie würden sich noch mehr wundern, wenn Sie wüßten, wie viele Klienten mir Atlantis schon mit fast den gleichen Worten geschildert haben! – Gedichte schreiben Sie natürlich auch nicht?«
»Doch«, sag' ich lächelnd, »gelegentlich. Küchengedichte – für meine Kinder. Wollen Sie eine Kostprobe?

*Auf Jonassens Geburtstagstisch*
*sitzt ein ziemlich großer Fisch.*
*Zwar ist es in diesem Fall*
*nur ein Hering und kein Wal.*
*Doch das stört uns weiter nicht,*
*weil der Hering Englisch spricht.*
*Laut ruft er dem Jonas zu:*
*Happy birthday, dear Jonas, happy birthday to you!«*

»Beeindruckend«, sagt ironisch mein Therapeut und überreicht mir einen Zettel. »Lesen Sie sich das später mal durch. Es stammt auch von Ihnen. Ich habe es mitgeschrieben.«

Auf der Straße ziehe ich den Zettel aus der Jackentasche. Mit atemlosen Staunen beginne ich zu lesen:

*Aus der Tiefe des Feuers,*
*Aus der Dunkelheit der Nacht,*
*Auf den schwarzen Schwingen*
*Der Göttin der Finsternis*
*Eil ich herbei,*
*Die Botschaft zu bringen*
*Von der Macht der Liebe,*
*Die stärker ist*
*Als die des Feuers und*
*Alle Mächte dieser Welt.*

*Die Botschaft bringe ich von*
*Der Unendlichkeit der Liebe, die*
*Die mächtigste der Mächte ist, auch*
*Stärker als der Tod und*
*Die allein vermag,*
*Den Weg der großen Sehnsucht nach*
*Dem Einssein zu vollbringen.*

Ungefähr zehn Monate ist das jetzt her, da war ich eine erfolgreiche Werbefachfrau, Diplom-Volkswirtin, zusätzlich ein paar Semester Psychologie, Mitglied der Friedensbewegung, Vorsitzende des Elternbeirats in Timmis Kindergarten und in Jonas' Schule. Mindestens zweimal im Monat habe ich in irgendwelchen Großstädten der Welt neue Verträge ausgehandelt. Und was mache ich heute?
Jetzt erzähle ich Geschichten über Morde, die ich angeblich begangen habe, von denen ich danach nichts mehr weiß.
Und heute abend um achtzehn Uhr dreißig bin ich bei einer Hellseherin angemeldet, um den Mann zu finden, der mich seit Monaten mit wohlgesetzten Worten auf bestialische Weise tötet.

Ich habe nicht die leiseste Ahnung, wie man sich einer Hellseherin gegenüber verhält. Also klingele ich nebenan bei Anna und versuche, sie ein wenig auszuhorchen. Soll ich die Briefe mitnehmen? Blickt sie in eine Kristallkugel und sieht da geheimnisvolle Dinge? Ist sie alt – mit einer Warze auf der Nase? Wie soll ich sie anreden? Was zieht man an, wenn man zu einer Hellseherin geht?
Anna ist wenig hilfreich. Sie behauptet, sie kenne Amrita auch nur vom Hörensagen. Ich glaube ihr kein Wort. Es gibt in der Stadt keine Kartenleserin, bei der sie nicht gewesen ist. Aber mir gegenüber will sie das wohl nicht zugeben.
Ich stehe also allein vorm Kleiderschrank und schwanke, ob ich den Baumwollfummel aus Indien anziehen soll oder lieber etwas Seriöseres. Schließlich entscheide ich mich dann doch für das silbergraue Leinenkostüm, das ich gern bei wichtigen Verhandlungen trage. So geschäftsmäßig angezogen, fühle ich mich sicherer. Amrita mit ihrer Kristallkugel soll nicht glauben, sie hätte so ein Hascherl vor sich, das ihr jeden Unsinn abnimmt!

»Sei nur ja vorsichtig!« ruft Marcus mir nach. Ich habe ihn selten so nervös gesehen. Wenn ich zum Schwimmen in eine Krokodilfarm ginge, würde er sich weniger Sorgen machen als jetzt. Seltsam – wo er doch alles Übersinnliche für Voodoo hält!
Die junge Frau, die mir lächelnd die Tür öffnet, trägt Jeans und eine weiße Seidenbluse. Sie hat ein offenes, sympathisches Gesicht, lange, dunkelbraune Locken und unterscheidet sich äußerlich nicht im geringsten von meinen schicken, selbstbewußten Kolleginnen in der Werbebranche. Ich hätte sie, muß ich unwillkürlich denken, in der Agentur ohne zu zögern eingestellt. Sie

führt mich in einen Raum, der mich an das Zimmer eines jungen Mädchens erinnert: kaum Möbel, auf dem Boden eine Matratze, Kissen und Wolldecken darüber, Blumen, Kerzen. Ein großer getigerter Kater mit sanften Augen sitzt auf einem Samtkissen und mustert mich. Die junge Frau zündet ein Räucherstäbchen an, schubst liebevoll den dicken Kater zur Seite, wirft mir ein Kissen zu und läßt sich mir gegenüber im perfekten Lotussitz nieder. Ich nicke anerkennend – an dieser Position mühe ich mich schon seit Jahren vergeblich ab.

»Ich war mal Yogalehrerin«, erklärt sie lächelnd. »Du hast Sorgen«, fährt sie fort, »und möchtest, daß ich dir helfe. Zugleich bist du aber überaus mißtrauisch und weißt nicht, ob du mir vertrauen kannst. Du möchtest wissen, woher ich die Fähigkeit habe, Dinge zu sehen, die andere nicht sehen. Ich werde es dir sagen, auch wenn dir das nicht viel weiterhilft. Ich habe einen geistigen Führer. Er heißt White Eagle und ist ein Mitglied der Weißen Bruderschaft. Durch ihn erfahre ich über feinstoffliche Kanäle Dinge, die mich in die Lage versetzen, anderen zu helfen. Allerdings erhalte ich nicht immer eine Botschaft. Wenn nichts durchkommt, bedeutet das, daß es für dich besser ist, wenn du nichts erfährst.«

»Ja«, sage ich und habe nicht die leiseste Ahnung, wovon sie spricht. »Ich habe dir schon am Telefon von meinem Problem erzählt. Möchtest du die Briefe sehen?«

»Das ist nicht nötig«, antwortet sie. »Ich weiß auch so, wer sie geschrieben hat.«

Mein Mund wird trocken. In meinem Kopf drehen sich Kreisel. Ich versuche vergeblich, meine Stimme unter Kontrolle zu bekommen. »Wer ist dieser Mann?«

»Geschrieben hat sie ein Mann. Aber dahinter steht eine Frau. Du kennst sie sehr gut. Ihr seid am gleichen Arbeitsplatz beschäftigt.

Du magst sie gern, und sie bewundert dich. Aber sie glaubt, daß du die Stelle hast, die eigentlich ihr zusteht. Deshalb hat sie einen Mann, der auch bei euch arbeitet und der ihr früherer Liebhaber war, gebeten, dir diese Briefe zu schreiben.
Angefangen hat es halb im Scherz. Nun hat diese Geschichte eine Eigendynamik bekommen. Die beiden schaffen es nicht mehr, damit aufzuhören. Doch du brauchst keine Angst zu haben. Sie werden niemals etwas unternehmen, das dir körperlichen Schaden zufügt.«

Es gibt nur zwei Menschen, die da in Frage kommen: Charlotte und Fred. Die beiden, die mir in den letzten Monaten immer zur Seite gestanden haben. Bei denen ich mich zuerst ausgeheult habe, wenn wieder ein Drohbrief mit der Post gekommen war. Die mit mir gelitten haben. Nächtelang durchgearbeitet, wenn ich vor wichtigen Terminen unfähig war, einen klaren Gedanken zu fassen. Die als erste die Kriminalpolizei verständigt haben und mit Detektivbüros Kontakt aufnehmen wollten. Macht denn das Sinn?
Mein Herz rast. »Kannst du mir sagen, wie die beiden aussehen?«
»Sie hat braune lange Haare und ist etwa Ende Dreißig.« – Charlotte ist 37 und trägt ihr kastanienbraunes Haar zu einem Knoten zusammengebunden. – »Er ist etwa Mitte Vierzig. Doch über ihn kommt nicht viel durch. Er hat, abgesehen davon, daß er die Briefe schreibt, nichts mit der Sache zu tun. Er will dir auch nichts Böses.«
Fred ist 46, glaube ich, ein Eigenbrötler, über den niemand viel weiß, nicht mal Charlotte, die zwei Jahre mit ihm zusammengelebt hat.
»Aber warum???«
»Ich sagte dir schon den Grund. Du darfst ihnen nicht böse sein.

Und vor allem solltest du nicht versuchen, dich zu rächen. Damit lädst du dir nur selbst wieder schlechtes Karma auf. Die schwere Schuld, die die beiden auf sich geladen haben, werden sie ohnehin begleichen müssen.«

Mir fällt etwas Beunruhigendes ein. »Sie weiß, daß ich bei dir bin. Hat sie keine Angst?«

Amrita lächelt. »Sie ist ein wenig beunruhigt. Aber sie traut mir ja nicht zu, daß ich das weiß.«

Ich schaue ihr ins Gesicht. »Amrita«, sage ich, »die Frau, die du mir beschrieben hast, kenne ich gut. Ich mag sie. Für sie hätte ich meine Hand ins Feuer gelegt. Wenn ich dir glaube – wer sagt mir dann, daß ich ihr nicht großes Unrecht zufüge?«

»Niemand sagt dir das. Du brauchst mir auch nicht zu glauben. Du mußt nur dein Herz fragen, das weiß die Wahrheit.«

Sie lächelt wieder. »Und sag deinem Mann, er hätte ruhig mit heraufkommen können.«

Ich muß lachen. »Das täte er nie. Aber wahrscheinlich rennt er wie ein gereizter Tiger vor unserem Gartentor auf und ab.«

Amrita schüttelt den Kopf. »Er wartet unten auf dich.«

Ich springe auf, schaue aus dem Fenster und blicke in einen kleinen, efeubewachsenen Innenhof, von Straße keine Spur. Doch als ich aus der Haustür trete, sehe ich auf der gegenüberliegenden Straßenseite Marcus' Auto.

Marcus, der stets Besonnene, will auf der Stelle zu Charlotte fahren und sie im Gefängnis abliefern. Fred wird er ein Messer in die Kehle zu rammen, ganz langsam und genüßlich. Er telefoniert mit Werner, unserem Anwalt und Freund, und will wissen, wie man einen Haftbefehl erwirkt. Er blättert in einem pharmazeutischen Lexikon nach dem langsamsten und tödlichsten Gift. Bei unserem italienischen Freund Antonio erkundigt er sich nach dem nächstgelegenen Mafia-Hauptquartier. In den zwölf Jahren, die wir zusammen sind, habe ich ihn nie so erregt erlebt. Für ihn, der übernatürliche Fähigkeiten für Hokuspokus hält, besteht kein Zweifel daran, daß Amrita recht hat. Mir fällt ein, daß der Therapeut aus seinem Horoskop abgelesen hat, daß Marcus' Maske der Besonnenheit und Disziplin in der nächsten Zeit Risse bekommen würde. Aber daß das so schnell geht! Der neue Marcus gefällt mir.

»Marcus«, sage ich sanft. »Möglicherweise hat Amrita recht. Wahrscheinlich hat sie recht. Aber wir werden es nie beweisen können. Und ich weiß nicht mal, ob ich es beweisen will.«

»Was heißt hier beweisen?« schnaubt mein Ehemann und zitiert zum ersten und einzigen Mal in seinem Leben Shakespeare: »Es gibt mehr Dinge zwischen Himmel und Erde, als Eure Schulweisheit Euch träumen läßt.«

Ich selbst fühle mich zu meiner großen Überraschung ganz ruhig. Da ist eine Mischung aus Erleichterung und Traurigkeit, mit der ich erst mal ins reine kommen muß. Nur eine Sorge habe ich: Wenn Charlotte morgen früh anruft und sich nach meinem Besuch bei der Hellseherin erkundigt – was um alles in der Welt sage ich dann? Aber Charlotte ruft nicht an. Und als sie später anruft, geht es ausschließlich um Dienstliches. Nach Amrita fragt sie nie.

*12. Sitzung*

»Gestern abend war ich bei einer Hellseherin«, beichte ich am nächsten Morgen meinem Therapeuten. »Sie hat mir gesagt, wer hinter diesen Briefen steckt. Und sie hat mir auch den Grund genannt. Beides klang plausibel. Halten Sie es für möglich, daß sie recht hat?« – Wenn er wüßte, wie oft ich dieses Geständnis eingeübt habe, bis es so sachlich klang. Ich habe Angst, daß er sich über mich lustig macht. Oder daß er wütend ist, weil ich ihn nicht vorher gefragt habe.

»Das mag schon so gewesen sein«, sagt er gelassen. »Eine ganze Reihe von Menschen können genauso in die Zukunft blicken wie in die Vergangenheit. Aber es ist doch vollkommen gleichgültig, wer der Täter ist. Der Schatten ist doch Ihr Schatten, ganz allein Ihrer. Den gilt es kennenzulernen. Wer dabei derjenige ist, den das Schicksal Henker spielen läßt – das ist höchstens am Rande interessant.«

Ich springe auf von seiner verdammten Couch. Ich kämpfe mit den Tränen. Ich könnte vor Haß zerspringen. »Für Sie mag das uninteressant sein!« bringe ich mit gepreßter Stimme heraus, »für mich geht es aber um mein Leben. Ganz zufällig. Und um meine Familie und um meinen Verstand. Und ganz abgesehen von diesen Kleinigkeiten, geht es noch darum, daß ich möglicherweise jemandem, der mir nahesteht, zumindest in Gedanken großes Unrecht zufüge. Und da stehen Sie und geben sich cool und arrogant und behaupten, es sei völlig gleichgültig, wer der Täter ist?«

»Wir sind hier«, sagt er, und seine Stimme klingt etwas sanfter, »in der Therapie und nicht in einem Kriminalfilm. Und deshalb suchen wir nicht nach dem Täter, sondern nach dem Schatten in Ihnen, der dafür verantwortlich ist, daß dieser Täter, wer auch immer es sein mag, Sie überhaupt erreichen kann. Gäbe es Ihren Schatten nicht, so gäbe es auch keine anonymen Drohbriefe. Oder wenn es welche gäbe, so würden Sie sie achtlos in den Papierkorb werfen. Aber wenn es Ihnen so wichtig ist, zu erfahren, wer Ihr ›Henker‹ ist, dann lassen Sie uns doch heute mal nachschauen.«

Er sagt wirklich »nachschauen«. So, als ob er mal eben in einer Verbrecherkartei blättern müßte. Und dann schickt er mich zurück in Zeit und Raum mit der Aufforderung: »Suche nach einer Situation, in der dir die Menschen, die dich jetzt bedrohen, schon einmal begegnet sind.«

Folgsam mache ich mich auf den Weg. Und lande schnurstracks in der Hölle. »Es wird Zeit, daß du kommst«, sagt der Teufel. »Ich habe schon auf dich gewartet…«
»Das tut mir leid«, antworte ich kühl. »Ich hatte bisher nicht das Bedürfnis, dich kennenzulernen.« Neugierig mustere ich den Gehörnten. Er sieht ein bißchen aus wie der Teufel in meinen alten Kinderbüchern, mit braunem Fell, Pferdefuß und einem langen Schwanz mit Quaste – aber viel souveräner und irgendwie auch humorvoller. Ich habe das Gefühl, ich kenne ihn von früher. Wieso, denke ich überrascht, habe ich vor dem Teufel keine Angst? »Muß ich jetzt hierbleiben?« erkundige ich mich. »Nur, wenn du darauf bestehst«, entgegnet Satan zynisch. »Sonst reicht es, wenn du dich ein wenig hier umsiehst. Ich werde persönlich die Führung übernehmen.«
Dann geleitet er mich mit spöttischer Höflichkeit durch eine lange Reihe von Verliesen. Dort, hinter verschlossenen Kerkertüren, erkenne ich mit namenlosem Entsetzen die Seelen von Menschen, deren Leben ich durch meinen Machthunger zerstört habe.
Es ist eine lange, trostlose Reihe von gepeinigten Opfern: Da sind Kinder, die ich verlassen oder getötet habe, weil sie mir im Weg waren. Frauen, die sich das Leben genommen haben, weil ich ihnen ihre Männer gestohlen habe, wieder und wieder. Dabei haben mich die Männer selbst nie interessiert, ich wollte immer nur haben, besitzen – und mich dann der Verantwortung entziehen. Ich schließe voller Entsetzen die Augen. »Du kannst die

Augen ruhig öffnen«, sagt der Teufel, »denn was du dort siehst, das erkennst du auch mit geschlossenen Augen. Schau, wer auf deinen Besuch wartet!«

Da kann ich nicht mehr aus. Ich muß hinsehen, ob ich will oder nicht. Auf dem schmutzigen, kalten Boden des Kerkers liegt mit wirrem Haar und irrem Blick, dem Wahnsinn verfallen, Charlotte. In den Armen wiegt sie ein totes Kind. »Dein Werk«, sagt der Teufel beiläufig – als ob ich das nicht selber wüßte! Ich haste weiter. »Laß mich hier raus«, schreie ich, »ich habe schon verstanden, was du mir sagen willst!« – »Da ist noch jemand, der dich sehen möchte«, sagt Satan erbarmungslos und führt mich in meinem Seelenkerker zu den Verliesen der Männer. Einer von denen, die mich mit vorwurfsvollem Blick aus leeren Augen anstarren, ist Fred. »Auch diese hier«, sagt der Teufel, »hast du gequält, gepeinigt, mißbraucht. Willst du noch mehr sehen?«

»Warum behältst du mich nicht hier?« sage ich verzweifelt. »Ich bin es doch, die von Rechts wegen hierher gehört! Laß sie doch frei, und sperre mich hier ein, ich habe es doch viel mehr verdient als sie!«

»Da hast du recht«, sagt Satan erbarmungslos und fährt fort: »Aber deine Zeit ist noch nicht gekommen.«

In der tiefen Verzweiflung höre ich aus weiter Ferne die Stimme des Therapeuten: »Gehe zurück in ein anderes Leben, in dem dir Charlotte oder Fred begegnet ist.«

Charlottes Gesicht taucht vor mir auf. Sie ist meine kleine Tochter, die ich vom Kutscher wegschaffen ließ, weil mein Mann sie mehr liebte als mich. Sie ist die Frau des Mannes, den ich als junge Hexe mit einem Liebestrank verzaubert habe.

Fred erkenne ich auch: Er ist einer der Wissenschaftler, die ich vor die Entscheidung gestellt habe: Freiheit gegen das Leben ihres ersten Kindes. Wieso habe ich das alles vorher nicht sehen wollen? Mit gesenktem Kopf erhebe ich mich von der schwarzen Couch.

»Ich glaube, ich kann nun gehen. Jetzt weiß ich, daß ich mein Schicksal mehr als verdient habe. Nur eines verstehe ich nicht: Warum trifft es mich ausgerechnet diesmal, wo ich mich so sehr darum bemühe, ein anständiger Mensch zu sein? Wie machthungrig ich auch immer gewesen sein mag – in diesem Leben bin ich es doch gar nicht!«

»Nun«, sagt zögernd mein Therapeut, »dafür gibt es verschiedene Erklärungen. Erstens nehme ich es dir nicht ab, daß du in diesem Leben immer nur edel, hilfreich und gut gewesen bist. Wenn du mal scharf nachdenkst, fällt dir sicher die eine oder andere Schurkerei ein. Zweitens sieht es ja so aus, als ob du deine Machtspiele schon seit ein paar Jahrtausenden betreibst. Und wenn du deinen Schatten in den letzten dreißig Jahren erfolgreich verdrängt hast, dann bedeutet das noch lange nicht, daß es ihn nicht mehr gibt. Was sind schon dreißig Jahre, gemessen an dreitausend? Doch nun hast du zum ersten Mal einen Überblick über das Problem. Du hast erkannt, daß du nicht nur Opfer, sondern auch Täter bist. Und damit wird für dich das Schicksal wirklich zur Chance, wieder heil zu werden. Das Schicksal schickt dir Briefe, die du zunächst nur für böse hältst. Durch die Therapie erkennst du, daß das Böse auch in dir steckt. Das ist schon der erste Schritt zur Heilung. Übrigens ist dies das gleiche Prinzip wie in der Homöopathie. Auch dort wird Gift durch Gift kuriert. Ich freue mich, daß du heute von selbst in die Hölle gegangen bist. Ich hätte dich sonst morgen hinuntergeschickt. Du wirst auch noch einmal dorthin zurückkehren. Es gibt da eine Menge zu lernen.«

Nachdenklich und verwirrter als je zuvor gehe ich nach Hause. Es sieht fast so aus, als liefe in der Therapie alles unter anderen Vorzeichen ab als im normalen Leben. Je mehr ich Grund habe, mich zu schämen, desto zufriedener scheint der Therapeut mit mir zu sein. Was ist denn eigentlich seine Rolle in diesem Spiel? Ist er womöglich des Teufels Advokat?
Erst hinterher fällt mir auf, daß er »du« zu mir gesagt hat. Das tut mir gut. Denn ich selbst würde am liebsten »Sie« zu mir sagen: »Sie Monster!« möchte ich zu mir sagen: »Ich finde Sie zum Kotzen!«

*13. Sitzung*

Mein Therapeut nickt anerkennend, als er am nächsten Morgen in meinem Protokoll liest, daß ich mich selbst zum Kotzen finde. »Die homöopathische Kurart«, sagt er, »hat mit der Psychotherapie auch das gemein, daß sie den Sünder den Bankrott seiner zerrütteten Lebenswirtschaft erst ganz fühlen läßt, ehe sie ihn wieder aufrichtet. Das stammt nicht von mir, sondern von Herbert Fritsche. Ein kluger Mann. Genau das erlebst du gerade. Auch Therapie ist eine Form der Homöopathie. Und wenn du so willst, dann bin ich in diesem Fall wirklich des Teufels Advokat.«
Heute hätte ich mich am liebsten vor der Therapiestunde gedrückt. Ich bin müde. Ich will endlich meine Ruhe haben. Ich bin es leid, jeden Vormittag neuen Unrat aus meiner Seele auszugraben und neue Schandtaten preiszugeben. Warum kann nicht auch mal jemand anders der Bösewicht sein? Marcus' Vorschlag, gemeinsam mit unserem Anwalt eine todsichere Strategie zu entwickeln, wie wir Charlotte und Fred »überführen« könnten, schien mir plötzlich viel verlockender als die Aussicht, noch

einmal in meine private Hölle hinabzusteigen und dort nach weiteren Untaten zu forschen. Außerdem hat meine Mutter gestern abend Timmi und Jonas nach Hause gebracht. Die beiden hatten Heimweh. Ich bin so glücklich, daß sie wieder da sind. Ihre Liebe gibt mir das Gefühl, daß ich zumindest in diesem Leben etwas richtig mache. Es wird, denke ich, höchste Zeit, daß nach all den Monaten der Unruhe und der Angst bei uns wieder ein normales Familienleben beginnt. Timmi und Jonas sollen endlich wieder ins Zimmer kommen können, ohne daß sofort das Gespräch abbricht, »damit die Kinder verschont werden«! Als ob sie nicht all unsere Sorgen und Ängste hautnah mitgekriegt hätten – auch ohne genau zu wissen, was los war! Das soll jetzt anders werden! Wir werden miteinander »Mensch ärgere Dich nicht« spielen, Ritterburgen bauen und am Wochenende am See zelten gehen. Und vor dem Einschlafen erfinde ich für die beiden Geschichten, die so komisch sind, daß sie sich vor Lachen ihre kleinen Bäuche halten. Richtig lustige Geschichten, nicht solche von Sex & Crime und Schuld und Sühne, wie ich sie jeden Morgen meinem Therapeuten erzähle. Ich werde wieder häufiger mit Marcus ins Bett gehen, und wir werden wieder so unkompliziert, heiter und lustvoll miteinander schlafen wie früher. In der Agentur werde ich mit voller Power das Ruder übernehmen, Charlotte und Fred feuern und den größten Etat an Land ziehen, den die Agentur je gesehen hat.
Ich werde…
Ich werde in jeder Sekunde meines Lebens damit rechnen müssen, daß mein Schatten wieder vor mir steht. In einer neuen Verkleidung, gewalttätiger als je zuvor. Alles wäre umsonst gewesen. Ich hätte all das Leid über uns alle gebracht und nichts dazugelernt. Lieber kehre ich noch einmal freiwillig in die Hölle zurück.

»Geh dorthin, wo es um deine große Liebe geht!« fordert mich der Therapeut auf. Also doch nicht in die Hölle, denke ich erleichtert – da steht »Er« schon vor mir.
Ich erkenne ihn sofort, und mein Herz beginnt, wie rasend zu klopfen: Das also ist der »Dream Lover«, der Mann, der mir seit unendlichen Inkarnationen das Leben schwermacht. Ein Initiierter, ein Eingeweihter ist er, erkläre ich dem Therapeuten, frage mich gleichzeitig verwundert, woher ich diese Bezeichnung kenne, und fahre fort: Ein Magier, der größte von allen, verwickelt in den Bereich des Dunklen. Groß, hager, mit stechendem Blick. Wir, seine Schüler, bringen dem Unnahbaren grenzenlose Verehrung entgegen. Ich, ein Mädchen mit einem Knabenkörper, bin die einzige Frau unter den Zauberlehrlingen. Doch diese Ehre und meine Bewunderung für den Dunklen genügen mir nicht, und so versuche ich, ihn zu verführen. Ich will ihn, den Mächtigen, durch Leidenschaft menschlich machen – und ich will, daß er mir gehört! (»Schon wieder!« sagt vorwurfsvoll mein Verstand – oder war das meine Seele?)
Der Unnahbare läßt sich scheinbar willig auf mein Spiel ein, doch bleibt er meinen Liebeskünsten gegenüber seltsam distanziert. »Nun«, sagt er schließlich, »werde ich dir zeigen, was auch möglich ist.« Und er lehrt mich die Ekstase zwischen Schmerz und Lust. Die Leidenschaft, die grenzenlos ist, die Körperlichkeit auflöst und Göttliches ins Spiel bringt. »Danach mußt du künftig suchen!« sagt er. Und dann schickt er mich fort.
Ich berichte nur widerwillig, was dann passiert. Und daß der Therapeut nicht lockerläßt, ärgert mich nur um so mehr. Soll er sich die Sexgeschichten, die ihn offenbar so interessieren, doch von jemand anders erzählen lassen. Was geht ihn das eigentlich an, mit wem ich alles ins Bett gegangen bin, auf der verzweifelten Suche nach dem einen Mann? Dem, der mir die vollkommene

Lust gezeigt hat, die Grenzen des Menschseins – und daß man sie überwinden kann. Mein ewiger, einziger Geliebter. In zahllosen Leben, in unzähligen Betten, mit immer neuen Männern, die alle ohne Gesicht bleiben, suche ich immer nur ihn.
Was ich denn mit diesen Männern gemacht habe, will der Therapeut wissen. Ich denke gar nicht dran, ihm das in den Einzelheiten zu berichten, die er offenbar so gerne hören möchte. Aber er soll mich natürlich auch nicht für prüde oder verklemmt halten. »Mit allen habe ich es getrieben«, sage ich also kurz und bündig. »Und auf jede denkbare Weise.« Soll er sich darunter vorstellen, was er mag. Das tut er dann wohl auch, jedenfalls hakt er zu meiner Erleichterung nicht mehr nach.
Doch so sehr ich auch suche, ich kann diesen Magier nirgends finden – und auch nicht die Liebe, nach der ich mich so sehne. Ich finde nichts als Kälte, Einsamkeit und Macht.

»Was hast du deinem Geliebten gegeben für diesen Moment der Vollkommenheit, für dieses Erlebnis von Ekstase und Transzendenz?« will mein Therapeut hinterher wissen. »Welchen Preis hast du dafür bezahlt?« – »Nichts habe ich damals dafür bezahlt«, sage ich entrüstet. »Was ich damals bekommen habe, das hat er mir freiwillig gegeben.«
»Das glaube ich dir nicht«, sagt ernst der Therapeut. »Ich bin sicher, daß du einen hohen Preis dafür bezahlt hast.«
»Natürlich«, antworte ich. »Du hast ja eben selbst gehört, daß ich seitdem vergeblich auf der Suche nach ihm bin. Ist das etwa kein hoher Preis? All die leeren Begegnungen, all die Kälte, all der miese kleine Sex mit miesen kleinen Männern ohne Gesicht? Reicht das denn noch nicht?« – »Das«, sagt der Therapeut, »ist der Preis, den du hinterher bezahlt hast. Ich möchte wissen, was du dem Geliebten vorher angeboten hast für diesen Einblick in

eine Dimension, die den Irdischen meist verschlossen ist.« Ich frage mich, was er damit wohl meinen mag. Er tat gerade so, als hätte ich für diesen Moment, der mir wie Vollkommenheit erschien, meine Seele verkauft!

*14. Sitzung*

Es ist völlig verhext. Ich kann es nicht glauben. Absurd, mit welchen Spielen mein Unbewußtes mich zum Narren hält. Heute in der Therapie war ich beim Teufel und habe ihm meine Seele verkauft, und das ganz freiwillig.

»Geh durch Raum und Zeit und schau, ob du deine große Liebe wiederfindest«, fordert mich der Therapeut auf.

Ich falle ins Nichts zwischen Zeit und Raum und lande schließlich in der Hölle, bei Satan, dem Herrn der Welt.

»Gib mir diesen Mann wieder, nach dem ich seit Jahrhunderten suche«, sage ich, »und ich verspreche dir, was auch immer du willst.«

»Holen mußt du ihn dir selbst«, antwortet der Teufel. »Aber von mir kannst du die Macht bekommen über alle Seelen, die sich auf dieser Welt befinden.«

»Wenn er darunter ist«, sage ich, »so gebe ich dir, was du von mir verlangst.«

»Er ist darunter«, versichert mir Satan. Und fordert als Gegenleistung meine Seele.

Ich zögere keine Sekunde. »Falls ich eine habe – nimm sie dir. Aber erst, nachdem ich ihn wiedergesehen habe. Doch was willst du nur mit meiner Seele?«

»Ich bin wie du«, sagt Satan achselzuckend. »Ich will auch nur das, was ich nicht bekommen kann. Die Macht hier auf der Erde, die habe ich schon. Was mir fehlt, ist die Liebe. Aber wer liebt schon den Teufel? Also kauf' ich sie mir. Wenn schon nicht die Liebe, dann wenigstens den Teil, in dem die Liebe wohnt – die Seele. Deine Seele. Andere Seelen. Ich habe zahllose, eine ganze Kollektion. Jeder verkauft sie – das ist lediglich eine Frage des Preises.«

»So wie dir«, sage ich plötzlich mitfühlend, »geht es mir auch. Ich will doch auch nur die Macht, weil ich die Liebe nicht finde. Doch ich habe wenigstens noch eine Chance, denke ich. Ich bin einigermaßen jung, relativ attraktiv, und wenn du dein Versprechen hältst, finde ich vielleicht denjenigen, bei dem ich die Macht gegen die Liebe eintauschen kann. Aber du? Du bist häßlich. Abstoßend. Böse. Du bist der Inbegriff der Schlechtigkeit. Niemand kann dich lieben.«

»Und du«, unterbricht mich Satan mit sanfter Stimme, »bist machthungrig, zerstörerisch, triebhaft, sadistisch, kalt. Wer sollte dich lieben können?«

Ich spüre plötzlich, wie recht er hat. Ich bin wirklich kein bißchen besser als er. Plötzlich empfinde ich eine tiefe Zuneigung, innere Verbundenheit und Wärme für den Herrn der Hölle, der Seelen kaufen muß, weil er ohne Gegenleistung keine Liebe bekommt. »Ich weiß nicht«, sag' ich schüchtern, »ob dir meine Seele nützt – besonders viel wert ist sie wirklich nicht. Aber ich gebe sie dir gern. Ich mag dich.« Und strecke die Arme aus und lege Satans häßliches, gehörntes Gesicht an mein Herz.

In diesem Augenblick verwandelt sich der Teufel: Vor meinen Augen entsteht das Gesicht des Mannes, den ich seit Jahrhunderten vergeblich gesucht habe. Er breitet die Arme aus. Ich spüre Wärme, Licht, eine alles umfassende, leidenschaftliche Liebe …

Verlegen kehre ich in die Realität zurück. »Und damit ist mein Märchen beendet«, sagte ich und bemühe mich, meiner Stimme einen ironischen Klang zu geben. »Nachdem die Prinzessin den Frosch geküßt hatte, verwandelte er sich in einen wunderschönen Königssohn. Und wenn sie nicht gestorben sind, dann leben sie noch heute. Entschuldigung. Das war Unsinn, was ich da heute erzählt habe.«

Mein Therapeut steht auf. Er lächelt. Er strahlt. »Das war kein Unsinn. Das war ein wichtiger Schritt. Du hast gelernt, einen Schatten nicht nur anzunehmen, sondern als einen Teil von dir auch zu lieben. Im Schatten ist all das, was dir zum Ganz-Sein fehlt. Du wolltest es nicht mehr sehen und nicht mehr haben – deine Kälte, dein Machtstreben, deine Geilheit. Solche Eigenschaften paßten nicht zu deinem Selbstbild.

Für deinen Schatten steht hier nun symbolisch der Teufel. Genauso wie du will er um seiner selbst willen geliebt werden, trotz der häßlichen Maske. Nur wenn du ihm dein Herz freiwillig schenkst, kann er sich wandeln, und seine Maske fällt ab.

Dann braucht er nicht länger Gottes böser Gegenspieler auf dieser Welt zu sein, sondern kann seine wahre Gestalt wieder annehmen: Luzifer, der bis zu seinem Sturz der mächtigste unter den Engeln war. Derjenige, den Gott am meisten von allen liebte, bevor er ihn vom Himmel auf die Erde schickte, um die Polarität in Gang zu setzen.

Dadurch, daß du dich mit deinem Schatten ausgesöhnt, dem Teufel dein Herz geschenkt hast, hast du begonnen, ein wenig heiler zu werden und der göttlichen Einheit, aus der du gefallen bist, ein wenig näher zu kommen. Das ist ein Schritt, den dir kein Therapeut der Welt abnehmen kann. Vielen Klienten ist es noch nicht gegeben, den Teufel zu lieben – nicht einmal für einen Augenblick. Freu dich.

Nun könnten wir auf dem Hintergrund deiner Erkenntnis natürlich wieder von vorn anfangen: einen neuen Schatten suchen und einen neuen Zyklus der Aussöhnung beginnen – so lange, bis alle Schatten integriert sind. Aber der Weg zur Erleuchtung ist weit. Ich denke, wir sollten hier eine Pause einlegen. Der Schatten, der dir dein Leben so schwer gemacht hat, existiert nicht mehr.
Neue, andere werden auftauchen. Diese Sitzung könnte dir zeigen, daß es darauf ankommt, die Schatten nicht weiter zu bekämpfen, sondern sich umzudrehen, sich ihnen zuzuwenden, sie anzunehmen – so wie du es spontan und ohne nachzudenken getan hast.
Dann brauchen sie auch nicht mehr so mächtig zu werden, um sich bemerkbar zu machen. Was du künftig lernen mußt, ist nicht, möglichst perfekt zu sein. Ganz im Gegenteil: Was du brauchst, ist Mut zur Sünde!«

Mir schwirrt der Kopf. Ich bin froh, daß wir diese Sitzung auf Tonband aufgezeichnet haben. Da sind zu viele Begriffe, Bilder, Symbole aufgetaucht, über die ich zu Hause nachdenken muß.
Mir fällt das Bilderbuch ein, das Timmi und Jonas so lieben. Es handelt von einem winzig kleinen Drachen, der eines Tages schwanzwedelnd vorm Bett des kleinen Billy steht. Begeistert bringt ihn der Junge zu seiner Mutter.
»Drachen gibt's nicht«, sagt die Mutter energisch und ignoriert das Tierchen.
Darauf beginnt der kleine Drache zu wachsen und zu wachsen, schließlich ist er größer als das gesamte Haus.
Erst als die Mutter akzeptiert, daß es ihn wirklich gibt, wird er wieder kleiner, bis sie ihn schließlich, so groß wie ein Kätzchen, auf dem Schoß hält.
»Gegen diese Drachen habe ich gar nichts«, sagt die Mutter.

»Er ist doch nur so groß geworden«, entgegnet der kleine Junge, »weil er wollte, daß man ihn bemerkt.«

Mein Schatten, der muß sich so mißachtet gefühlt haben wie der kleine Drache in Timmis Kinderbuch, und er hat auch genauso reagiert. Ob er nun, da ich ihn akzeptiert habe, auf seine normale Größe zurückschrumpfen wird? Ich bin, so seltsam es klingt, davon überzeugt: Der Mann ohne Gesicht hat seine Macht über mich verloren. Er wird mir keine Briefe mehr schicken. Und wenn er's täte, so würde ich sagen: Fang doch nicht schon wieder damit an! Du kannst mich nicht ängstigen mit deinen Träumen von Sex, Macht und Gewalt. Da ist nämlich ein Teil von mir, der träumt sie auch.

»Und wie geht es jetzt im echten Leben weiter?« will ich wissen. Mein Therapeut grinst. »Sag' ich doch: Mut zur Sünde! Welcher Aspekt deines weiteren Lebens interessiert dich denn besonders?«
»Dumme Frage«, sage ich ärgerlich. »Ich will natürlich wissen, wie die Geschichte mit Charlotte und Fred weitergehen wird.«
»Brauchst du immer noch einen Sündenbock? Rache ist süß? Am Montag wirst du dir und mir erzählen, wie die Geschichte mit Charlotte und Fred weitergehen könnte. Denk daran, der häßliche Frosch hat sich erst in einen Prinzen verwandelt, nachdem ihn die Prinzessin geküßt hat!«

PS. Hier irrt der Therapeut. Ich hab's bei den Gebrüdern Grimm nachgelesen. Der Frosch ist – zumindest im Märchen – erst zum Prinzen geworden, nachdem ihn die Prinzessin an die Wand geklatscht hat.

*Gedanken übers Wochenende*

Am Wochenende kenne ich mich selbst nicht mehr wieder. Was ist nur aus all meinen guten Absichten geworden? – »Laßt mich doch verdammt noch mal eine Stunde in Ruhe!« sagt die liebevolle Supermutter zu ihren Söhnen, die sie so lange Zeit schmerzlich vermißt hat und an denen sie so vieles wiedergutmachen will. »Warum könnt ihr nicht ein einziges Mal ohne mich ›Mensch ärgere Dich nicht‹ spielen?«
Was macht die zärtliche Supergattin, die sich entschlossen hat, ihrem Mann endlich wieder die langentbehrte, phantasievolle Geliebte zu sein? »Ich finde«, sage ich zu einem völlig verblüfften Marcus, »deine Sex-Routine im höchsten Grade fad. Kannst du dir nicht nach all den Jahren mal etwas Originelleres einfallen lassen?«
Ich werfe einen Schuh nach dem Hund, weil er beim Frühstück bettelt, was er immer tut, und frage Frau Bach, die bei uns im Haushalt hilft, bissig, ob sie schon mal gehört hätte, daß man Fenster auch putzen kann.
Ich bin mit Genuß unausstehlich. Und das sozusagen auf Befehl meines Therapeuten. Hat er mich nicht ausdrücklich dazu aufgefordert, »Mut zur Sünde« zu leben? Sind nicht meine Probleme in der letzten Zeit schließlich auch dadurch verursacht worden, daß ich immer zu perfekt sein wollte?

Irgendwann, als die Jungen im Garten aufeinander einprügeln, Marcus überhaupt nicht mehr aus seinem Arbeitszimmer auftaucht, der Hund ins Wohnzimmer pinkelt und Frau Bach heimlich die Stellenanzeigen in meiner »Süddeutschen« liest, legt sich mein Hochgefühl, und mir kommt der Gedanke, daß es wohl nicht der Sinn von vier Wochen Schattentherapie sein kann, ein im

Grunde pflegeleichtes Familienmitglied in ein egoistisches Monster zu verwandeln, das künftig seine bis dahin verdrängten Triebe ohne Rücksicht auf Verluste auslebt. »Mit Liebe und Bewußtsein sündigen«, wie mein Therapeut das nennt. Ich bin nicht ganz sicher, ob er mit dieser These recht hat. Und falls er recht hat, so weiß ich nicht, wo die Grenzen zu ziehen sind. Es kann nicht der Sinn unseres Lebens sein, andere zu verletzen oder sogar zu zerstören, um selbst »heil« zu werden. Das weiß ich aus erster Hand. Ich bin gerade das Opfer eines solchen »Muts zur Sünde« gewesen. Gut, ich habe nun begriffen, daß ich das nicht nur verdient habe, sondern auch, daß dieser Entwicklungsschritt für mich notwendig gewesen ist. Aber mit Liebe und Bewußtsein? Ich zweifle sehr daran, daß irgend jemand »mit Liebe und Bewußtsein« über Leichen gehen kann!

Also klopfe ich an allen Türen an und bemühe mich, den Familienfrieden wiederherzustellen, was mir auch einigermaßen gelingt. Und ich frage mich, wie um alles in der Welt ich es künftig schaffen kann, meine Schatten zu leben, ohne dabei meiner Umwelt das Leben zur Hölle zu machen.
Montag, nach der letzten Therapiestunde, werde ich hoffentlich ein wenig klüger sein. Aber noch etwas anderes interessiert mich im Moment fast genauso: Hatten mein Therapeut und ich in vergangenen Leben auch miteinander zu tun? Und wenn ja, was?

*15. Sitzung*

Am Montag in der Früh traue ich mich endlich, die Frage zu stellen: »Wenn es, wie du sagst, wirklich keine zufälligen Begegnungen im Leben gibt: Was haben dann wir beiden miteinander zu tun? Warst du auch einer von denen, die ich in den Verliesen meiner eigenen Hölle gequält habe? Habe ich dich dort womöglich übersehen? Gehörst auch du zu meinen Opfern? Oder gehöre ich zu deinen?«

Ich bin dankbar über die Dunkelheit, die in diesem Raum herrscht. Manche Dinge kann ich selbst im Dunklen nur schwer aussprechen. Im hellen Tageslicht brächte ich nie den Mut dazu auf.

Der Therapeut zögert nur kurz. »Ich denke«, sagt er schließlich, »daß wir möglicherweise schon in einigen Leben miteinander zu tun hatten, in allen möglichen Rollenverteilungen. Als Vater und Kind, Mann und Frau, als Liebende, Freunde oder Geschwister. Als Täter und Opfer aneinander.

Viele Klienten erkennen mich in ihren Bildern wieder. Wenn da besonders enge Beziehungen bestanden – in Liebe oder im Haß –, dann schicke ich sie auch manchmal hin zu den Situationen, wo wir begonnen haben, diese Verwicklungen zu strikken.

Ich glaube, daß wir die Menschen, die uns nahestehen – als Freunde oder als Feinde –, schon viele Male getroffen haben. Und daß wir uns noch manch weiteres Mal begegnen werden – so lange, bis wir das, was wir aneinander lernen sollen, begriffen haben. Diesmal treffen wir uns als Klientin und Therapeut. Möchtest du nachsehen, wo wir uns früher schon begegnet sind?«

Natürlich möchte ich das. Nichts lieber als das. Ich möchte wissen, woher die Nähe stammt, die ich für den Mann empfinde, den ich noch niemals im Tageslicht gesehen habe. Ich weiß schon, ich bin der klassische Fall aus dem Lehrbuch. Passiert fast jedem. Auch alle meine Freundinnen haben sich ein bißchen in ihren Analytiker verliebt. »Übertragung« heißt das seit Freud. Gestern

habe ich in meinen alten Psychologie-Lehrbüchern nachgeschlagen, was er damit genau gemeint hat:
»Im therapeutischen Bereich wesentlichstes Mittel der Therapie: (Fehl-)Verhaltensmuster werden in der Beziehung zum Analytiker lebendig und sind gelöst, wenn sie in dieser Beziehung gelöst werden können. Zur Lösung tragen die Deutungen des Analytikers bei, die die gegenwärtigen Beziehungsmuster mit denen der frühen Kindheit in Verbindung bringen.«
In meinem Fall muß ich einfach das Wort »Kindheit« durch »frühere Leben« ersetzen. So ist das also. Ich finde, der alte Freud hat ziemlich um den heißen Brei herumgeredet.
Daß ich auch ein Opfer meines »(Fehl-)Verhaltensmusters« geworden bin, verrate ich dem Therapeuten natürlich nicht, eher würde ich mir die Zunge abbeißen. Deshalb verzichte ich lieber darauf, nachzuschauen, was früher einmal zwischen uns gewesen sein könnte. Statt dessen spiele ich die geübte Verhandlungspartnerin, die stets Haltung bewahrt, und sage: »Ich würde gern wissen, wie es mit meinem Leben weitergehen wird.«
»Gern«, antwortet er bereitwillig. Eine Spur zu bereitwillig, stelle ich enttäuscht fest. Nervt es ihn womöglich, in vielen früheren Leben der Klientinnen als der Geliebte auf der Bildfläche zu erscheinen?

Während der gesamten Atemphase – mittlerweile geht's ein wenig leichter – frage ich mich, was das Thema der Sitzung sein wird. Rache? Mut zur Sünde? Flucht nach vorn?
Nichts von alledem. Was ich statt dessen höre, ist dies: »Geh durch Zeit und Raum, hin zu einer Situation, bei der es um Aussöhnung geht.«
Darauf will er also hinaus, denke ich. Versöhnung, Liebe und Bewußtsein. Ich dachte immer, er will Mut zur Sünde? Und dann

fällt mir ein: Es ist völlig egal, was der Therapeut hören will. Wichtig ist nur, was meine Seele sagt. Ob ich das allerdings wirklich hören mag, da bin ich mir selber nicht so sicher. Zögernd schildere ich die Bilder, die nun kommen:

Es ist Frühling – ein paar Monate nach Ablauf der Frist. Ich bin wieder in der Agentur. Der »Mann ohne Gesicht« hat sich nie mehr gemeldet. Alles ist so wie früher – zumindest tun wir so. Wir haben zwei neue große Kunden bekommen. Das bedeutet: eine Menge Prestige in der Branche und noch mehr Arbeit. Charlotte ist sehr blaß und schweigsam, meidet jedes private Gespräch. Aber ihr Ehrgeiz brennt immer noch wie früher. Fred trinkt mehr als je zuvor. Er ist Alkoholiker, solange ich ihn kenne. Allerdings verfügt er über eine fast unvorstellbare Selbstbeherrschung – die wenigsten kennen sein Problem, und niemand würde es ihm je anmerken. Zwischen uns besteht, seitdem ich wieder regelmäßig in der Agentur bin, ein seltsames Verhältnis. Nie wieder hat einer von uns ein Wort über die Angelegenheit mit den »Briefen« erwähnt. Er weiß, daß ich es weiß – im Gegensatz zu Charlotte, die sich, glaube ich, völlig sicher fühlt.
Kurz vor Feierabend kommt Fred in mein Büro. »Ab morgen bin ich weg. Für immer. Ich haue ab.«
Ich kenne ihn lange genug, um zu wissen, daß Hinweise auf offizielle Kündigungsfristen sinnlos sind.
»Neuseeland?« frage ich. Er spricht seit Jahren davon, daß er da mal leben will.
Fred schüttelt den Kopf. »Weiß noch nicht. Bin vor mir selbst auf der Flucht.«
Ich hole tief Luft. »Meinetwegen?«
Fred starrt auf den Wasserfleck an der Tapete. »Du mußt keine Angst mehr haben.«

Ich schweige. Erst später fällt mir auf, wie stark er das Du in diesem Satz betont hat.
»Brauchst du ein neues Opfer?« frage ich sanft.
Fred zuckt die Achseln.
»Sag mir nur eins«, bitte ich. »Warum ausgerechnet diese Schiene? Warum die sexuelle Gewalt? Warum nicht meine Kinder?«
Fred löst seinen Blick von dem Wasserfleck an der Wand und schaut mich an: »Weißt du nicht mehr, vor langer Zeit habe ich mal versucht, dir Astrologie beizubringen. Ich kenne dich besser, als du glaubst.«
Lange Pause.
»Du bist auch noch der gleiche«, sage ich. »Ich habe dich auch wiedererkannt, Franziskus. Verzeih mir, was ich dir damals angetan habe.«
Fred öffnet ein paarmal den Mund, als wolle er etwas sagen. Aber die Worte wollen nicht kommen. Nur Tränen. Die rinnen noch durch die tiefen Furchen in seinem Gesicht, als er ganz langsam aus dem Zimmer geht.

Der Therapeut ruft mich zurück ins Hier und Jetzt. Auch mein Gesicht, merke ich nun, ist naß von Tränen.
Schweigend reicht er mir ein Taschentuch, wartet, bis ich mich ausgeschnieft habe, und sagt dann leise: »Das, was du da erlebt und gefühlt hast, das sind jene Augenblicke, in denen Opfer und Täter einander erkennen. Da wird eine tiefe Verbundenheit spürbar. Versöhnung findet statt, die nicht von einem reuigen Verstand diktiert wird, auch nicht von der Moral oder einem schlechten Gewissen, sondern die wirklich spontan vom Herzen kommt. Wenn du dir selbst verzeihst, dann vergibst du auch ihm seine Schuld. In diesem Augenblick hast du das karmische Rad durchbrochen, Schuld erlöst, Schicksal zur Chance umgemünzt und

diese Kriminalakte geschlossen – jedenfalls, was Fred anbetrifft. Morgen, in der letzten Sitzung, werden wir darüber sprechen, wie dein Weg weitergehen könnte. Aber denk nicht zuviel darüber nach. Wir fragen dein Unbewußtes. Das weiß die Antworten besser als dein Kopf.«

*16. Sitzung*

Auch wenn es mir der Therapeut verboten hat: Natürlich habe ich darüber nachgedacht, wie es mit meinem Leben weitergehen soll. Das tue ich doch schon seit Wochen. Mein Kopf hat mir signalisiert, er möchte in dieser Sache mitreden. Also gut. Das meint mein Kopf:

Jahrelang hast du, Susanne, all deine Energie darauf verwendet, die Überfrau zu sein. Attraktive Rollen hast du dir ausgesucht: Die kompetente, erfahrene Agenturchefin. Die liebevolle Supermutter. Diejenige, die als einzige im Bekanntenkreis eine Traumehe führt. Intelligent, schlagfertig, witzig – eine Frau, die etwas darstellt. Jetzt hast du in der Therapie erfahren, daß das alles nur Masken sind. Nun möchtest du plötzlich wissen, wer hinter diesen Masken steckt. Dich interessiert es, zu sehen, wer du bist, wenn du nicht mehr »wer bist«. Eine Frau ohne besonderen Status. Ohne besonders bunte Masken. Einfach nur noch du selbst, auf der Suche nach Selbsterkenntnis. Klingt gut. Aber weißt du, was das bedeutet, Susanne?

Kündigung, Verzicht auf Prestige. Auf die süße Droge Erfolg, die dir bisher immer so wichtig war. Natürlich auch ein geringeres Einkommen. Sicher, vom Geld deines Mannes könnt ihr gut leben. Aber willst du denn wirklich von ihm abhängig sein? Kannst du denn überhaupt von irgend jemand abhängig sein? Das ist dir doch schon schwergefallen, als du noch ein Kind warst. Was wird aus deinen Fähigkeiten? Du weißt, daß du gut bist, Susanne. Willst du dein Talent brachliegen lassen? Und was ist mit dem Glamour, den beruflichen Erfolgen, den Dienstreisen in alle Welt? Statt dessen Selbstfindung! Sei ehrlich, Susanne, das ist doch auch nur so ein modischer Trip. Luxus für Leute, die die meisten anderen Trips schon hinter sich haben. Willst du künftig etwa Walla-Walla-Gewänder aus ungefärbter Baumwolle tragen, Vollkornmüsli essen und Wochenendseminare in Sachen Selbsterfahrung besuchen? Bloß weil dir irgend jemand in deinem Leben ein Bein gestellt hat? So ist das Leben nun mal, Susanne. Gut, du hast etwas daraus gelernt, das war sicher auch ganz nützlich, aber nun gehe bitte wieder zur Tagesordnung über. Sei vernünftig, Susanne.

Das also sagt mein Kopf. Ich glaube, ich sollte ihm doch nicht mehr ganz so bedingungslos trauen. Er denkt ein bißchen einseitig. Also werde ich in der Therapie, in der letzten Sitzung, bevor ich in die Wirklichkeit zurückkehre, meine Seele nach ihrer Meinung fragen.

### *Letzte Sitzung*

Ich bin ziemlich melancholisch, als ich zum letzten Mal das schwarze Zimmer betrete. Damals, vor einem Monat, hatte ich nur eins im Sinn: Ich wollte, daß der »Mann ohne Gesicht« aus meinem Leben verschwindet. Wenn er weg ist, dachte ich, ist dein Leben wieder in Ordnung. Dann wird alles wieder so wie früher.

Jetzt bin ich, glaube ich, von diesem Problem kuriert. Der Mann ohne Gesicht ist aus meiner Seele verschwunden, weil ich ihn verwandeln konnte. Nun wird er wohl auch aus meinem Leben verschwinden. Was soll er noch da? Ich habe ja keine Angst mehr vor ihm. Doch in Wirklichkeit ist nichts mehr so wie früher. Mein Schatten, den ich so gefürchtet habe, war offenbar nur ein Wegweiser. In meinem Leben, das äußerlich – bis auf den einen schwarzen Punkt – so perfekt zu sein schien, ist offenbar eine Neuorientierung fällig. Ich bin nicht mehr die Susanne, die ich vor einem Monat war. Und erst recht nicht die Susanne von vor einem Jahr. Aber wer bin ich? Was ist mein Weg?

Gestern nacht fiel mir ein Gedicht in die Hände. Der protestantische Pfarrer Dietrich Bonhoeffer schrieb es vor seinem Tod im KZ. Ich lese es wieder und wieder, und es geht mir nicht aus dem Kopf:

*Wer bin ich?*

*Wer bin ich? Sie sagen mir oft,*
*ich träte aus meiner Zelle*
*gelassen und heiter und fest*
*wie ein Gutsherr aus seinem Schloß.*

*Wer bin ich? Sie sagen mir oft,*
*ich spräche mit meinen Bewachern*
*frei und freundlich und klar, als hätte ich zu gebieten.*

*Wer bin ich? Sie sagen mir auch,*
*ich trüge die Tage des Unglücks*
*gleichmütig, lächelnd und stolz,*
*wie einer, der Siegen gewohnt ist.*

*Bin ich das wirklich, was andere von mir sagen?*
*Oder bin ich nur das, was ich selbst von mir weiß?*
*Unruhig, sehnsüchtig, krank wie ein Vogel im Käfig,*
*ringend nach*
*Lebensatem, als würge mir einer die Kehl,*
*hungernd nach Farben, nach Blumen, nach*
*Vogelstimmen,*
*dürstend nach guten Worten, nach menschlicher Nähe,*
*zitternd vor Zorn über Willkür und kleinliche Kränkung,*
*umgetrieben vom Warten auf große Dinge,*
*ohnmächtig bangend um Freunde in endloser Ferne,*
*müde und leer zum Beten, zum Denken, zum Schaffen,*
*matt und bereit, von allem Abschied zu nehmen?*

*Wer bin ich? Der oder jener?*
*Bin ich denn heute dieser und morgen ein anderer,*
*bin ich beides zugleich? Vor Menschen ein Heuchler*
*und vor mir selbst ein verächtlich wehleidiger*
*Schwächling?*
*Oder gleicht, was in mir noch ist, dem geschlagenen*
*Heer, das in*
*Unordnung weicht vor dem schon gewonnenen Sieg?*

*Wer bin ich? Einsames Fragen treibt mit mir Spott.*
*Wer ich auch bin; du kennst mich. Dein bin ich, oh Gott.*

Und wer bin ich?
»Geh jenseits von Zeit und Raum, und sieh nach, was dein Weg und deine Aufgabe in diesem Leben ist«, fordert mich der Therapeut auf. Wie sehr ich diese Formel in Zukunft vermissen werde! Zum letzten Mal also »schau' ich nach«:

Ich habe meinen Beruf an den Nagel gehängt und mich aus der Werbebranche zurückgezogen. Nicht etwa, weil ich plötzlich auf dem Selbsterkenntnis-Trip bin und über den Dingen stehe. Nein, ich bin ganz einfach müde geworden. Soll Charlotte weiterkämpfen um Karriere, Ansehen, Erfolg. Sie weiß ja noch nicht, was die »Charlotte« in mir nun erfahren hat: Auf jeden Erfolg folgt eine Niederlage. Auf jede Phase der Macht eine der Ohnmacht. Rachegelüste? Mit Fred bin ich, warum auch immer, innerlich im reinen. Mit Charlotte nicht.
Aber selbst wenn ich handfeste Beweise gegen Charlotte hätte vorbringen können, so würde sie nicht aufgeben. Bis aufs Messer würde sie darum kämpfen, endlich die Nummer eins zu werden.
Früher hätte ich mit Lust den Kampf aufgenommen. Ich hätte sie mit Genugtuung dort vernichtet, wo es sie am härtesten getroffen hätte: bei ihrem Ehrgeiz. Aber beim nächsten Mal, da bin ich nun ziemlich sicher, wäre ich wohl selbst wieder als Opfer dran. Nein danke. Eher nehme ich es hin, daß diesmal sie gesiegt hat. Falls es wirklich ein Sieg ist.
Also habe ich gekündigt und mir ein Jahr der Neubesinnung zugestanden. Charlotte ist, wie sie das geplant hat, meine Nachfolgerin geworden, und daran kaue ich immer noch. Therapie hin, Selbsterkenntnis her, ich wünsche ihr von ganzem Herzen, daß sie es nicht schafft.

Leicht ist mir der Ausstieg nicht gefallen, und ganz überwunden habe ich den Verzicht auf meine Karriere immer noch nicht. Die Versuchung, mich über meinen ehemaligen Status zu identifizieren, ist manchmal unwiderstehlich. Erst neulich habe ich auf einem Fest wieder beiläufig einfließen lassen, daß ich bis vor kurzem die bekannte Werbeagentur XYZ geleitet habe, alle zwei

Monate dienstlich nach Kalifornien geflogen und auch sonst ziemlich viel in der Welt rumgekommen bin. Und ich ertappe mich auch gern dabei, daß ich erzähle, auf welch dramatische Weise es zu meinem Rückzug aus dem Berufsleben gekommen ist. Die Leute interessiert das natürlich brennend. In der Geschichte ist ja auch alles drin, was zu einer heißen Story gehört: Sex und Crime, Gewalt und Spannung. Natürlich erzähle ich immer nur die vordergründige Geschichte, die, die auch mein Kopf billigt: »Und seit meiner Kündigung ist nie wieder ein Brief gekommen.«
Die Fassung, die meine Seele kennt, erfahren nur wenige gute Freunde. Ich muß zugeben, daß ich das entsetzte Staunen immer noch ein wenig genieße. Mein Hang zur Selbstdarstellung läßt sich offenbar nicht so leicht wegtherapieren.
Aber das sind nur gelegentliche Ausrutscher – insgesamt ist es schon um einiges besser geworden. Und gerade in dem Augenblick, als ich mich in meinem neuen Leben so richtig gut finde, drängt sich Charlottes Gesicht in die friedlichen Bilder. Sosehr ich's auch versuche, sie läßt sich einfach nicht beiseite schieben.

Ich bringe die Jungen zur Klavierstunde, in Jeans und Sweatshirt, da steht sie plötzlich vor uns: selbstbewußt, elegant in Jil Sander, wie früher ich, überaus eilig. Wir haben uns zu spät gesehen, um die Begegnung zu vermeiden.

»Na, wie fühlt man sich als Hausfrau?«
»Nun, wie fühlt man sich, wenn man es endlich erreicht hat?«
»Du kannst dir nicht vorstellen, was für einen Streß ich habe. Heute sitze ich schon wieder bis Mitternacht in der Agentur. Übermorgen fliege ich nach San Franzisco. Appell im Headquarter. Bob will wissen, wie's läuft. Es läuft phantastisch! Weißt du,

welchen Kunden ich an Land gezogen habe? Wir stehen kurz vor dem Abschluß ...«

Natürlich weiß ich das. Den Branchenklatsch kriege ich immer noch brühwarm mit. Wenn ich mir vorstelle, daß ich vor einem Jahr noch genauso geredet habe wie Charlotte heute! Trotzdem steh' ich nicht drüber. Leider ganz und gar nicht. Während Charlotte weiterredet, merke ich, wie in mir die roten Flammen aufsteigen, nackter, ungezügelter Haß.

Soll ich ihr sagen, daß ich von unserem größten Konkurrenten ein phantastisches Angebot habe? Daß Bob mich beunruhigt zu Hause angerufen hat, weil die zwei größten Kunden drohen, ihren Etat abzuziehen? »Charlotte«, sage ich freundlich, »wenn du das nächste Mal einen potentiellen Kunden kurz vor dem Abschluß in dein Bett zerrst, dann strenge dich doch ein wenig an. Der Werbechef von ... (den Namen lass' ich aus Diskretion hier weg) hat gemeint, für einen Etat in dieser Höhe warst du einfach nicht gut genug!« Ich registriere mit Genugtuung, daß Charlottes blasses Gesicht schneeweiß wird, und schlendere mit meinen Söhnen an der Hand davon.

Zugegeben: Der Schlag ging unter die Gürtellinie. Er war auch nicht sehr fein, elegant schon gar nicht. Aber fein bin ich lange genug gewesen. Und »Mut zur Sünde« war's in jedem Fall. Kann natürlich sein, daß ich mir mit dieser Bemerkung wieder schlechtes Karma eingehandelt habe. Aber wenn das Schicksal seine Bilanzen sorgfältig führt, müßte bei mir in Sachen Charlotte noch ein kleines karmisches Guthaben bestehen!?

Trotzdem frage ich hinterher den Therapeuten, ob ich mich wegen meiner billigen, kleinen Rache schämen muß. Vier Wochen Schattenarbeit – und offenbar nichts dazugelernt!

Der Therapeut lacht:
»Ich glaube, du bist auf dem Weg zur Ehrlichkeit, auch eine wichtige Voraussetzung für Heilung.
Wie gefällt dir das neue Leben, das du dir eben angeschaut hast? Natürlich sagen deine Bilder nicht das geringste darüber aus, ob sich dein Leben tatsächlich in dieser Richtung ändern wird, es war ja keine Zukunftsschau im prophetischen Sinn, nur eine mögliche Wahrscheinlichkeitsebene. Sie zeigen aber, daß deine Seele sich tatsächlich um eine Neuorientierung bemüht.
Nur mach jetzt bitte nicht den Fehler, daß du dir neue Verhaltensmuster zurechtlegst und versuchst, diese zu erfüllen. Laß vielmehr los von guten Vorsätzen, laß deine Seele baumeln, und gib ihr Raum, damit sie von ganz allein ihren Weg findet.
Denk daran: Nur die Arbeit an der zeitlosen Seele kann eine sinnvolle Beschäftigung sein. Alles andere zerrinnt früher oder später. Es kommt dabei nicht darauf an, WAS du tust, sondern WIE du es tust. Du kannst jetzt Müsli essen, Walla-Walla-Gewänder tragen und dich als Lichtarbeiter fühlen – und trotzdem blind in eine vernagelte Sackgasse rennen. Jeder Schweinebraten wird dir so zu einem neuen Schatten. Umgekehrt müssen Jil-Sander-Kleider und ein Sportwagen kein Hindernis auf deinem Entwicklungsweg sein. Denn jeder erfüllte Wunsch macht dich freier. Du bist nicht verpflichtet, jetzt ein besserer Mensch zu sein, sei einfach nur ehrlich mit dir – und deinen Schatten. Du brauchst sie noch, sie machen dich bescheidener.«

Ich höre seine Worte, und höre sie doch nicht. Morgen werde ich über mein Leben, meine Zukunft und meine Aufgabe darin nachdenken. Morgen, wenn mein Alltag wieder beginnt.
Heute möchte ich mit Liebe und Bewußtsein Abschied nehmen von den Menschen, Dingen, Themen, die ich nun loslassen muß.

Von der alten Susanne mit ihrem Perfektionismus, ihrem Ehrgeiz, ihrer Sehnsucht nach heiler Welt. Von dem einen oder anderen Schatten, der nun wohl erlöst ist und mich erleichtert. Aber da ist auch ein Gefühl der Leere und der Unruhe: Liegen die anderen, die noch unerlösten Schatten schon auf der Lauer?

So unglaublich das klingen mag: Dem »Mann ohne Gesicht« gegenüber, der, ungebeten und ungeliebt, trotz allem im letzten Jahr die wichtigste Person in meinem Leben gewesen ist, ihm gegenüber empfinde ich in diesem Augenblick fast so etwas wie Dankbarkeit. Er hat mir Seiten an mir gezeigt, die ich nie sehen wollte, weil sie nicht in mein Selbstbild paßten.

Machtgier und Triebhaftigkeit! So recht im reinen bin ich mit diesen neuentdeckten Eigenschaften noch nicht. Machtgier, na ja – aber Triebhaftigkeit? Was für ein Unwort. Keine Ahnung, wie ich diesen Punkt in Zukunft leben soll. Ich stelle mir gerade Marcus' Gesicht vor, wenn ich mit schwarzen Strapsen und hohen Lederstiefeln vor unserem Designer-Messingbett stünde … Andererseits habe ich ja in der Therapie gelernt, daß wir alle unendlich viel Zeit haben. Ich brauche in diesem Leben keine Schwarzen Messen und wilden Orgien zu feiern, um meine verdrängte Sexualität auszuleben. Für diesmal mag es reichen, daß ich diesen Seelenteil an mir kennengelernt habe. Ich kann mich nun auch so akzeptieren, ohne anderen Leid zuzufügen und meine Familie ins Chaos zu stürzen. Aber ich brauche mir auch nicht mehr selbst auf die Schulter zu klopfen dafür, daß ich so anständig und moralisch bin.

Loslassen muß ich nun auch von dir, mein Therapeut. Mal sehen, wie es in meinem Leben weitergehen wird. Ob so wie in meinen Bildern oder vielleicht auch ganz anders. Du hast mir vieles gezeigt, das mein Leben in eine andere Richtung weisen könnte. Selbst wenn ich mich, bei aller Faszination für die anderen

Welten, dafür entscheiden sollte, in meiner eigenen zu bleiben, sie wird nie mehr die gleiche sein wie früher. Dafür, und für alles andere, danke ich dir.

PS. Okay, ich geb's zu: Ich habe heimlich »nachgeschaut«, ob wir beiden uns in einem früheren Leben schon einmal begegnet sind. Es ging ganz einfach. Aber ich habe dich nur einmal wiedergetroffen, vor ungefähr zweihundert Jahren. Da war ich eine ehrgeizige Bürgerstochter zu Köln am Rhein, und du warst mein Mathematiklehrer. Ich hasse Mathematik! Könntest du vielleicht fürs nächste Mal eine romantischere Begegnung arrangieren?

*Ein halbes Jahr später*

Ich hatte mit Susanne vereinbart, daß sie mich sofort anrufen würde, wenn sich der Mann ohne Gesicht noch mal melden sollte. Wir rechneten beide nicht damit, aber trotzdem habe ich am nächsten 24. meinen Anrufbeantworter zweimal abgehört. Susanne meldete sich nicht.

Erst nach etwa einem halben Jahr kam ein Brief von ihr. Sie hat, schreibt sie, tatsächlich nie mehr etwas von ihm gehört. Die Kriminalpolizei mußte die Akten schließen: kein Ermittlungsergebnis. Der »Mann ohne Gesicht« scheint sich tatsächlich – auch nach außen – aufgelöst zu haben.
Fred hat vor 2 Monaten die Firma verlassen, Ziel unbekannt. Charlotte hat den Platz von Susanne in der Firma eingenommen, denn die hat inzwischen ebenfalls gekündigt. Es ist ihr leichter gefallen, als sie angenommen hatte.
Inzwischen arbeitet sie als freie Mitarbeiterin bei einer Firma, die

mit Dritte-Welt-Produkten ins Geschäft zu kommen versucht. Lauter sympathische, idealistische Kollegen, die viel menschliche Nähe vermitteln, aber vom Business keine Ahnung haben. Der Job, schreibt sie, bringt wenig Geld und auch kein Prestige, aber dafür ist sie jetzt ihr eigener Herr und hat mehr Zeit für andere Dinge.

Also doch Walla-Walla und Müsli? denke ich mir. Oder hat sie sich jetzt einen Job gesucht, bei dem sie sich sicher sein kann, daß es niemanden gibt, der ihr die Position streitig machen könnte? Mit ihren Fähigkeiten ist sie dort doch der Star!

Susanne erzählt weiter von ihrer Familie: Den Kindern geht es gut, seit ihre Eltern wieder lachen können. Die sexuelle Beziehung zwischen ihr und Marcus hat eine neue Dimension bekommen: himmlisch-höllisch – und ganz ohne Panzerglas!

Hat sie ihren »Dream-Lover« doch noch gefunden? geht es mir durch den Kopf – warum in die Ferne schweifen, wenn das Gute doch so nah? Hat sie die »große Liebe« erst mal in sich entdeckt, dann ist auch der entsprechende Partner da. Er war eigentlich schon immer da und hat schweigend gewartet …

Am Schluß ihres Briefes fügt Susanne noch eines ihrer typischen PS hinzu: Wie ich das fände, sie trage sich mit dem Gedanken, ob das ein Rückfall sei in alte Zeiten – aber sie hätte Lust, eine eigene kleine Werbeagentur zu gründen …

Ich schmunzle in mich hinein, daher weht also der Wind. Also doch keine Kaffeebohnen aus Costa Rica! Die »Charlotte« in der Susanne läßt ihr keine Ruhe.

Ich rufe sie an und frage sie, ob sie ein Rezept von mir braucht: »Werbeagentur, 2 x täglich, in Hochpotenz.«
Susanne lacht: »Ich weiß schon, wieder die homöopathische Kurart, Ähnliches heilt Ähnliches.«

# Teil II

## DER THERAPEUT

## Die Reise zu den Schatten

Der Therapeut, Führer und Begleiter
auf der Reise in unbewußte Tiefen der Seele,
berichtet über Stationen und Stolpersteine
auf dem Weg zur Heilung.

## 1 *Erste Therapiewoche:* Nicht auf allen Wiesen blühen Butterblumen

Die junge Frau hat Herzklopfen: Heute beginnt ihre Reinkarnations-Therapie. In den nächsten vier Wochen wird sie versuchen, auf einer Reise durch frühere Inkarnationen das Strickmuster ihres Lebens zu entwirren, das ihr zur Zeit so überaus verworren vorkommt.

Fast ein halbes Jahr hat sie auf diesen Tag gewartet – vorher war kein Therapieplatz frei. Nun ist es endlich soweit. Endlich? In diesem Augenblick ist sie gar nicht mehr so sicher, ob *sie* soweit ist. Sie hat Angst. Die Stadt ist fremd, fremder noch ist das Zimmer in der Pension, in der sie sich für vier Wochen eingemietet hat. Seit ihrer Ankunft gestern abend hat sie mit keinem Menschen mehr ein Wort gesprochen. Immerhin: ihre »Hausaufgaben« hat sie erledigt: Sie hat »Schicksal als Chance« gelesen, wie ihr der Therapeut nahegelegt hatte. Und in der Jackentasche steckt der Zettel, auf dem das Standesamt in ihrem Heimatort den genauen Zeitpunkt ihrer Geburt notiert hat. Die Daten, sagte der Therapeut damals bei der Anmeldung, benötige er für ihr Horoskop. Ein bißchen irritiert hat sie das schon. Glaubt er tatsächlich an so etwas? Sie selbst liest zwar auch jeden Morgen in der Zeitung, was da unter »Skorpion« (sie) und »Waage« (ihr Partner) vermerkt ist, aber eigentlich doch mehr zum Spaß! Überhaupt ist sie ziemlich skeptisch: Das Wort »Reinkarnations-Therapie«

kommt ihr noch schwer über die Lippen. Es klingt geheimnisvoll. Fremdartig. Auch ein bißchen »unseriös« – nur wenige gute Freunde wissen, was sie wirklich vorhat. Offiziell ist sie im Urlaub.

Ob sie auch mal eine ägyptische Prinzessin war, wie man das in manchen Büchern liest? Eine Hexe im Mittelalter? Eine berühmte Schauspielerin? Oder ob sie schon immer so farblos war, wie sie sich heute fühlt. Schließlich: Wie mag er sein, der Therapeut, der sie auf der Reise in die Vergangenheit begleiten wird – und den sie bisher nur vom Telefon oder bestenfalls von einem kurzen Vorstellungsgespräch kennt? Ist er jemand, zu dem sie Vertrauen entwickeln kann? In den sie sich womöglich sogar verliebt? (Das fehlt ihr gerade noch, aber man hört so etwas immer wieder …) Oder bedeutet sie für ihn nur ein »Fall« wie jeder andere?

*

Solche Gedanken – oder doch ganz ähnliche – gehen fast allen Klienten am Anfang ihrer Therapie durch den Kopf. Nicht alle sind auf dem Gebiet der Esoterik so unerfahren wie diese fiktive Beispiel-Klientin.

Unter denjenigen, die sich zu einer Reinkarnations-Therapie entschließen, ist immer ein Teil esoterischer »Voll-Profis«. Die kennen die gesamte Eso-Literatur, haben Astro-Seminare und Selbsterfahrungs-Wochenenden hinter sich, manche auch eine Psychoanalyse oder Gesprächstherapie. Aber wenn es um frühere Leben geht, vor allem aber um die eigene Seele und nicht nur um die Geschichten anderer, dann gerät alle Theorie zunächst einmal in den Hintergrund. Da sind die Klienten aus der Eso-Szene genauso nervös wie die Neulinge, wenn sie zum ersten Mal meinen Therapieraum betreten. Denn wenn sie es nicht ohnehin schon wissen, so ahnen sie zumindest: In den nächsten vier Wochen werden sie hier jeden Tag über Dinge sprechen, die oft so persönlich sind, daß sie noch nie mit einem Menschen darüber geredet haben. Kein Wunder, daß ihnen mulmig zumute ist. Männern übrigens nicht weniger als Frauen.

Aber Männer machen viel seltener Therapie. Etwa 70 Prozent der Menschen, die sich zu einer Rückführung oder irgendeiner anderen Psychotherapie entschließen, sind Frauen. Wenn Männer etwas für sich tun wollen, buchen sie Kurse oder Fortbildungs-Seminare, die sie beruflich weiterbringen. Oder sie lernen Drachenfliegen, Windsurfen oder Snowboardfahren. Zu einer Psychotherapie entschließen sie sich meist erst dann, wenn ihnen ihre Probleme so über den Kopf wachsen, daß sie keinen anderen Ausweg mehr sehen.

Männer wie Frauen kommen aus den verschiedensten Gründen: Weil sie mit einem seelischen Problem nicht fertig werden und Hilfe brauchen. Weil sie an einer Krankheit leiden, der mit konventionellen medizinischen Methoden nicht beizukommen ist. Weil sie in einer persönlichen Krise stecken, Beziehungsschwierigkeiten haben oder beruflich nicht wissen, wie es weitergehen soll. Manchmal kommen auch Klienten, die gar kein »akutes« Problem haben: Sie sind auf der Suche nach Erkenntnis und Sinn in ihrem Leben und hoffen, durch die Therapie neue Impulse zu bekommen und neue Einsichten zu gewinnen.

Und dann stehen wir uns schließlich gegenüber, als Klient und Therapeut. Ich mag das Wort »Klienten« eigentlich nicht, es klingt so unpersönlich, nach Geschäftsbeziehung. Aber unter Psychotherapeuten hat es sich eingebürgert, um uns von den Ärzten abzugrenzen, die sich ja fast ausschließlich mit körperlichen Beschwerden beschäftigen. Wer körperlich krank ist, ist

»Patient«. Wer Psychotherapie macht, mag zwar Hilfe brauchen, aber als krank möchte er deshalb noch lange nicht gelten. Also sprechen wir vom Klienten – auch wenn das sehr distanziert klingt. In den ersten Sitzungen paßt diese Bezeichnung jedoch recht gut. Da sind wir uns beide ja noch fremd und nichts weiter als »Klient« und »Therapeut«.

Die Klienten tragen ihr chronisches Magengeschwür oder ihre Staub-Allergie an mich heran, ihre Depressionen, Partnerschaftsprobleme oder was immer sie auch auf dem Herzen haben, und trotz aller Skepsis hoffen sie alle, daß ich das Wunder vollbringe, ihren Körper oder ihre Seele zu heilen. Da werden manchmal Erwartungen in mich gesetzt, die zu erfüllen selbst der liebe Gott seine Mühe hätte. Vermutlich habe ich ganz am Anfang meiner Laufbahn sogar selbst geglaubt, daß meine therapeutische Ausbildung und mein Engagement für diesen Beruf die Klienten zu solchen Hoffnungen berechtigten. Aber das ist schon lange her. Mittlerweile bin ich bescheidener geworden. Heute ist mir klar: In vielen Fällen kann ich tatsächlich »helfen«, auch wenn diese Hilfe etwas anders aussehen wird, als die Klienten sich das zu diesem Zeitpunkt noch vorstellen.

Zugleich ist jeder Klient auch ein Spiegel für mich selbst. Seine Probleme sind irgendwo auch die meinen, sein Fortschritt wird auch der meine sein, die Blockaden, die er im Verlauf der Therapie zeigen wird, zeigen meine eigenen Widerstände. Das ist so aufgrund des Resonanzgesetzes, nach dem Ähnliches sich gegenseitig anzieht. Jeder Klient bekommt den Therapeuten, den er gerade jetzt braucht – und umgekehrt. Es gibt im Leben keine zufälligen Begegnungen – auch nicht in der Psychotherapie!

Doch den Gedanken, daß sich in der Therapie zwei Seelen treffen, die miteinander etwas zu erledigen haben, den behalte ich noch für mich. Zunächst spielen wir beide die Rolle, die die Klienten erwarten: Ich bin der verständnisvolle, erfahrene Seelendoktor, der immer genau weiß, wo's langgeht. Und sie übernehmen den Part derjenigen, die Hilfe suchen und in diese Beziehung nichts weiter einbringen als ihre Probleme, ihren Vertrauensvorschuß und ihr Scheckbuch. Diese Rollenverteilung gibt den Klienten zunächst die Sicherheit, die für sie im Moment noch so wichtig ist. Später, in der zweiten, dritten Therapiewoche, brauchen sie diesen »Übervater« nicht mehr – da werden sie ganz andere Rollen von mir erwarten. Doch darüber später mehr.

Zunächst gilt es, die äußere Form der Therapie zu etablieren. Dazu ist nichts besser geeignet als Rituale. Rituale geben Sicherheit – seit Anbeginn der Menschheit. Deshalb haben Pfarrer ihren Talar, Richter ihre Robe und Ärzte ihren weißen Kittel, Schamanen ihre Trommel, Gottesdienste ihre Liturgie – und ich, wie jeder Therapeut, mein Therapie-Setting: den schwarzen Raum, den immer gleichen äußeren Ablauf der Sitzung, die immer gleiche Begrüßung, später die Formeln, die die Klienten in Trance versetzen und in die Tiefen ihrer Seele geleiten. In einer Therapie, die nicht selten das gesamte innere Weltbild der Klienten über den Haufen wirft, sollen sie sich zumindest an immer gleichbleibenden äußeren Bedingungen »festhalten« können. Doch diese Rituale, die den Ablauf der Sitzung bestimmen, dienen nicht nur dazu, daß sich die Klienten zunehmend sicherer fühlen – sie helfen auch dem Therapeuten, alles in der Vergangenheit Erarbeitete schneller auf den neuen Klienten zu übertragen. Es geschieht auf fast magische Weise das, was der amerikanische Naturwissenschaftler Rupert Sheldrake in seinem Buch »Gedächtnis der Natur« beschreibt: Durch das Ritual nimmt das Unbewußte der Klienten automatisch teil an all dem, was bisher schon in bezug auf Therapie mit ähnlichen Ritualen stattgefunden hat. Sie müssen nicht wieder beim Punkt Null anfangen. Und in diesem Prozeß entwickelt sich allmählich auch das Vertrauen, ohne das eine Therapie nicht funktionieren kann.

Dann wird es ernst: Die Klienten atmen sich in eine leichte Trance (siehe dazu S. 285) und unternehmen »probeweise« die erste Reise in ihre Seele. Natürlich falle ich nicht gleich mit der Tür ins Haus: Die Begegnung mit einem früheren Leben würde sie zu diesem Zeitpunkt möglicherweise noch erschrecken. Deshalb schlage ich ihnen als Bühne für die erste »Probe« einen betont freundlichen, neutralen Ort vor: Was wirkt schon unverfänglicher als eine Wiese? Ich bitte sie also, sich eine Wiese vorzustellen, irgendeine Wiese, und mir davon zu berichten.
Die Klienten wundern sich. Eigentlich haben sie sich auf ein langes Gespräch über ihre Probleme vorbereitet. Aber zugleich sind sie auch erleichtert. Das scheint ja einfacher zu sein, als sie befürchtet haben! Zögernd, weil ihnen die Technik des Bilder-Erzählens noch nicht vertraut ist, aber ohne allzusehr auf der Hut zu sein, beginnen sie mit der Schilderung. Und hier kommt dann oft schon der erste Schock:
Denn längst nicht auf allen Wiesen blühen Butterblumen!

Natürlich gibt es freundliche Wiesen im Sonnenschein, mit Kindern, die Blumen pflücken, und satten, glücklichen Kühen.

Erika (40), Lehrerin, sieht sich auf einer solchen Wiese. Sie ist zu mir gekommen, weil sie nicht damit fertig wird, daß ihr Mann sie verlassen hat: »Wir führten eine wunderbare Ehe«, betont sie immer wieder. »Ich habe alles getan, um ihn glücklich zu machen.« So sieht dann auch ihre Wiese aus:
*Ein Bach fließt vorbei, im Hintergrund stehen Bäume, viele kleine*

*Blumen blühen, über mir scheint die Sonne. Ich beginne, barfuß auf der Wiese zu tanzen, breite meine Arme aus und genieße das Gefühl von Harmonie, spüre den Tau unter meinen Füßen, trage ein weißes T-Shirt und einen bunten Rock …«*
Ich hüte mich, diese Idylle in Frage zu stellen. Ich bohre auch nicht weiter, wenn sie auf meine Bitte hin schließlich von der Wiese zu einem Haus gelangt und es auch dort bei einer unverbindlichen Schilderung der gepflegten, harmonischen Inneneinrichtung (»alles in Altrosa!«) bewenden läßt. Wir haben Zeit. Ich möchte in dieser Sitzung nur erfahren, auf welchem Weg und mit welchem Tempo die Klienten die Reise in ihre Seele antreten. Zunächst brauche ich nichts weiter zu tun, als mit meiner Aufmerksamkeit immer einen Schritt hinter ihnen zu bleiben und darauf zu achten, daß der Dialog nicht verstummt.
Die Schatten, mit denen sie jetzt noch nicht konfrontiert werden mögen, liegen schon auf der Lauer. In ein paar Tagen wird auch die harmoniesüchtige Erika in den dunkleren Bereichen ihrer Seele angekommen sein.

Michael (25), Student, der unter schweren Depressionen leidet, ist schneller an seinen Problemen dran: Er sieht anstelle der Wiese zunächst nur einen Zaun, der aus knorrigen Viertelbaumstämmen gemacht ist, dazu Stacheldraht. Zwei Meter weiter ist die Wiese beendet, es folgt dichter weißer Nebel. Durch den Nebel, der sich feucht und kalt anfühlt, gelangt er auf den halbdunklen Dachboden eines verfallenen Hauses und begegnet dort der Maske eines Dämonen …

Gaby (28) gelangt über ihre Blumenwiese zu einem roten Backsteinhaus. Dort, im modrigen Keller zwischen Regalen, voll mit Weinflaschen, Äpfeln und Kartoffeln, steht ein Sarg:

*»Kerzen brennen. Mein Bein fühlt sich wie gelähmt an. Ich spüre, daß dies von dem Toten ausgeht. Daß er sich in mein Leben einmischt ...«*

Gaby ist als Kind von ihrem Vater mißbraucht worden und hat heute noch Probleme mit Männern.

Es kommt übrigens ziemlich häufig vor, daß die Klienten gleich in der ersten Sitzung Szenen aus ihrer Kindheit erzählen. Oft tauchen Bilder auf, die sie längst vergessen geglaubt haben. Manchmal geschieht es sogar, daß sie von ihrer Wiese aus spontan zurückgehen bis zu ihrer Geburt. Oder sie rutschen noch etwas weiter in der Zeit zurück und erzählen von der Situation, in der sie von ihren Eltern gezeugt wurden. Da die wenigsten Menschen bewußte Erinnerungen an ihre Geburt, geschweige denn ihre Zeugung haben, sind die Klienten natürlich verblüfft, und sie brennen darauf, bei ihren Eltern vorsichtige Informationen einzuholen und damit gleich die Probe aufs Exempel zu machen: Ist an den Bildern, die da in ihnen aufsteigen, wirklich etwas Wahres dran? Dann laufen die Telefone heiß, und manchmal kommen die Klienten schon am nächsten Tag ganz aufgeregt in die Sitzung und teilen mir mit, daß ihre Mutter zwar höchst peinlich berührt gewesen sei (»Wie kommst du denn nur auf so was, Junge?«), aber schließlich verlegen bestätigt habe: So war's tatsächlich. Was mich natürlich viel weniger überrascht als die Klienten ... Trotzdem versuche ich, solche detektivischen Nachforschungen nach Möglichkeit zu bremsen. Erst recht, wenn die Klienten sich anstatt auf der Wiese sofort in einem »früheren Leben« wiederfinden und eine erste dramatische Geschichte abzulaufen beginnt. Es ist sicher spannend, nachzuprüfen, ob die Bilder, die die Seele freigibt, historisch stimmig sind. Aber für den Erfolg der Therapie ist es völlig unwichtig. Da zählt nur, was die Seele mit diesen Bildern sagen möchte. Denn selbst wenn auf der Wiese oder im Haus gar nichts Bemerkenswertes passieren sollte: In Wirklichkeit ist das Thema natürlich längst nicht so harmlos, wie die Klienten glauben.

Aus der Symbolik ihrer Bilder kann ich schneller und besser erkennen, welche Themen in der Therapie eine Rolle spielen werden, als durch ausführliche Schilderungen ihrer Probleme in einem Gespräch. Zu diesem Zeitpunkt laufen solche Berichte nämlich immer nur darauf hinaus, mir klarzumachen, wer ihrer Meinung nach die Schuld an der Situation trägt: sie selbst jedenfalls nie! Klienten neigen, wie die meisten Menschen, zum Beschönigen. Ihre Bilder aber sagen die Wahrheit! Und »Schuld« haben letztlich immer nur die Klienten selbst – aber um das zu verstehen, brauchen sie noch viele Sitzungen …

Was der Hintergrund von körperlichen Symptomen ist, ahne ich in vielen Fällen schon nach den ersten beiden Sitzungen. In irgendeiner Form handelt es sich um blockierte Energien und verdrängte Lebensthemen, die sich dann im Symptom »ausleben«. Hinter Asthma verbirgt sich zum Beispiel seelische Enge. Allergien sind ein Hinweis auf in den Körper verdrängte Aggressionen. Chronische Erkältungen und Nebenhöhlenerkrankungen sind ein Indiz für sexuelle Probleme, ebenso Migräne. Nun sind solche Zuordnungen natürlich kein Geheimnis. Sie sind fast jedem bekannt, der sich ein wenig mit esoterischen Dingen beschäftigt und vielleicht »Krankheit als Sprache der Seele« gelesen hat. Allerdings, ganz so einfach, wie sich das anhört, ist es in Wirklichkeit nicht. Es scheint mir kühn und methodisch fragwürdig, Krankheiten auf einen einzigen Begriff, eine einzelne Ursache zu reduzieren. Nicht jede Migräne hat mit Sex zu tun. Es kommt – wie auch in der Homöopathie – darauf an, den gesamten Menschen in seinen Zusammenhängen zu erkennen und platte, eindeutige und einseitige Zuordnungen zu meiden, auch wenn diese für Laien noch so verführerisch einleuchtend klingen. Und ganz abgesehen davon, ist es nicht wichtig, daß *ich* die Zusammenhänge sehe, sondern daß sie den Klienten in der Therapie bewußt und nachvollziehbar werden. Denn das ist die Voraussetzung für Heilung von der Wurzel her.

Aus der Bedeutung der Bilder-Symbolik mache ich dann übrigens kein Geheimnis. Im Gegenteil – ich erkläre den Klienten genau, was ihre Bilder sagen: Im »Haus« zum Beispiel ist ihre Persönlichkeit zu Hause. Im »Keller« ruht Unbewußtes, Verdrängtes. Auf dem »Dachboden« halten sich Erinnerungen versteckt. Nebel steht für »nichts sehen wollen«, Stacheldraht bedeutet »Abgrenzung«. Essen steht für »Sexualität«.
Diese Entsprechungen hat sich natürlich nicht irgend jemand ausgedacht. Sie ergeben sich von selbst, wenn wir an dem entsprechenden Symbol mit inneren Bildern so lange weitergehen, bis eine konkrete Situation, also »Klartext«, daraus wird. In vielen tausend Sitzungen habe ich noch nie erlebt, daß nach dem Thema Essen nicht innerhalb von zehn Minuten das Thema Sex zur Sprache gekommen ist. Doch vorläufig belassen wir es bei den Symbolen. Zum »Klartext« kommen wir dann spätestens in der zweiten Therapiewoche.
Klartext heißt, daß die Klienten ihre Seeleninhalte nicht in interpretationsbedürftigen Symbolen darstellen, sondern in eindeutigen, konkreten Situationen. Das sieht dann zum Beispiel so aus: In der ersten Therapiewoche wandert die Klientin Anna durch einen Park. Plötzlich bellt ein Hund hinter dem Gebüsch. Der Hund ist ein Symbol, das mir verrät: Annas Thema hat mit

Aggression zu tun, aber das weiß sie zu diesem Zeitpunkt meist noch nicht. Erst in der zweiten Therapiewoche berichtet Anna, was sie eigentlich sagen möchte: Sie spaziert durch einen Park, plötzlich springen einige wilde Gesellen hinter einem Busch vor und bedrohen sie. Jetzt wissen wir beide, worum es in dieser Sitzung gehen wird.

Natürlich bemühen sich die Klienten nun fieberhaft, die Bedeutung der Symbole im Kopf zu notieren, damit sie beim nächsten Mal gewappnet sind. Nie wieder, nehmen sie sich etwa vor, werden sie in ihren Bildern aufs Essen zu sprechen kommen, weil ich daraus doch nur den Schluß ziehen könnte, daß sie nichts als Sex im Kopf hätten. Diese Absicht wird ihnen aber wenig nützen. Erstens, weil die Seele die Bilder, die für sie wichtig sind, ohnehin fast ungefiltert preisgibt – der Kopf hat als Kontrollinstanz bei der Rückführung viel weniger Einfluß als im normalen Alltag. Und zweitens, weil nach den ersten Übungstagen fast bis zum Schluß der Therapie ohnehin nur noch im »Klartext« gesprochen wird. Wenn ich zum Beispiel etwas über die Depressionen der Klienten erfahren möchte, so werde ich sie unverschlüsselt fragen: »Gehen Sie zurück durch Raum und Zeit, dahin, wo es um Ihre Depression geht« – und ihre Seele wird antworten! Sicher anders, als ihr Kopf geantwortet hätte.

Auf ähnliche Weise und anhand ähnlich »harmloser« Themen üben die Klienten noch einige Tage lang den Umgang mit den Bildern ihrer Seele. Sie lernen, Gefühle zuzulassen und »Kulisse aufzubauen«, d. h., konkrete Bilder auszusprechen. Also nicht etwa nur zu sagen: »Ich wandere durch einen schönen Ort« – sondern genau zu schildern, was sie sehen: »Da ist ein kleines Dorf, Holzhäuser mit Vorgärten voller Blumen, ich gehe auf einer staubigen Straße zu einem Ziehbrunnen. Barfuß bin ich da ...«

Natürlich sind diese Bilder am Anfang nur selten so klar, deutlich und zwingend wie im Kino. Oft sind es eher Gedanken, Vorstellungen und Phantasien, gemischt mit Erinnerungen. Aber darauf kommt es nicht an. Für die Klienten ist zunächst mal nur eins wichtig: die Erfahrung, daß sie nichts falsch machen können. Egal, was sie sehen und aussprechen – es sind immer Bilder, die mit ihnen zu tun haben! So liefern sie mir also unbewußt die Puzzleteilchen, die wir beide benötigen, um immer deutlicher zu erfahren, was ihnen – im wahrsten Sinne des Wortes – wirklich fehlt. Und fast unmerklich gelangen wir so in die erste »echte« frühere Inkarnation.

*Der Vorhang öffnet sich: Erster Ausflug in die Vergangenheit*

Gegen Ende der ersten Therapiewoche ist rund ein Drittel der Klienten mit großer Begeisterung bei der Sache. Sie sind voller Staunen und überaus kooperativ, zeigen wenig Abwehr und haben keine Probleme bei der Schilderung ihrer Bilder, sind wahre Musterschüler – was allerdings noch nichts über den Erfolg der Therapie aussagt.

Ein weiteres Drittel ist enttäuscht. Sie haben sich alles viel spektakulärer und auch einfacher vorgestellt. Etwa so, daß sie ohne jede eigene Beteiligung in frühere Leben befördert und dort kuriert würden. Nun sind sie ernüchtert und voller Abwehr. Die Atemtechnik (siehe Seite 285), mit der die Trance eingeleitet wird, ist ihnen zu mühsam und ohnehin suspekt. Die Aufgabe, in ihrer Seele nach Bildern zu suchen und diese in Worte zu fassen, strengt sie mehr an, als sie sich vorgestellt haben. Sie halten noch zu sehr fest an den alten Kontrollmechanismen, an ihren eingefahrenen Meinungen. Zwar spüren sie dunkel: Was sie da auf der

Wiese oder im Keller des Hauses gesehen haben, das hat etwas mit ihnen zu tun. Aber was nur? Mißtrauen wird wach, auch mir gegenüber: War das womöglich schon alles?
Das restliche Drittel befindet sich irgendwo in der Mitte: aufgeschlossen zwar, aber noch nicht überzeugt.

Genau zu diesem Zeitpunkt konfrontiere ich die Klienten aus scheinbar heiterem Himmel mit der Aufforderung: »Gehen Sie zurück in ein früheres Leben.« Ich sage das absichtlich so, als wäre das etwas völlig Alltägliches. Und fast alle, die sich auf eine Reinkarnations-Therapie einlassen, wissen natürlich auch, daß dieses Thema kommen wird. Trotzdem ist die Reaktion in vielen Fällen Schock, Unsicherheit, Skepsis: Meint er das wirklich ernst? Geht das wirklich so einfach?
In solchen Fällen helfe ich ihnen, die Hemmungen zu überwinden und die Kulisse für ein früheres Leben aufzubauen, indem ich in schneller Folge kurze, präzise Fragen stelle: »Sind Sie im Freien oder in einem Raum? Ist es Tag oder Nacht? Sind Sie allein, oder ist jemand bei Ihnen?« Den Klienten bleibt nichts anderes übrig, als einzusteigen. Und nicht selten und zu ihrem eigenen Erstaunen bemerken sie, daß sie, die immer so bemüht waren, einen guten Eindruck zu machen, nun völlig freimütig Geschichten erzählen, bei denen sie ziemlich schlecht dastehen. Manchmal kommen sie dabei ganz von selbst auf ihr Problem zu sprechen. Präzise, aber völlig unbewußt schildern sie mir die Hintergründe ihrer Beschwerden.

Marie (29), Krankenschwester, ist als Folge ihrer chronischen Migräneanfälle tablettensüchtig geworden:
*»Ich bin 35 Jahre alt, diene einem feinen Herrn. Mir unterstehen alle Dienstboten. Ich führe ein strenges Regiment. Verheiratet bin*

*ich mit einem groben Mann. Er schlägt mich immer – allerdings provoziere ich ihn auch, weil ich lieber einen Mann hätte, der etwas darstellt. Ich habe auch schon einen im Auge – den feinen Herrn, dem ich diene. Seine Frau ist verstorben. Niemand weiß, daß ich sie heimlich vergiftet habe. Zwischen meinem Herrn und mir entwickelt sich eine heimliche Beziehung ...«*
Mir fällt auf, daß sich die Tablettensucht in der Analogiekette »Gift« und »heimliche Beziehung« fortsetzt. Versucht Marie gegen die Vorherrschaft ihres Kopfes zu rebellieren, indem sie ihm unbewußt durch Migräne das strenge Regiment entzieht?

Christina (35), verheiratete Hausfrau, wünscht sich seit Jahren vergeblich ein Kind:
*»Ich sehe den Kopf eines schwarzen Pferdes vor mir, unter mir. Ich bin ein Mann, noch jung, reite auf dem Pferd. Andere bewaffnete Reiter sind bei mir. Wir galoppieren durch ein Dorf. Ich führe die Meute an. Die Bauern, Frauen und Kinder laufen vor uns weg. Es sind chaotische Zeiten, jeder ist sich selbst der Nächste. Ein kleines Kind spielt in einer Pfütze, es bemerkt uns nicht. Wir reiten rücksichtslos darüber weg ...«*
Natürlich kann das Geschlecht in früheren Leben wechseln. Gibt es in Christina einen männlich-eigensüchtigen Seelenteil, der Kinder gar nicht mag, der unbewußt verhindert, daß sie eines bekommt?

Die Bilder aus Brigittes Seele sind auf den ersten Blick nicht so leicht in Beziehung zu ihren Symptomen zu setzen. Die 40jährige leidet an chronischen Rückenschmerzen:
*»Ich sehe gasförmigen Nebel um mich herum. Dann taucht ein Mann auf, der ein langes Gewand aus schwarzem Stoff trägt. Sein Gesicht ist hager, hart und streng. Ich gehöre zu seinen Mägden,*

*bin zuständig für die Küche. Er schreit mich wieder an. Ich kann es ihm nicht recht machen, sosehr ich mich bemühe. Und er denkt sich immer neue harte und schikanöse Arbeiten für mich aus. Ich sehe keine Möglichkeit, ihm zu entkommen ...«*
Ich frage Brigitte nach der Sitzung, wie ihr Alltag aussieht. Es stellt sich heraus, daß sie sich immer neue Arbeiten scheinbar bereitwillig aufbürden läßt, ohne sie wirklich bewältigen zu können. Erhofft sie sich, dafür geliebt zu werden?

Der ebenfalls 40 Jahre alte Zeitschriftenlayouter Karl »verrät« sein Thema (Autoritätsprobleme) schneller. Dabei ist es egal, ob er sich mit der passiven oder aktiven Figur identifiziert, beide Rollen sind die zwei Seiten ein und desselben Problems. Karl leidet darunter, daß er sich trotz seines überdurchschnittlich großen Talents beruflich immer von anderen »überrollen« läßt:
*»Ich bin Häuptling in einem Indianerdorf, streng, alt und hart. Zwei Männer will ich verurteilen, weil sie gegen die Tradition verstoßen haben. Ich will sie auspeitschen und dann in den Urwald verbannen lassen. Andere aus dem Ältestenrat finden, daß ich zu weit gehe, und greifen mich deswegen an.«*

Gelegentlich kann ich dann vorsichtig einhaken: »Sehen Sie, schon damals hatten Sie Probleme mit Ihrem Kopf (... oder dem Sex, oder dem Selbstbewußtsein). Aber meist interessieren sich die Klienten viel mehr dafür, ob die Geschichte, die sie erzählt haben, nun historisch stimmt oder nicht. Doch so interessant diese Frage auch sein mag – für den Verlauf der Therapie ist sie nebensächlich.
Viel wichtiger ist, daß sich in jeder Begebenheit das individuelle, zeitlose seelische Muster eines Menschen ausdrückt. Denn nur darauf kommt es bei dieser Reise in frühere Leben an: die eigene

Individualität bewußter zu begreifen, seine Aufgabe in der Welt zu finden, seine immer wiederkehrenden Problemstellungen zu erkennen und besser damit umzugehen. »Frühere Leben« sind dabei nicht mehr und nicht weniger als ein wirkungsvolles Vergrößerungsglas, um das eigene Muster besser zu erkennen. Denn die Klienten sind einerseits »weit genug weg«, so daß sie ohne Ängste in die Bildergeschichten hineingehen können. Andererseits sind diese Geschichten durch ihre emotionale Wirkung so massiv, daß kaum jemand den Botschaften, die seine Seele ihm schickt, ausweichen kann.

Es ist auch nicht wichtig, ob die Erlebnisse, die in den Erinnerungen an frühere Leben zutage kommen, nun besonders eindrucksvoll oder eher banal sind. Ein beliebter Angriff gegen die Reinkarnations-Therapie ist immer, daß es dort angeblich von schönen Prinzessinnen, mächtigen Herrschern, berühmten Literaten und großen Komponisten nur so wimmele. Ich bin in den fünfzehn Jahren als Therapeut allerdings noch nie den Inkarnationen von Napoleon, Mozart, Goethe oder Marilyn Monroe begegnet. »Nero« war mal bei mir in Therapie, und einmal auch »Jesus Christus«. Aber das sind Ausnahmen. In den weitaus meisten Fällen handeln die Geschichten vom ganz normalen Alltag und sind alles andere als spektakulär. So zum Beispiel das Leben, an das sich Annamaria (37), Reisebürokauffrau, »erinnert«:

*»Ich bringe Wasser in die Küche, schütte es in einen Topf und stelle den Topf auf einen großen Herd. Ich putze Gemüse und werfe es ins Wasser. Was soll ich nun tun? Eigentlich habe ich zu nichts Lust. Soll ich Kleider flicken? Nein, ich gieße lieber meine Blumen. Meine Kinder, ein Mädchen und ein Junge, spielen auf dem Hof. Ich rufe sie, und wir gehen Beeren sammeln. Am Himmel bilden sich Gewitterwolken. Ich rufe die Kinder, und wir gehen ins Haus zurück, wo wir sicher vor dem Blitz sind. Ich*

*sperre die Hühner ein, und schon geht es los. Wir schauen durchs Fenster zu. Ich warte auf meinen Mann. Da kommt er endlich, eine Sense über der Schulter. Ich bringe ihm etwas zu essen. Zufrieden erzählt er mir, was er alles geleistet hat. Ich bin neidisch auf ihn, er ist so zufrieden. Ich merke, wie wütend ich werde, und entscheide mich, ins Bett zu gehen, bevor ich einen Streit vom Zaun breche ...«*

Auch im weiteren Verlauf der Sitzung geschieht nichts Besonderes. Trotzdem ist die Klientin mit ihren Bildern zufrieden. Und ich bin es auch. Denn es geht hier nicht darum, Sensationen zu produzieren. Diese Sitzung hat nur ein einziges Ziel: Sie soll die Klientin »packen«, sie dadurch in die Verbindlichkeit emotionalen Erlebens schieben, so daß sie spürt: In dieser Situation, die sie da erlebt, ist sie mit ihrem Gefühl beteiligt – so, als ob sie wirklich dabeigewesen wäre. Meistens gelingt das.

Die Klienten sind berührt – und auch voller Neugier. Woran, wollen sie wissen, kann man erkennen, daß es sich hier um ein »echtes Leben« handelt? Wo ist hier der Beweis? Den gibt es natürlich fast nie. Zwar versuchen Klienten immer wieder, den in der Reinkarnations-Therapie erinnerten Leben historisch auf die Spur zu kommen, aber solche Nachforschungen verlaufen meistens im Sande. Das kann eigentlich auch gar nicht anders sein: War jemand in einem vergangenen Leben ein »kleines Licht«, so gibt es zwar vielleicht einen standesamtlichen Vermerk, daß ein Mensch dieses Namens tatsächlich existiert hat, doch darüber hinaus bestehen kaum Möglichkeiten, die Erinnerungen an dieses Leben zu überprüfen. »Erinnert« sich ein Klient dagegen an eine vergangene Inkarnation als Mensch von historischer Bedeutung, so lassen sich solche Angaben zwar problemlos überprüfen, doch kann man nie mit Sicherheit ausschließen, daß er diese Fakten irgendwo gelesen hat und nun unbewußt als eigene Erinnerungen wiedergibt. Aber nicht nur deshalb versuche ich, die Klienten bei ihren Recherchen zu bremsen. Viel mehr stört mich, daß sie vom eigentlichen Sinn der Therapie ablenken.

Vor einigen Jahren hatte ich einen Klienten, der sich in einer Inkarnation als Nazi-Größe während der Hitler-Zeit erlebte. In dieser Sitzung »sah« er, bis auf die letzte Ziffer genau, die Nummer des Schweizer Kontos, auf dem er während des Krieges große Geldsummen deponiert hatte. Und anstatt sich, wie vorgesehen, in der vierwöchigen Therapie mit seiner Seele – und der Ursache seiner chronischen Verstopfung – auseinanderzusetzen, hatte er in den nächsten Wochen nur eins im Sinn: Er versuchte (letzten Endes übrigens erfolglos), an dieses Konto heranzukommen. Fast überflüssig zu erwähnen: Das Geld für die Therapie war auch zum Fenster herausgeworfen. Dieser Klient, Horst hieß er, gehört zu meinen eindeutigen therapeutischen Mißerfolgen.

Es gibt, ganz abgesehen von den Privatrecherchen einiger Amateure, umfangreiche Literatur von renommierten Reinkarnationsforschern, die nachzuweisen versuchen, daß bestimmte Personen früher schon einmal gelebt haben. Hunderte oder gar Tausende solcher Fälle sind ausführlich und sehr detailliert untersucht worden, oft mit verblüffenden Einzelheiten. Aber »beweisen« läßt sich immer nur, daß ein bestimmter Mensch tatsächlich gelebt hat – niemals jedoch, daß es sich um eine frühere Inkarnation desjenigen handelt, der sich an dieses Leben erinnert. Ich halte es offen gestanden auch nicht für wichtig. Für die Belange der esoterischen Reinkarnations-Therapie zählt nur, daß hier die Seele zu Wort kommt und daß die Klienten begreifen:

Bei diesen Bildern handelt es sich weder um Erinnertes noch um Angelesenes. Sie stammen nicht aus dem Kopf – sondern wirklich aus der Tiefe meiner Seele. Zugegeben: Die Ereignisse und

Themen, die da zur Sprache kommen, gefallen mir nicht. Sie sind allzu banal oder allzu reißerisch, passen nicht in mein Selbstbild, manche sind mir sogar aus tiefstem Herzen zuwider. Aber sie sind ohne jeden Zweifel mein Thema!

## 2 *Zweite Therapiewoche:* Es geht zur Sache!

Der Anfang ist also gemacht. Nun gibt es verschiedene Methoden, tiefer in die Seele hinunterzusteigen, um die Probleme im Hier und Jetzt immer besser zu verstehen. Da kann man zum Beispiel chronologisch rückwärts von einem Leben zum nächsten gehen und nachsehen, ob irgend etwas vorgefallen ist, das möglicherweise als die funktionale Ursache der Symptome in Frage kommt, die dem Klienten in diesem Leben so zu schaffen machen. Das ist eine ziemlich zeitraubende Methode. Trotzdem ist sie bei vielen Reinkarnations-Therapeuten sehr beliebt, weil sie so angenehm ergiebig ist. Man fördert nämlich jede Menge traumatischer Erlebnisse zutage, jedes Leben ist schließlich voll davon. Und dann kann man sich gemeinsam mit dem Klienten freuen: »Sehen Sie, Sie haben ständig Ihre Kopfschmerzen und Migräneanfälle, weil Sie in einem früheren Leben während der Französischen Revolution von einem grausamen Henker mit der Guillotine enthauptet worden sind. Das war ja auch eine furchtbare Erfahrung. Aber nun können wir das, was geschehen ist, aufarbeiten, und dann sind Sie Ihre Schmerzen für immer los.«

Das klingt verheißungsvoll und zunächst auch einleuchtend – nur: Was ist denn die Ursache der Ursache? Da müßte man dann also weiterforschen: »Warum wurden Sie denn damals hingerichtet?« – »Weil ich gegen das Regime war.« – »Und warum waren Sie gegen das Regime?« – »Weil die meiner Familie den ganzen Besitz geraubt haben.« – »Und warum haben die Ihrer Familie den ganzen Besitz geraubt?« – »Weil die Armen nichts zu essen hatten.« – »Und warum hatten die Armen nichts zu essen?« – »Weil wir denen viel zu hohe Abgaben abgepreßt haben.« Und schon haben wir wieder eine neue Ursache, für die wir nun die Ur-Ursache finden müssen! Eine Kette ohne Ende.

Verbreitet ist auch die Methode, sich anhand der Symptome des Klienten vorwärts zu tasten. Das geht so: »Blenden Sie hin zu einer Situation, in der Ihnen das Asthma (... oder Ihre Impotenz oder Ihre Unsicherheit oder welches Problem auch immer ...) auch schon zu schaffen gemacht hat ...« Das gibt den Klienten das angenehme Gefühl, daß sich der Therapeut mit ihrem ganz persönlichen Problem befaßt. Doch in Wirklichkeit kommen natürlich die Ereignisse, die mit einem bestimmten Symptom, einem Problem oder einer Krankheit im Zusammenhang stehen, auch ohne besondere Aufforderung in den Sitzungen zur Sprache. Allerdings sind sie manchmal so maskiert, daß die Klienten sie nicht so ohne weiteres wiedererkennen. Dann muß der Therapeut beim »Übersetzen« helfen.
Die 42jährige Marlies zum Beispiel, die unter Schuppenflechte leidet, findet ihren Panzer um Körper und Seele in immer neuen Verkleidungen: Sie erlebt, wie sie nach einem Leben in Saus und Braus an Pocken stirbt. Wie sie verbrennt, wegen Diebstahls ausgepeitscht wird, nach einem einsamen Leben an der Pest zugrunde geht, wie sie im Kerker verfault usw. Was sie noch nicht

weiß, aber in der Therapie allmählich begreifen wird, ist, daß ihre Schuppenflechte mit Kontakt, Nähe und Distanz, Berührung, Kommunikation und Aggression zu tun hat – und daß sie ihr Symptom benutzt, um sich abzuschotten. Die Schutzmauer, die sie irgendwann einmal aus gutem Grund um sich gelegt hatte, ist ihr jetzt zum Gefängnis geworden.

Schließlich kann man auch wichtige Lebensstationen vorgeben: ein besonders dramatischer Tod, eine besonders wichtige Geburt, eine besonders schmerzliche Liebe usw. Doch natürlich kommen die Klienten auch ganz unaufgefordert darauf zu sprechen.
Bei allen Methoden kommt man über kurz oder lang zu den gleichen Ergebnissen. Ganz egal, wie man vorgeht – immer wird nach einiger Zeit das individuelle Muster des Klienten sichtbar, denn ganz gleich, wie die Ausgangsfrage lautet – seine Seele wird genau über die Themen reden, die für ihn wichtig sind und die nun aus dem Unbewußten ans Licht geholt werden möchten.

Ich selbst arbeite am liebsten mit einer Methode, die auf den Erkenntnissen von C. G. Jung basiert: Wir suchen das individuelle Muster des Klienten auf dem Hintergrund der großen Themen, die die Menschheit unabhängig von Zeit und Kultur seit Beginn der Welt beschäftigen, der »Archetypen«, wie ihr Entdecker, der berühmte Schweizer Psychoanalytiker C. G. Jung, sie nannte.
Grob skizziert setzt sich bei Jung das Bewußtsein aus verschiedenen Schichten zusammen. Neben dem alltäglichen Ich-Bewußtsein gibt es das persönliche Unbewußte, das Reich der individuellen Schatten und Verdrängungen, und das überpersönliche kollektive Unbewußte, das der Psyche der gesamten Menschheit, also jedem einzelnen in gleicher Weise, zugrunde liegt.

Das kollektive Unbewußte ist die Heimat der »Archetypen«. Es sind typische Situationen, Gestalten und Verhaltensmuster, die in Bildern und Symbolen von Träumen, Märchen und Mythen der gesamten Menschheit vorkommen, und zwar unabhängig von Zeit und Kultur. Früher nannte man sie Dämonen oder Götter. Sie sind auch in den großen Werken der Weltliteratur wiederzufinden, z. B. bei King Lear, Romeo und Julia oder in den Romanen von Dostojewski – als die für alle Menschen repräsentativen Tragödien von Verlassenwerden, Enttäuschung, Rache, Haß, Verlust usw. Wir alle können uns mit solchen Situationen identifizieren, denn sie bleiben keinem Sterblichen auf dem Weg durch die Welt erspart.

Auf die Reinkarnations-Therapie übertragen, könnte man das so formulieren: Das Alltags-Bewußtsein der derzeitigen Inkarnation ruht auf Seelenschichten, die zu einem großen Teil nicht vom derzeitigen Leben geformt sind, sondern aus früheren Leben mitgebracht werden. Diese »alten« Seelenschichten, die Jung »kollektives Unwußtes« nennt, sind allen Menschen ähnlich. Denn jeder wird in seinen Inkarnationen früher oder später ähnliche Aufgaben der Entwicklung bewältigen müssen.

Solche archetypischen Themen oder ihre Personifizierungen gebe ich also in den Sitzungen vor. Die für jeden Menschen existentiell wichtigen Bestandteile Körper-Seele-Geist und die dazugehörigen Themenkreise, wie zum Beispiel Sex und Aggression, Macht und Ohnmacht, Opfer und Täter, Schuld und Sühne, Angst und Hingabe, Sehnsucht nach Vereinigung und sein Verhältnis zu dieser Welt schlechthin, finden so ganz von selbst ihre individuelle Darstellung in den Bilder-Geschichten der Klienten.

Die Reise in frühere Leben ist bei diesem Maskenball der Seele nur die Kulisse. Mit welchen Masken und in welchen Rollen die

Klienten auf diesem Ball tanzen wollen, entscheiden sie ganz allein – genauer gesagt, das bestimmt die treffsichere Spontaneität des Unbewußten.

Da kommen sie – etwa beim Stichwort Aggression – dann scharenweise: zunächst die Opfer von Gewalttaten, die Geknechteten und Eingekerkerten, später dann auch die Krieger und Wüteriche, die Mörder und Giftmischer. Wenn Therapeut und Klient wirklich wertfrei und offen sind für all das, was das Unbewußte freigeben mag, dann treten erstaunliche und tief betroffen machende Bilder ins Bewußtsein. Das erfordert natürlich Mut, ganz besonders bei einer Therapieart, die von ihren vielen Gegnern gern mit Scharlatanerie in Verbindung gebracht wird. Der Therapeut braucht Mut, weil er immer damit rechnen muß, daß ein Teil der Klienten bei manchen Themen glaubt, jetzt sei er – der Therapeut – völlig verrückt geworden.
Und die Klienten brauchen Courage, um über ihren Schatten, also ins bedrohliche Unbewußte, zu springen und nachzuschauen, was in ihrer Seele unter diesem Thema abgelegt ist, und die dort gespeicherten Bilder und Phantasien freizugeben. Doch wenn sie sich erst einmal dazu überwunden haben, sind sie häufig betroffen über die Fülle und Sinnhaftigkeit dieser Bilder und die Zusammenhänge, die sie offenbaren. Die Seeleninhalte, die so zutage gefördert werden, sind nicht weniger »echt« und »realistisch« als die anderer Ebenen, auf denen therapeutisch normalerweise gearbeitet wird (der Alltag, die Kindheit, die Träume). Aber der Fundus ist größer, zentraler, existentieller, und deshalb sind die Bilder oft intensiver, die Geschichten faszinierender, die Kostüme phantasievoller, die Mythen dichter und die Aussagen klarer und verbindlicher. Die Klienten und meist auch der Therapeut sind mit großer Faszination dabei.

Wir beginnen mit den zentralen Themen dieser Welt, die mehr als genügend Stoff liefern. Denn was die Welt zumindest an der Oberfläche bewegt, beutelt und erbeben läßt, sind seit jeher Sex und Crime. Mit »Crime« ist Mord und Totschlag, Gewalt und Machtausübung in allen möglichen Varianten gemeint. Und genau darum geht es in den folgenden Sitzungen.

»Glauben Sie wirklich, daß ich in einem früheren Leben schon mal einen Mord begangen habe?« Die Frage kommt den Klienten nur zögernd über die Lippen, aber da ist kaum jemand, der sie nicht stellt. Entweder, weil sie zu diesem Zeitpunkt bereits ihren ersten (Therapie-)Mord begangen haben und nun – tief beunruhigt – von mir bestätigt haben wollen, daß sie mit ihrem »wahren« Ich, was auch immer das sein mag, niemals dazu fähig wären. Oder sie fragen danach, weil sie in ihren Bildern zwar noch nicht zum Messer gegriffen haben, aber doch schon gespürt, wieviel Gewalttätigkeit in ihnen steckt – im Moment noch wohlverborgen unter der Fassade der Wohlanständigkeit. Und manchmal fragen sie auch nur, weil sie irgendwo gelesen haben, daß wir in früheren Leben längst nicht so zivilisiert gewesen sind wie (meistens) heute und manch schweres Verbrechen auf dem Kerbholz haben. Wahrhaben will den Mord trotzdem niemand. Jedenfalls nicht am Anfang der Therapie. Also sage ich zunächst nur: »Warten wir es einfach ab!« Denn wenn ich ihnen versichern würde, daß auch sie mehr als einmal zu Mördern geworden sind, und noch hinzufügte, daß sie ihre Morde in wenigen Tagen mit großer Befriedigung hier auf der Therapie-Couch nacherleben würden, so wäre das nicht nur suggestiv und damit unprofessionell – es würde mir auch keiner glauben!

Lange werden die Klienten sich ihre Illusionen allerdings nicht mehr bewahren. Denn nun beginnt der Teil der Therapie, in dem sie mit ihrer Schattenwelt konfrontiert werden: den unterdrückten, nichtgelebten, verdrängten Teilen ihrer Seele, denen sie sich nun stellen müssen. Oft sind das gerade die Eigenschaften, die sie im Außen am härtesten bekämpfen und verurteilen: Ehrgeiz, Machthunger, Triebhaftigkeit, Hysterie, Unmoral. Zwar haben die Klienten schon in vorhergehenden Sitzungen Teile ihrer Schatten kennengelernt, doch nun sollen sich diese Mosaiksteinchen zu einem Muster zusammensetzen. Und dazu sind keine Themen besser geeignet als Aggression und Sex. Denn Verdrängungen in diesen Bereichen sind die Auslöser zu einem ganzen Register von Krankheiten, von der Allergie bis zur Zyste.

Zu Beginn dieser Therapiephase, meist in der zweiten Woche, hüte ich mich allerdings noch, die Klienten direkt zu Themen wie Sex und Aggression zu schicken. Ich weiß ja, wieviel Wert sie meist (noch) auf Anstand und Moral legen, und deshalb formuliere ich das Thema ganz allgemein und zunächst so, daß es ganz unverfänglich klingt: »Gehen Sie dorthin, wo es um Ihren Kopf geht.«

Natürlich ist es in Wirklichkeit alles andere als unverfänglich. Im Zusammenhang mit den Themen »Kopf«, »Körper«, »Bauch«, »Gefühl« kommen erfahrungsgemäß Geschichten, die viel mit Sex und Aggression zu tun haben. Unterschiedlich ist nur die »Rahmenhandlung«. Ähnlich der Abbildung in psychologischen Lehrbüchern, bei der man, je nachdem, wie die inneren Resonanzen liegen, entweder eine Hexe oder eine junge schöne Frau sehen kann, kommen die Klienten beim Thema »Kopf« auf eines von zwei Grundthemen zu sprechen: Entweder sie erzählen eine Geschichte, in der es um Verstand und Wissen, um Kontrolle,

Schuld und Bewertung geht, oder aber – das tun die meisten – sie wählen unbewußt die wörtliche Bedeutungsebene, auf der sie jemand »um einen Kopf kürzer« machen will oder auf eine andere Weise nach dem Leben oder der Identität trachtet.
Sie führen mich unverzüglich zum Schafott oder auf den Scheiterhaufen oder zu irgendeiner anderen Stelle, wo sie in einer früheren Inkarnation auf gewaltsame Art und Weise ihr Leben lassen mußten. Die Bilder, die in ihnen aufsteigen, sind oft überaus dramatisch, und dramatisch ist auch ihre Reaktion: Während sie ihre Geschichte erzählen, durchleben sie – meist in abgeschwächter Form – die Empfindungen, die mit diesem traumatischen Erlebnis verbunden sind, noch einmal: alle Not, alle Verzweiflung – manchmal sogar den körperlichen Schmerz der Folter. Allerdings gibt es zu der »echten« Situation von damals einen entscheidenden Unterschied: In der Therapiesituation und in dem anschließenden Nachgespräch können sie genügend Bewußtsein entwickeln, um das, was ihnen widerfahren ist, zu verstehen und den tieferen Sinn dieses Traumas zu erkennen.

Allerdings: Ohne einen erfahrenen Therapeuten kann das ganz schnell schiefgehen. So mancher Klient, der in der Therapie erlebt hat, wie leicht es ist, einen Menschen in ein früheres Leben zurückzuversetzen und das mal auf der Wohnzimmercouch mit einem Freund ausprobieren wollte, hat da sein »blaues Wunder« erlebt (übrigens auch so mancher angehende Therapeut in der Ausbildung): Die »Geister«, die er rief, verselbständigten sich und dachten gar nicht daran, sich von ihm kontrollieren zu lassen. Aus einer Situation, leichtfertig und mit Leichtigkeit heraufbeschworen, wird unter Umständen schnell eine unüberschaubare Krise, die den »Klienten« auf der Wohnzimmercouch an den Rand der Psychose bringen kann.

Bei aller Dramatik und auch trotz aller durchaus kritischen Distanz sich selbst gegenüber legen die meisten Klienten großen Wert auf die Feststellung, daß sie zu Unrecht verurteilt worden sind. Zu diesem Zeitpunkt der Therapie fühlen sie sich fast ausnahmslos noch unschuldig – die ohnmächtigen Opfer böser Mächte, todbringender Verleumdungen oder gesellschaftlicher Ungerechtigkeiten. Kaum jemand ist jetzt schon bereit, die Verantwortung für sein Schicksal zu übernehmen, geschweige denn, selbst der Täter zu sein. In vielen Fällen erleben sich Klientinnen als Hexe auf dem Scheiterhaufen:
*»Große Menschenmasse. Schreien. Ist das nicht Jubel? Ich sehe mich in bodenlangem, schmutzig-weißem Gewand, die Hände sind gebunden mit einem Strick, an dem ich gezogen werde. Bin höchstens 20 Jahre alt, habe lange rote Haare. Neben mir eine Frau mit einem kahlen Schädel. Ich habe meine Haare noch, weil sie rot sind, das ist ein Beweis meiner Schuld. Rote Haare gelten als Zeichen des Teufels. Ich soll gestehen, daß ich der Kindstötung, der Hexerei schuldig bin. Aber ich weiß doch gar nichts davon! Die Flammen des Scheiterhaufens züngeln hoch. Meine Beine verbrennen, der Bauch, der Rücken, der Kopf – alles brennt. Ich bin nicht mehr in meinem Körper, sehe alles von oben ...«*
(Karin, 35, Grafikerin)

Fast identisch bis hin zur Farbe des Gewandes ist die Geschichte von Margot (31), Buchhalterin. Auch sie erlebt sich als Hexe. Auch sie verläßt – wie viele andere –, als die Schmerzen unerträglich werden, ihren irdischen Körper und verfolgt den weiteren Verlauf des Dramas von der astralen (= jenseitigen) Ebene:
*»Ich stehe auf einem Scheiterhaufen, lange, offene dunkle Haare, schmutziges weißes Kleid, Hände am Rücken an einen Pfahl gebunden, bin traurig, denn ich habe nichts getan. Meine einzige*

*›Schuld‹ besteht darin, daß ich schön bin. Eine häßliche, magere Frau, die auch unter den Zuschauern steht, hat mich der Hexerei bezichtigt. Ich weiß, daß sie mich wegen meiner Schönheit haßt. Die Flammen fressen sich in meine Beine. Ich gehe aus meinem Körper und schaue mir das Spektakel von oben an …«*

Amelie (23), Studentin der Medizin, findet sich zur Zeit der Christenverfolgung im alten Rom wieder:
*»Ich bin zusammen mit einem anderen Christen in der Arena. Wir sprechen uns gegenseitig Mut zu. Ein Löwe kommt auf mich zu, greift an …«*

*Schattenthema Gewalt*

Ein Reinkarnations-Therapeut, der nach den vermeintlichen Ursachen der Probleme seines Klienten in früheren Leben sucht, kann an diesem Punkt der Therapie im Grunde aufhören. Denn nun hat er die Gründe, die für die Probleme der Klienten verantwortlich sein sollen, endlich aufgedeckt. Schuld ist nun nicht mehr allein eine unsoziale Gesellschaft, eine unglückliche Kindheit, eine schwere Geburt oder ein mißglückter Abtreibungsversuch – jetzt finden wir endlich die (endlose) Kette der vermeintlich wahren Problemursachen: Es sind jene traumatischen Situationen aus früheren Leben von Folter und Unglück, von Verfolgung und Ablehnung, die in der Seele der Klienten eingraviert sind und die alle das gleiche Muster haben: Stets sind die Klienten die unschuldigen Opfer.

*»Ich werde eingemauert. Die letzten Steine kommen rein. Kein Licht mehr. Ich schreie, tobe, kratze mit den Fingern an der*

*Wand, bis sie blutig werden. Mein Vater, der ein despotischer Herrscher ist, hat mich lebendig einmauern lassen.«*
(Helga, 67, Rentnerin, erlebt sich in dieser Inkarnation als Mann.)

Und in der Tat, wenn die Therapie gut gelaufen ist, sind nach einer solchen Sitzung viele Symptome verschwunden oder haben sich zumindest gebessert. Die seelische Energie, die in schlimmen Situationen der Vergangenheit gebunden war, hat sich gelöst und manchmal sogar völlig befreit. Klienten, die sich wegen eines körperlichen Leidens zu der Therapie entschlossen hatten, stellen euphorisch fest, daß sie sich so wohl fühlen wie schon lange nicht mehr. Da ist zum Beispiel Klaus, der 27jährige Bürokaufmann, ein chronischer Stotterer. Sein Sprechproblem hatte sein ganzes Leben negativ geprägt. Im Beruf hielt er sich trotz hoher Intelligenz für chancenlos, die wenigen Beziehungen, die er mit Frauen gehabt hatte, waren gescheitert. Zwei Wochen lang war es eine geradezu körperliche Qual für ihn gewesen, die Bilder seiner Seele in Worte zu fassen, und auch ich hatte bei jedem verzweifelten Stammeln mitgelitten. Dann passiert eines Tages während der Sitzung folgendes:

Klaus erzählt stammelnd und stotternd, nach Worten ringend, wie er im Dreißigjährigen Krieg von seinen eigenen Leuten als Verräter entlarvt wurde:
*»... unter der Folter pressen sie (die feindlichen Schweden) mir Namen ab. Dann lassen sie mich gehen. Aber es ist klar: Nur ich kann der Verräter gewesen sein. Meine eigenen Leute schneiden mir aus Rache die Zunge heraus. Ich kann nur noch lallen ...«*
Nach dieser Sitzung spricht Klaus plötzlich normal. Er merkt es zunächst gar nicht. Als ich ihn darauf aufmerksam mache, fängt er vor lauter Schreck gleich wieder zu stottern an. Im Verlauf der

Therapie werden die Phasen, in denen er normal spricht, aber immer länger.

Oder da ist Brigitte (24), Tochter reicher Eltern. Sie war zur Therapie gekommen, weil sie sich in den »Falschen« verliebt hatte, einen Ausländer, der als Kellner arbeitete. Ihre »esoterisch« bewanderten Eltern hofften, sie durch die Therapie auf andere Gedanken zu bringen. Brigitte war übrigens stark kurzsichtig und trug Kontaktlinsen.

Nach einer sehr intensiven Atemsitzung erzählt sie die folgende Geschichte:

*»... Ich stamme aus ärmlichen Verhältnissen. Obwohl ich sehr hübsch bin, gelingt es meinen Eltern nicht, mich mit dem Mann zu verheiraten, auf den ich schon lange ein Auge geworfen habe. Bevor ich als alte Jungfer sterbe, heirate ich schließlich den Schuster aus der Nachbarschaft.*

*Unsere Stadt wird belagert. Es herrscht eine große Hungersnot. Meine Eltern sterben. Ich selbst werde krank und sieche dahin. Mein Mann, der Schuster, tut alles, um mich am Leben zu erhalten. Das hätte ich niemals von ihm erwartet. Wir überleben den Krieg. Ich schenke meinem Mann zwei Kinder. Wir sind arm, aber sehr glücklich miteinander ...«*

Eine fast sentimentale Geschichte. Und Brigitte erlebt sie auch sehr emotional. Ihr wird deutlich, daß es bei der Wahl des Partners vielleicht doch mehr auf die seelischen Qualitäten als auf den äußeren Status ankommt. Womit wir allerdings beide nicht gerechnet hatten: Nach dieser Sitzung verbesserte sich ihre Sehschärfe um glatte zwei Dioptrien – wie der Augenarzt feststellte. Manchmal, so sieht es aus, hängt die Sehschärfe der inneren Augen ganz direkt mit denen der äußeren zusammen.

PS. Sie hat ihren Kellner gekriegt.

Viele Reinkarnations-Therapeuten beenden dann an diesem Punkt auch die Therapie, sonnen sich in ihrem Erfolg und wünschen dem Klienten für die Zukunft alles Gute. Dabei geht es in Wirklichkeit nun erst richtig los.

Wo ist denn die Ursache der Ursache? Warum war Klaus in die Situation gekommen, die ihn zum Stotterer werden ließ? In den Büchern, die von solchen Spontanheilungen berichten, liest sich das so schön: Wie der Klient XY strahlend und erlöst ins Leben zurückkehrte, nachdem in einer Rückführung die Ursache seines Traumas in einer früheren Inkarnation aufgedeckt und ihm bewußtgemacht worden war. Doch in solchen Erfolgsberichten ist nie die Rede davon, wie es dem Klienten ein halbes oder ein Jahr nach der Therapie ging. Ich persönlich glaube nicht daran, daß solche Spontanheilungen von Dauer sind. Meist verschiebt sich das ursprüngliche Symptom nur zu einem anderen hin. Jedes einzelne Leben ist schließlich voll von traumatischen Ereignissen. Wer sagt uns, daß nicht übermorgen über die Klienten erneute Scheußlichkeiten des Schicksals hereinbrechen, die sie körperlich und seelisch zerstören und sie zwingen, sich erneut zu verschließen?
Bei Klaus, dem Stotterer, war es zum Beispiel so, daß er zwar nicht mehr stotterte. Dafür hielt er jetzt Monologe, so schnell, so dicht, daß kein Punkt und Komma mehr dazwischen gepaßt hätte. Sein eigentliches Problem, das sich hinter dem Stottern verbarg – es bestand darin, daß er viel mehr Aufmerksamkeit und Raum für sich beanspruchte, als andere ihm zugestehen wollten –, hatte sich nur verlagert. Die Therapie ging also weiter. Heilung im echten, ganzheitlichen Sinn bedeutet viel mehr, als einige Symptome vorübergehend wegzutherapieren. In Wirklichkeit beginnt der Weg zum Heil-Sein erst jetzt:

Er beginnt damit, daß die Klienten bereit sind, die Rolle des ewig schuldlosen Opfers aufzugeben und die Verantwortung für sich und ihr Schicksal zu übernehmen. »Nach außen projizierte Schuld zurücknehmen und annehmen« heißt das in der esoterisch-psychotherapeutischen Fachsprache. Den Klienten ist das zunächst alles andere als recht. Wenn sie gerade so richtig im Selbstmitleid baden, weil ein ungerechter Herrscher sie schuldlos zum Tode verurteilte, sind sie empört über meine beiläufig klingende Frage: Wie ist es denn dazu gekommen? Und nur äußerst widerwillig unterbrechen sie ihre schaurig-schöne Leidensgeschichte, um beispielsweise zu erzählen, daß sie mit der Gattin des Herrschers in einer kompromittierenden Situation ertappt worden sind. Doch dieses Eingeständnis von eigener Schuld ist in jeder Therapie ein entscheidender Schritt. Bei Manuela (33), Sekretärin, sieht er so aus:

In der 3. Sitzung:
*»Ich bin eine adlige Frau in Frankreich. Es ist Revolution. Meinen Mann haben sie schon umgebracht. Mit meinen beiden Kindern bin ich im Gefängnis, zusammen mit vielen anderen Leuten. Es stinkt nach Urin. Auf einem Karren werden wir durch eine johlende, kreischende, stinkende Menge gezogen. Wie können Menschen nur so gemein sein? Und dann das Schafott. Ich flehe den Henker an, meine Kinder zu verschonen. Aber er ist gnadenlos, unbarmherzig, kalt. Mein fünfjähriger Sohn kommt vor mir dran. Ich sehe seinen kleinen Kopf in den blutigen Korb rollen und sterbe dabei innerlich. Diese Hilflosigkeit, das, was ich am meisten liebe, nicht schützen zu können ...«*
In ihrem Tagebuch fügt sie hinzu:
*»Ich komme aus der Sitzung und habe den Eindruck, daß ich nie mehr aufhören kann zu zittern. Was ist das nur für eine Welt?*

Die Antwort kommt in der 7. Sitzung:
*»Ich bin ein Henker. Ich ziehe, von der Regierung beauftragt, von Stadt zu Stadt und walte meines Amtes. Es kommt vor, daß ich halbe Dörfer ausrotte. Ich köpfe einen nach dem anderen. Die Menschen schreien und wimmern. Ich höre es nicht, ich fühle es nicht. Ich empfinde nur unsagbare Lust, zu töten. Ich liebe es, wenn mein Beil herabfällt und dieses Knacken zu spüren ist. Der Wirbel, der bricht, und dieses Gefühl ... dieses elektrisierende Gefühl, das sich vom Beil über meine Hände und Arme über den Rücken hinunter bis in die Lenden und meinen Unterleib ergießt. Unglaublich, unvorstellbar ... Zu Hause führe ich ein ganz anderes Leben. Eine liebevolle Frau, zwei Kinder. Ich liebe meine Familie sehr. Ich liebe meine Frau sehr, wir haben ein zärtliches Verhältnis zueinander. Sie glaubt, ich sei Handelsreisender. Sie glaubt, ich verkaufe irgendwelche Dinge. Sie weiß nicht, daß ich den Tod verkaufe.«*
Und im Tagebuch schreibt sie:
*»Seltsam, die Geschichte mit dem Henker wollte mir beim Aufschreiben partout nicht mehr einfallen. Ich mußte tatsächlich auf dem Tonband nachhören, um was es hier ging.«*

Wie Manuela geht es vielen Klienten. Bis sie sich dazu durchringen, auch einmal Täter zu sein, vergehen einige Sitzungen. Die in der Therapie »normale« Abfolge ist die, zunächst Opfer und dann schließlich auch Täter zu sein. Aber es ist auch möglich, daß ein Klient sich anfangs immer nur als Täter sieht und erst unter großen Schwierigkeiten lernt, sich mit der gegenpolaren Rolle des Opfers zu identifizieren. So oder so: Ist das Tabu erst mal gebrochen, gestaltet sich die Kulisse für die Konfrontation mit den Schatten manchmal ungewöhnlich grausam:

*»Ich finde eine Droge, die es mir ermöglicht, alles zu machen, ohne gehemmt zu sein, und so kommt das Böse aus mir heraus. Ich beginne mit Menschenversuchen. In einem Gewölbe habe ich Menschen an Wände gekettet. In Verbindung mit meinen Drogen kann ich Gefühle sichtbar machen, ich sehe sie dann als Lichter. So sehe ich Schmerz, nachdem ich einem Mann mit einer glühenden Stange den Bauch verbrenne, als rote zackige Strahlen, spitz wie Kristalle. Angst sehe ich als schwarzes oder dunkelblaues Ei ...«*
(Peter, 41, Florist)

*»Ich bin ein Mann, lebe mit Frau und Kindern in einer Hütte am Rand des Dorfes. Ich dulde keinen Widerspruch von meiner Familie und finde immer einen Grund, Frau und Kinder zu schlagen. Es bereitet mir Lust, zu schlagen, und ich höre erst auf, wenn sie am Boden liegen und um Gnade flehen ...«*
(Veronica, 36, Schauspielerin, in einer männlichen Inkarnation)

*»Wir sind Krieger und wollen einen anderen Stamm überfallen. In mir ist blinder Haß und Zerstörungswut. Es erfüllt mich mit Stolz, schon viele Menschen getötet zu haben. Eine junge Frau erwürge ich mit den Händen. Alle anderen, die mir unter die Finger kommen, zerstückele ich mit einem Messer...«*
(Manfred, 56, Friseur, ein überaus sanfter Klient, der zum Vegetarier geworden war, weil er es nicht ertragen konnte, daß Tiere seinetwegen geschlachtet werden).
Und er schreibt weiter in sein Therapietagebuch:
*»Während unserer Nachbesprechung und auch einige Zeit danach bleibt mir dieses Gefühl von ›das war doch jetzt ganz normal‹. Ich habe dieses Gefühl, das ich während der Erlebnisse in den Bildern hatte, mit ins Hier und Jetzt genommen. Ich bin*

*keineswegs beunruhigt. Und diese Tatsache beunruhigt mich sehr. Tierisch, blutrünstig, auf der tiefsten Ebene, die man sich vorstellen kann – das bin ich (auch)! Einige Stunden später dann wird mir schlecht. Ich möchte heulen, schreien. Was bin ich doch für ein Schwein!«*

Haben sich die Klienten ganz und gar mit ihren Bildern identifiziert, so empfinden sie bei der Schilderung ihrer Untaten selten auch nur einen Anflug von Reue. Sie fühlen sich völlig »im Recht«, wenn sie andere Menschen körperlich oder seelisch vernichten. Am eigenen Leib spüren sie, wie süß Rache ist, genießen die Kälte, den Machthunger und die Grausamkeit, die ein Teil von ihnen sind. Erst in dem Moment, in dem sie aus der Bilderwelt in die alltägliche Wirklichkeit zurückkehren, wird ihnen bewußt, was sie da eigentlich getan haben. Dann packt sie die Reue. Dann sind sie entsetzt über die Abgründe, die sich da auftun. Ängstliche Blicke, meist direkt nach der Sitzung: Was ich jetzt wohl von ihnen denken mag?
Ich denke zunächst, daß ich sehr zufrieden bin über den Fortgang der Therapie. Denn genau darum geht es in dieser Phase: daß die Klienten ihre Schatten anschauen und sich eingestehen: »Auch das bin ich!« Ihr Schatten(-Inhalt), das ist in diesem Fall die Figur des Täters, der andere gnadenlos über die Klinge springen läßt – eine Rolle, die im Selbstbild der meisten Klienten völlig fehlt. Manchmal sind die Geschichten der Klienten von einer Grausamkeit, die nicht nur ihr normales Alltags-Ich, sondern selbst hartgesottene Therapeuten erschauern läßt. Doch ich weiß: Würde ich jetzt werten, dann hätte ich ihr Vertrauen verspielt.
Es genügt übrigens nicht, die eigenen Wertungen und Antipathien bewußt zu kontrollieren und notfalls zu verbergen. Klienten sind ungeheuer sensibel in ihrer Wahrnehmung, wenn es um den

Therapeuten geht. Sie spüren jede noch so gut verborgene Mißbilligung und machen dann sofort »zu«.

Deshalb erzähle ich ihnen nun, daß auch ich solche Gefühle kenne. Daß auch ich in meiner eigenen Therapie Seiten von mir kennengelernt habe, die mich zutiefst entsetzt haben, und daß auch ich Angst hatte vor der Abwertung und dem Abgelehntwerden – und immer noch habe. Wir wissen beide, daß das die Wahrheit ist. Oft ist das dann der Beginn einer veränderten, ehrlicheren Beziehung zwischen uns beiden.

Bis zu diesem Zeitpunkt stand ich, ob ich wollte oder nicht, für viele Klienten auf meinem therapeutischen Sockel, und sie haben bewundernd zu mir emporgeblickt. Ich war derjenige, von dem sie die Erlösung von all ihren Sorgen erhofften. Sie sahen in mir einen Menschen mit therapeutischem Heiligenschein, frei von Ängsten, Konflikten, Problemen. Nicht etwa, weil ich mich so gebe – und erst recht nicht, weil ich so bin. Nein, das Bild, das sich die Klienten anfangs von mir machen, ist das Ergebnis ihrer verzweifelten Hoffnung auf Besserung.

Sie müssen fest daran glauben, daß der Therapeut über allen Problemen des Lebens steht – denn wie sollte er ihnen sonst helfen können? Für mich, vermutlich auch für die meisten meiner Kollegen, ist solche Bewunderung, die Ausstattung mit Eigenschaften, die ich weder habe noch haben möchte, weit eher eine Last als eine Ehre. Damit nageln die Klienten mich nämlich fest, wollen mich zwingen, die Verantwortung für sie zu übernehmen. Sie wollen nichts davon wissen, daß hier zwei Seelen zusammentreffen, die miteinander etwas auszumachen haben. Sie wollen, daß ich groß bin, weil sie selbst sich so klein fühlen. Doch nun, in dieser Situation, in der sie sich so mies und schmutzig vorkommen wie vielleicht noch niemals zuvor in ihrem Leben, sind sie bereit für eine Änderung in unserer Beziehung. Da empfinden sie fast so etwas wie Dankbarkeit dafür, daß auch ich ein Mensch in seinem Widerspruch bin, jemand, der Probleme hat, genau wie sie. Meine Aufrichtigkeit, weiß ich, wird ihnen Mut machen. Und sie werden all ihren Mut brauchen, um mit Bewußtsein ihren verdrängten Untaten ins Auge zu schauen: den Mut zur Sünde. Fühlen sie sich schließlich auch mit ihren Schattenseiten akzeptiert, so beginnen sie nun ihrerseits, mehr Verständnis für die Schwächen und Fehler anderer Menschen zu entwickeln. Wie kann ich zum Beispiel noch weiterhin gnadenlose Bestrafung von Verbrechen fordern, wenn ich weiß, daß in mir selbst auch ein Mörder steckt? Viele fangen sogar an, die Beschwerden, die für sie der Anlaß zur Therapie waren, gar nicht mehr so ernst zu nehmen. Natürlich liegt das zum Teil daran, daß sie so fasziniert von ihren eigenen Bildern und Erfahrungen sind, daß darüber alles andere in den Hintergrund tritt. Doch viel wichtiger als diese eher kurzfristige Faszination ist die Tatsache, daß sie nun begonnen haben, die Verantwortung für sich selbst, ihre Probleme und Symptome zu übernehmen. Sie brauchen nun nicht mehr für alles und jedes einen Sündenbock. Die ersten Hürden sind damit genommen. Das Tor zu den Schatten steht einen Spalt offen. Doch nun geht es Schlag auf Schlag weiter. Denn bevor der Klient die Schatteninhalte in seiner Seele integrieren kann, mußt er erst jeden einzelnen von ihnen kennenlernen. Das nächste Thema enthält noch mehr Zündstoff: Es geht um Sexualität.

### *Schattenthema Sex*

Sex ist nicht nur deshalb ein wichtiges Thema, weil es jeder im Kopf hat – obwohl es eigentlich eher in den Bauch gehört, sondern weil es auch, enger als alles andere, mit den Themen

»Liebe«, »Beziehung« und »Sich-Öffnen« in Verbindung steht und deshalb zum zentralen Punkt der Therapie und zum eigentlichen Hintergrund aller Probleme hinführt. Und hier kommt nun ein wenig esoterisches Denken in die Therapie, ohne dessen Verständnis der weitere Verlauf unverständlich bleibt. Die wahre »Ursache«, so die Esoterik, der Hintergrund aller Probleme, das ist der Zustand unserer Getrenntheit, unsere Vertreibung aus dem Paradies, der Sturz aus der göttlichen Einheit in die Polarität dieser Welt. Damit fing alles an. Als der Mensch Bewußtsein erlangte und sich dadurch von der übrigen Natur zu unterscheiden begann – also zu Beginn der Zeit – hat er die Natur transzendiert, auch wenn er sie nie ganz verlassen hat.

Er ist, so Erich Fromm in der »Kunst des Liebens«, zu Leben geworden, das seiner selbst bewußt ist. Dieses Bewußtsein schließt auch ein, daß er sich seines Getrenntseins bewußt ist und darüber Scham, Angst und Schuld empfindet. Er fühlt sich sündig (= abgesondert, wie es der wörtlichen Bedeutung dieses Begriffes entspricht), und er hat nur einen Wunsch – dieses Abgetrenntsein zu überwinden. Aber wie?

Eine Möglichkeit, zumindest kurzfristig Momente der Einheit zu erleben, sind orgiastische Zustände aller Art: exzessiver Genuß von Alkohol, Drogen und eben – Sex. Bei der körperlichen Liebe haben wir manchmal für ein paar Augenblicke das Erlebnis, daß sich beim Orgasmus alle Grenzen auflösen.

Das klassische Mittel, um sexuell attraktiv zu sein und dadurch möglichst häufig sexuelle Vereinigung zu genießen ist seit Urzeiten Macht – sehen wir mal von der Institution der Ehe ab. Macht in Form von Besitz, Prestige, Geld, einem tollen Auto, phantastischem Aussehen und hoher Potenz. Und so versuchen die Menschen zunächst, auf diesem Weg zum Ziel zu kommen.

Doch auch aus einem anderen viel näherliegenden Grund ist Sex eines der zentralen Themen jeder Therapie: Beim Sex berühren sich zwei Welten. Die körperliche und die feinstofflich-seelische. Hier findet ein Austausch von Lebensenergien statt, der, wenn er behindert oder blockiert ist, die körperlichen und seelischen Krankheiten verursacht, derentwegen viele Klienten zur Therapie kommen. Also reden wir ein paar Sitzungen lang über Sex:

Manche Klienten sträuben sich mit Händen und Füßen. Nicht, daß sie sich nicht dafür interessieren würden – wir können davon ausgehen, daß es für die meisten Menschen kein wichtigeres und interessanteres Thema gibt als Sex. Nur: Darüber zu lesen, zu diskutieren und zu träumen oder die eigenen sexuellen Phantasien preiszugeben – das sind zwei völlig verschiedene Dinge. Die Klienten haben Hemmungen. Besonders dann, wenn der Therapeut ein Mann ist und die Klientin eine Frau (oder umgekehrt). Bei der Reinkarnations-Therapie haben die beiden nun fast zwei Therapiewochen lang täglich zwei intensive Stunden miteinander verbracht. Fast immer ist aus der anfänglichen Fremdheit eine persönlichere Beziehung geworden. Manchmal hat sich die Klientin mittlerweile in ihren Therapeuten verliebt – gelegentlich, allerdings seltener, verläuft es auch umgekehrt. Das kommt, genau wie bei allen anderen Therapieformen, auch bei der Rückführung vor, vielleicht sogar häufiger, weil die Reinkarnations-Therapie intensiver verläuft.
Allerdings ist es fast immer so, daß sich die Klientin in ihren Therapeuten verliebt, nicht in den Mann, der ihr gegenübersitzt, auch wenn sie das gelegentlich verwechselt. Dann kommt es zu den Situationen, die seit Freud unter der häßlichen Bezeichnung »Übertragung« bekannt sind. (Mehr dazu im Kapitel über die Seele.) Der Klientin ist es dann natürlich erst recht peinlich, die sexuellen Erlebnisse, Träume und Wünsche ihrer Therapie-Bil-

der auszusprechen und anschließend auch noch mit dem Therapeuten darüber zu reden: Sie »macht zu«.
Ist sie dagegen inzwischen zu dem Schluß gekommen, daß sie der Therapeut als Mann nicht interessiert, kann es sein, daß sie seine Fragen als zudringlich, als private Neugier empfindet und ebenfalls mit Abwehr reagiert: »Ich komme wegen meiner chronischen Nebenhöhlenentzündung zu Ihnen. Mein Sexualleben geht Sie nichts an.« Das sagt sie dann zwar meist etwas dezenter, aber die Botschaft ist trotzdem klar.
Klar ist aber auch: Dort, wo die Abwehr am stärksten ist, sind die dahinterliegenden Schatten am dunkelsten. Ich verstehe schon, daß es nicht leicht ist, den Zusammenhang zwischen verdrängten Sexproblemen und den entzündeten Schleimhäuten der Nase in den Bildern anzuschauen und zu erkennen. Aber wenn Heilung wirklich gewollt wird, dann führt kein Weg an diesen und ähnlichen Erkenntnissen vorbei.
Natürlich gibt es auch Klienten, die sich geradezu mit Begeisterung auf das Thema Sex stürzen: Ich erinnere mich an einen Schriftsteller aus der Schweiz, der wegen seiner Impotenz zu mir in die Praxis kam. Nachdem er vier Wochen lang ungehemmt seine wildesten, grausamsten Bilder von Sex und Aggression in der Therapie ausgelebt hatte, kehrte er potent und voller Tatendrang in seine Heimat zurück. Offensichtlich hat der Erfolg auch einige Zeit angehalten. Jedenfalls rief er mich ein paar Monate später begeistert an: Vielen Dank noch mal, alles liefe jetzt wieder prima, und seine Frau ließe auch ganz herzlich grüßen …
Doch im Normalfall verhalten sich die Klienten beim Thema Sex erst mal eher reserviert. Da sprechen sie sogar noch lieber über Mord und Totschlag als über eine Orgie. Natürlich lasse ich nicht locker. Denn an dieses Thema ist unvermeidlich die wichtige Frage geknüpft: Wie hältst du's mit deinen Beziehungen? Und:

Wie stehst du zu deiner weiblichen Seite, wie zu deiner männlichen? Was bedeutet Körperlichkeit für dich? Und so versuche ich, den Klienten behutsam über die Schamschwelle hinwegzuhelfen. Das ist unter anderem auch eine Frage des Vokabulars. Die Bilder, die die Seele zum Thema Sex freigibt, zeigen zwar gelegentlich romantische Liebesszenen voller Poesie und subtiler Erotik. Aber sehr viel normaler sind Sequenzen, die wenig mit Erotik, aber viel mit triebhaftem Sex zu tun haben, und das mit einer Deutlichkeit, für die die Klienten keine Worte haben. Oder jedenfalls keine, die sich mit ihrer guten Erziehung in Einklang bringen lassen. Da helfe ich dann, indem ich die drastischen Vokabeln selbst verwende und dadurch »freigebe«. Schockieren kann ich damit ohnehin nicht mehr. Meine Klientinnen und Klienten sind nämlich vollauf damit beschäftigt, die (oft noch viel drastischeren) Bilder zu verarbeiten, die in ihrer Seele unter der Rubrik Sex abgelegt sind – vergraben, aber ganz offensichtlich nicht verschwunden:

Franziska (43), Steuerbeamtin, eine extrem schüchterne Frau mit schwerem Asthma, wagt mir nach dieser Sitzung nicht mehr in die Augen zu schauen:
*»Ich bin ein Ritter. Hoch zu Roß ... In einer fernen Stadt bemächtige ich mich einer schönen jungen Frau. Ich ziehe sie an ihren schwarzen langen Haaren über den Tisch, hebe ihre Röcke und schaue sie mir zunächst zwischen den Beinen an. O ja, sie gefällt mir gut. Lange, schwarze Schamhaare und helles, rotes Fleisch schaut mir entgegen. Ich dringe in sie hinein und spüre ihren heißen Körper. Ein unglaubliches Gefühl steigt meinen Rücken hinauf. Ihr Widerstand wird geringer, ihre Schenkel werden weicher. Ich hoffe, einen Funken Gegenliebe in ihren Augen zu sehen. Mein Orgasmus ist überwältigend. Wie eine Explosion.«*

Und in derselben Sitzung:
*»Ich bin eine Hure. Klein, dick, Hängebusen, Hängebauch, älter. Lustige Augen und rote Haare, die zu Berg stehen. Ich arbeite in einer Kneipe im Kellergewölbe. Die Seeleute mögen mich, weil ich es ihnen gut mache. Ich hab' sie alle gern. Alles meine Kinder. Als kleines Mädchen habe ich schon Geld bekommen für ›Nettigkeiten‹. Von meinem Onkel, von den Nachbarn. Ich empfinde dies als ganz normal. Ist doch schön, angefaßt zu werden und meinen Körper zu zeigen. Manchmal verliebe ich mich in einen der Jungs, aber ich verdränge dieses Gefühl gleich wieder. Später bekomme ich Atembeschwerden.«*

So wie der schüchternen Franziska geht es vielen Klienten. Beim Thema Sex liegen die Schatten scharenweise auf der Lauer und überrumpeln ihre Besitzer:
Die zarte junge Frau mit den Engelslocken muß erkennen, daß sie voll ungezügelter Lust an aggressivem Sex steckt.
Der Macho, der mit seinem schweren Motorrad vorfährt und nur Leder trägt, kann sich nicht länger vor der Erkenntnis drücken, daß er in Wirklichkeit die Seele einer Frau hat.
Der stille Buchhalter, der unter starken Hemmungen leidet, erzählt die wildesten Sexstories aus einem mittelalterlichen Kloster.
Und die 50jährige unverheiratete Biologielehrerin schildert in allen Einzelheiten ihre Tätigkeit als Freudenmädchen bei einer Orgie in einem römischen Bad.
Szenen, wie man sie in jedem x-beliebigen Porno findet, sind in den Seelen der meisten Menschen gespeichert – vor allem bei denjenigen, die in diesem Leben besonders moralisch und anständig zu sein glauben, die meinen, sie hätten das Körperliche bereits ausreichend gelebt, erlöst und hinter sich gelassen.

So mancher »Esoteriker«, der seine Kundalini-Energie bereits in der siebten Sphäre glaubte, aber auch manche brave Hausfrau würde nach einer solchen Sitzung gern mit Vehemenz protestieren. Manche versuchen es auch: Was da an sadistischen und masochistischen Phantasien, an unverhüllter Gier und Lust zutage gekommen sei, hätte nichts, aber auch rein gar nichts mit ihnen zu tun. Sie wüßten gar nicht, wie sie darauf gekommen sind: »Vermutlich liegt es an der Musik, die Sie da aufgelegt haben!« Aber es ist meist dieselbe CD, die sie auch schon auf der »Wiese« oder beim »Abstieg auf den Grund des Meeres« (das ist ein anderes Übungsthema für die ersten Sitzungen) gehört haben. Daran kann es also nicht liegen. Im Grunde wissen das die Klienten natürlich auch selbst. Denn sie haben ja nicht nur die Bilder gesehen und gemerkt, daß sie sich nicht mehr (Gott sei Dank!) zurückdrängen ließen, viel »schlimmer« noch, sie haben sie sogar »gefühlt«. Je konkreter das Bild, desto intensiver ist in der Regel das damit verbundene Gefühl – auch das der sexuellen Lust. Was können sie da noch zu ihrer Verteidigung vorbringen?

»Ich bin rasend vor Wut«, notiert Marianne (29) in ihrem Therapie-Tagebuch. »Sex, Sex, immer nur Sexgeschichten kommen aus mir heraus. Gibt es denn kein anderes Thema in dieser Welt? Muß ich denn erst zur Hure werden, um dieses Thema zu erlösen?«

Und so bleibt den Klienten nichts anderes übrig, als wieder einmal verlegen den Therapeuten anzuschauen, der nun über ihre geheimsten sexuellen Wünsche möglicherweise mehr weiß als ihr eigener Partner: Was denkt er jetzt wohl von ihnen?
Ich bin nicht so leicht aus der Fassung zu bringen – ich kenne ja die Bandbreite der sexuellen Phantasien aus langjähriger Erfah-

rung. In lockerer Sprache und ohne eine Spur von moralischer Wertung kommentiere ich nun die Geschichten, die die Klienten erzählt haben (die wichtigsten Aussagen schreibe ich bei jeder Sitzung immer wörtlich mit), und konfrontiere sie dabei unter Umständen mit einer völlig anderen Sichtweise.

Oft sagen wir an dieser Stelle du zueinander – das förmliche Sie paßt da nicht mehr hin.

Schau, auch das ist ein Teil von dir. Wir haben dieses oder jenes Muster jetzt über eine ganze Kette von Inkarnationen beobachten können. Du bist gar nicht so anständig, so moralisch, so treu, wie du in diesem Leben vielleicht glaubst – aber dafür auch längst nicht so langweilig, lustfeindlich oder brav, wie du vielleicht befürchtet hast.

Oder: Du gibst dich so männlich, stark, aktiv, offensiv. Schau dir die weibliche Seite deiner Sexualität an, die deine Seele dir in Bildern und Geschichten immer wieder zeigt und die du nicht lebst, weil du glaubst, sie nicht mit deinem Selbstbild vereinbaren zu können. Auch das bist du! Hinter all den Masken, die du dir aufsetzt, kommt immer deutlicher dein eigentliches, zeitloses Ich zum Vorschein.

Und so geschieht es schließlich, daß die Klienten beginnen, immer mehr Facetten ihrer Seele bewußt zu sehen, kennenzulernen und sich damit auseinanderzusetzen. Und vielleicht können sie letztlich auch ein paar von den Masken annehmen, die ihnen nicht gefallen. Beim großen Maskenball der Seele sind immer auch ein paar Fratzen vertreten, und gerade die sind es meist, die in der Therapie besonders deutlich werden. Diese anzunehmen, um sie letztlich abnehmen zu können, darauf kommt es an. Denn hinter jeder Maske verbirgt sich immer derselbe »wahre und ganze« Mensch.

Problematisch kann es dagegen werden, wenn ein Klient auch

nach mehreren Sitzungen die Mitarbeit beim Thema Sex verweigert. Dann wird er nämlich oft auf recht unsanfte Weise damit konfrontiert.

Alle Reinkarnations-Therapeuten kennen die Gleichzeitigkeit der scheinbaren »Zufälle«, die den Klienten während der Therapie verstärkt begegnen – häufig gerade dann, wenn sie bei einem Thema blockieren. Da ist zum Beispiel die Geschichte von Mathilde, die zum Thema Sex »die Aussage verweigerte« – und am Tag darauf auf offener Straße von einem wildfremden Mann auf schmutzige Art angemacht und zu Pornofotos aufgefordert wurde. Oder, viel schlimmer, die von Tamara, die die Therapie empört abbrach, als es um ihre Sexualität ging, fluchtartig in ihr Hotel zurückkehrte – und dort im Fahrstuhl vergewaltigt wurde. Diese Häufung von Zufälligkeiten tritt natürlich nicht nur im Zusammenhang mit Sex auf. Sie kommen auch bei allen anderen Themen vor, bei denen der Klient besonders »mauert«.

Jürgen (58), Bankangestellter, leidet unter Kontaktschwierigkeiten. Kein Heiratsinstitut, bei dem er nicht Kunde war. Aber über das erste Rendezvous ist es nie hinausgekommen. Auch in der Therapie fällt es ihm schwer, seine »Seelentüren« zu öffnen. In seinem Tagebuch beschreibt er folgendes aktuelle Erlebnis:

*»Meine Hotelnachbarn kommen gegen 24 h nach Hause. Im Zimmer neben mir wird es immer lauter. Ich höre lautes Sprechen in einer mir unbekannten Sprache.*

*Danach hört es sich so an, als würde ein erwachsener Mann geschlagen. Er weint. Es fliegen auch immer wieder harte Gegenstände gegen meine Wand. Einmal mit solcher Wucht, daß ich befürchte, da kommt einer durch die Wand.*

*Dann geht der Streit auf dem Flur weiter. Jemand rappelt an meinem Türgriff. Gott sei Dank habe ich die Tür abgeschlossen.*

*Ich brülle los, was das soll. Der Tür-Rüttler verschwindet wieder. Ich verbarrikadiere die Tür, würde mich am liebsten sofort anziehen und die Koffer packen, bin aber zu faul und zu müde, um auf der Stelle auszuziehen …«*

Das, was Jürgen im Hotel erlebt, spielt sich natürlich auch in seiner Seele ab. Im Klartext würde seine Geschichte ungefähr so klingen:

*»In meiner Seele gibt es unbekannte Räume, da passieren Dinge, die ich nicht verstehen kann. Es geht um Aggression, um Tränen, um Beziehungen. Ich habe Angst, daß diese Dinge in mein Bewußtsein kommen. Es rappelt schon an meiner Tür, die Schatten machen sich überdeutlich bemerkbar. Aber Gott sei Dank, meine Abwehrsysteme halten noch. Danach brülle ich vor Empörung und Angst und mache sicherheitshalber meine Mauer noch ein wenig höher. Wer weiß, was sonst auf mich zukommen würde …«*

Ich erkläre diese »Zufälligkeiten« wieder mit dem Resonanzprinzip: Während der Therapie werden feinstoffliche Energien und die damit verbundenen Inhalte und Themen freigesetzt. Es beginnt die einzig wirklich gefährliche Phase der Therapie: Die halbwachen Geister sind gerufen und drängen nun danach, in irgendeiner Form Gestalt anzunehmen. Am einfachsten und schmerzlosesten geschieht das, indem man sie während der Sitzung anschaut und zur Sprache bringt. Schaffen die Klienten das nicht, müssen sie damit rechnen, daß ihnen ihre Problem-Themen auf eine unangenehmere Art begegnen. Pandoras Büchse ist geöffnet. Die Klienten können sich der Konfrontation mit den Mächten ihres Unbewußten nicht mehr entziehen. Jetzt heißt es: Anlauf nehmen und durch!

Es wäre ein Irrtum, zu glauben, daß man den ganzen Ärger dadurch vermeiden könnte, daß man erst gar keine Therapie macht. Im Gegenteil: Alle eingesperrten »Dunkelmächte« brechen in Form von Schicksalsschlägen oder Krankheiten irgendwann aus. Das ist nur eine Frage der Zeit. Je frühzeitiger und bewußter wir uns ihrer annehmen, um so weniger dramatisch wird sich der Ausbruch gestalten. Deshalb verlaufen diese Begegnungen mit dem verkörperten Schatten während der Therapiezeit in aller Regel glimpflich. Das Schicksal von Tamara, die im Fahrstuhl vergewaltigt wurde, ist glücklicherweise eine Ausnahme. Meistens sind es eher belanglose Ereignisse, die den Klienten jedoch nachdenklich machen und ihm zeigen: Bei der Therapie geht es nicht etwa um Phantasien, sondern um Wirklichkeiten ihrer Seele, die ihre Realisation in der Welt draußen suchen und finden.

### *Die erste Zwischenbilanz*

Am Ende der zweiten Woche, nach den harten Themen Aggression und Sex, ziehen wir gemeinsam eine Art Zwischenbilanz. Mittlerweile kennen die Klienten ihre Schattenfiguren. Schließlich haben sie sie ja in verschiedenen Verkleidungen und Masken immer wieder getroffen und wissen nun, daß sie längst nicht so edel sind, wie sie gern glauben möchten. Sie haben Eigenschaften an sich entdeckt, die sie zunächst zutiefst erschrecken. Sie haben erfahren, daß sie ihre Lieblingsrolle »armes, unschuldiges Opfer« nicht mehr aufrechterhalten können, weil sie ebenso häufig auch der Täter sind. Sie haben ihre ersten Spiele um Macht und Ohnmacht hinter sich und ahnen zumindest, daß ihr Thema die Macht ist. Denn bei uns allen geht es in irgendeiner Verkleidung immer um Formen der Macht.

Nun fasse ich die verschiedenen Ebenen, auf denen die Klienten Macht erlebt haben, zusammen:

- Sie haben körperliche Macht erlebt, als schöne, verführerische Frau, als kraftstrotzender Kämpfer oder Gladiator.
- Sie haben politische Macht gekostet, vielleicht als Mätresse der Mächtigen oder in einer männlichen Inkarnation als Herrscher oder Feldherr.
- Sie haben wirtschaftliche Macht besessen, waren reich und besaßen alles, wovon man nur träumen konnte.
- Sie haben geistige Macht ausgeübt, als Dichter, als Wissenschaftler, als Äbtissin oder als Hohepriesterin.
- Sie haben vielleicht alle Spielarten der Macht in einer Figur gesammelt, etwa als Bischof im Mittelalter: reich, schön und ausgestattet mit weltlicher und kirchlicher Gewalt.

Und in jeder Inkarnation, auf der Höhe ihrer Macht, haben sie gespürt: Das war es nicht. Das, was nach einem kurzen Augenblick des Triumphs bleibt (wir rechnen hier nicht in Jahren, sondern in Lebensspannen), ist nur ein schaler Nachgeschmack und Einsamkeit. Danach kommt wieder die Ohnmacht, das erneute Ringen um den Aufstieg und dann die Angst, die Macht wieder zu verlieren. Was fehlt?

Ist es eine andere Art von Macht, die sie noch nicht ausgekostet haben? Welche Macht könnte intensiver, tiefgehender und umfassender sein? Welche Macht könnte andauern, könnte Bestand haben, vor allem in den Wirren der Welt? Und: Welche Macht könnte es sein, die aus der Isolation, der Einsamkeit herausführt und eine tiefere Beziehung möglich macht?

Oft dauert es nur einen kurzen Augenblick, bis die Klienten antworten: Die Macht über Seelen, das ist es, was noch fehlt. Denn alle wissen, oder ahnen zumindest: Auf die Seele kommt es an. Sie stellt das Verbindungsglied zwischen den Getrenntheiten der Welt dar. Die Seele, das ist das, was über den Tod hinaus Bestand hat. Sie ist der ursächliche Hintergrund für alles, was sich manifestiert. Die Wirklichkeit müssen wir hinter den Masken und Kulissen der Welt suchen.

Macht über die Seele eines Menschen zu haben, das würde heißen, in das unsichtbare und geheimnisvolle Getriebe hinter den sichtbaren Dingen und äußeren Verkleidungen eingreifen zu können!

Erich Fromm hat in ganz einfachen Worten ausgedrückt, worum es den Menschen dabei in Wirklichkeit geht – ohne daß das den meisten allerdings je bewußt wird:

Da offensichtlich weder weltliche Macht noch triebhafter Sex die immerwährende Sehnsucht nach Vereinigung und Einheit stillen können, versuchen die Menschen, auf andere Art dem frustrierenden Abgegrenztsein zu entrinnen: Wem es gelingt, das innere Geheimnis eines Menschen zu ergründen, ihn im biblischen Sinne zu »erkennen«, der hat die wahre Macht – denken sie. Dabei ist Macht, obgleich alle Menschen danach streben, im Grunde die unstabilste aller menschlichen Eigenschaften. Einer Macht kann man sich unterwerfen, man kann danach streben, sie zu behalten, oder man kann sie benutzen, um Dinge zu erzwingen – mehr kann man damit nicht anfangen. Einen Menschen erkennen kann man damit niemals. Das ist einzig und allein möglich durch die Liebe, die dem Herzen als Zentrum der Seele entspringt. Aber das wissen die meisten Klienten zu diesem Zeitpunkt der Therapie noch nicht, dem einen oder anderen dämmert es inzwischen bestenfalls. Noch glaubt die Mehrzahl fest an die vereinnahmend-vereinigende Wirkung der Macht, und sie sind gefangen von ihrem Zauber.

Also begleite ich sie dorthin, wo sie die Macht über Seelen zu erringen versuchen: ins Reich der Magie. Hier geht es um Macht in ihrer höchsten Form: Die Macht über Seelen schließt alle anderen Ebenen der Macht mit ein. Wer diese Art von Macht besitzt, wer direkt in die Seelen anderer Menschen hineinmanipulieren kann, subtil und unsichtbar – der hält den Steuerknüppel in der Hand. Oder?

## 3 *Dritte Therapiewoche:* Das Tor zu den magischen Welten

Das Thema Magie verdichtet sich um die Mitte der Therapie fast immer ganz von selbst. Ich muß es oft gar nicht zur Sprache bringen. Die meisten Klienten kommen von ganz allein darauf, wenn sie den Botschaften ihres Unbewußten folgen. Magie liegt dann buchstäblich in der Luft. Ich gebe nur »grünes Licht«, indem ich sie ganz offiziell auffordere: »... zurück durch Raum und Zeit, dahin, wo es um Magie geht.«
Trotzdem gilt es auch hier wieder, manche Hemmungen zu überwinden, wenn der Kopf klar und deutlich zu verstehen gibt, daß er dieses Thema für Unsinn hält. Die meiste Energie wird – wie bei anderen Therapieformen auch – dafür verbraucht, Abwehrmauern zu überwinden. Wie zuvor schon beim Thema Sex, haben manche Klienten Angst, etwas preiszugeben, Angst auch, sich zu blamieren oder lächerlich zu wirken, und so machen sie sicherheitshalber erst einmal wieder »zu«. Ihre Seele schickt zwar ein paar Bilder herauf, aber der »Fundus« ihrer Geschichten ist noch recht dürftig.

Beate (27), Musikerin, gehört zu den Frauen, die sich trotz unverkennbarer Faszination noch nicht trauen:
*»Ich entspanne mich – aha, das Thema gefällt mir also! Ich sitze in einem kleinen roten Zelt, schaue toll aus, lange schwarze Haare, ganz schön fett, stark geschminkt, ziemlich flotte Kleider, rot natürlich, und ich sitze vor einer Glaskugel. Ich bin Wahrsagerin. Kunden gibt es ziemlich viele. Ein kleiner Mann will wissen, ob er noch eine Frau kriegt. Ich tue geheimnisvoll, die Kugel färbt sich blau, und ich sage ihm unter anderem, daß er eine Frau kriegt. Ich bin keine Psycho-Wahrsagerin, sondern sehe wirklich manchmal in die Zukunft, aber es ist mir unheimlich.«*

Die 33jährige Versicherungsvertreterin Helene, ein Verkaufstalent mit Nierenproblemen (= Gefühlsthema), erlebt sich zunächst in einer passiven Rolle. Die klassischen Szenen hat sie aber sofort parat:
*»Ich spüre meinen Körper tanzen. Er ist viel schlanker als heute. Ich bewege mich nach strengen Ritualen vor einer großen Statue. Schwerer, stark riechender Nebel aus großen Schalen umgibt mich. Ich bin nur spärlich bekleidet – aber um Sex geht es nicht. Persönliche Gefühle spielen keine Rolle. Ich gehöre der Göttin, bringe ihr die Opfer der Menschen dar. Ich diene als Verbindung zwischen ihnen und den anderen Welten. Eigentlich weiß ich gar nicht, wer ich selbst bin ...«*

Ganz anders dagegen Franz. Der 50jährige Geschäftsmann ist schon bei der ersten Sitzung zum Thema Magie in seinem Element:
*»Ich bin ein fanatischer junger Priester, habe mein Leben Gott verschrieben. Ich predige gut, bete oft nächtelang, ich bitte immer dringlicher, daß Christus mir erscheint, aber nichts passiert. Als*

*ich völlig verzweifelt und allein gelassen bin, tritt eine Wende ein. In der Bibliothek meines Klosters stoße ich auf schwarzmagische Bücher. Ich lerne wochenlang. Dann beginne ich mit Beschwörungen und allerlei Praktiken, bis sich eines Nachts die Erscheinungen materialisieren. Dämonen, angsteinflößend mit schrecklichen Gesichtern, einer rötlich mit langem Mantel, die anderen gelblich mit zwergenhaftem Aussehen, ein dritter nur schemenhaft – sie strahlen Kälte und Macht aus.*

*Der Abt merkt es, exkommuniziert mich und wirft mich aus dem Kloster. In einem alleinstehenden alten Haus praktiziere ich meine Beschwörungen weiter. Sofort ist eine Erscheinung da. Man verspricht mir alle Macht, wenn ich einen Vertrag unterschreibe und meine Seele übertrage. Ich unterschreibe nicht. Im Laufe der Zeit geht es mir immer schlechter. Ich bin verzweifelt, und eines Nachts stürze ich mich vom Kirchturm …«*

In der nächsten Sitzung erlebt sich Franz als Frau:

*»Ich bin eine Frau mit dem Namen Daruna, Hohepriesterin im Dienst der dunklen Mächte. In alten Gewölben zelebriere ich mit vielen Schülern schwarzmagische Rituale, beschwöre den Herrn der Finsternis, betreibe Sexualmagie und opfere bei Vollmond eine junge Frau, die ich selber ersteche. Meine Macht wird dadurch immer größer. Bei den nächtlichen Ritualen trinke ich Tierblut. Mein Ziel ist es, immer mehr Menschen für das Dunkle zu gewinnen, doch das gelingt mir nur zum Teil, trotz meiner großen Macht, die ich oft einsetze. Ich erlebe mich als Schüler eines schwarzmagischen Meisters, der das seelenlose Prinzip lehrt, nämlich ohne Gefühl die Dinge des Lebens zu tun. Die meiste Zeit verbringe ich mit Anrufen und Orgien. Die Orgie wird immer eingeleitet mit einem Ritual der Sexualmagie. Fast alle Frauen machen mit, denn meine sexuelle Kraft ist durch die vielen Anrufungen stark.«*

Eine starke magische Komponente hat auch Gerda (36), Apothekerin:
*»Ich bin beim Alchimisten. Das Labor befindet sich in einem Kellergewölbe. Gläser mit blubbernden Flüssigkeiten stehen auf Tischen. Von klein auf lehrt mich der Alchimist, mein Vater, wie man bestimmte Pflanzen und Mineralien benutzt, um neue Verbindungen herzustellen, Arzneien und auch Gifte. Ich stelle meine eigenen Gifte her. Leute kommen zu mir und wollen Medizin und Hilfe. Auch Gifte. Ich frage nicht nach dem Grund. Sie haben mich in der Hand. Es ist verboten, sich mit Magie zu beschäftigen, und Arznei und Gifte sind Magie.*
*Ich werde geholt. Stehe, an einen Pfahl gebunden, auf einem Scheiterhaufen. Ich weiß, daß ich nicht leiden werde. Das Feuer brennt lichterloh. Ich sehe von oben zu, wie es brennt, und bin mit meinem Leben zufrieden. Ich war wißbegierig, wollte den Sinn des Leben kennenlernen. Dafür habe ich nun bezahlt.«*

Auf häufigsten kommen in den Bildern der Klienten allerdings die »klassischen« Anwendungsbereiche der Magie vor. So ist zum Beispiel der Versuch, den Geliebten durch magische Kräfte, etwa den berühmt-berüchtigten »Liebestrank«, an sich zu binden, ein echter Therapie-Klassiker. Viele Klientinnen finden sich wieder in der Figur der Hexe, der weisen Frau oder Heilerin, die als Außenseiterin abseits der dörflichen Gemeinschaft lebt, Kräuter sammelt und Gutes wie Böses bewirkt, bis sie schließlich der Hexenverfolgung zum Opfer fällt. Häufig haben sie auch mit Kindern zu tun (»Kind« steht symbolisch für Seele, Gefühl): Dann geht es um ihre geglückten wie mißlungenen Versuche, Kinderlosigkeit durch Zauber zu beheben oder unerwünschte Schwangerschaften durch bestimmte Kräuter abzubrechen. Und immer wieder befinden sie sich auf der Suche nach dem geheimen

Wissen, das ihnen Macht verleiht. Wenn man bedenkt, daß tatsächlich Millionen von Frauen der Hexerei bezichtigt und hingerichtet worden sind, wundert es nicht, daß diese Situation auch in den Therapien häufig vorkommt. Die Seele vergißt nichts.
In anderen Geschichten zum Thema Magie werden magische Knoten geknüpft, die dann über viele Inkarnationen hinweg Bestand haben – manchmal gewollt, meist jedoch ungewollt. Die meisten Klienten erfahren nämlich erst jetzt bei der Rückführung, daß die Fäden, die sie durch magische Rituale in die unsterbliche Seele hineingestrickt haben, sie über viele Inkarnationen begleiten und sich in den Händen des Schicksals schnell zu unlösbaren Knoten verwickeln werden. Sie verwandeln sich in Fallstricke, in denen die Klienten (und nicht nur diese) auch dann noch hilflos zappeln, wenn sie – Inkarnationen später – den magischen Ursprung längst vergessen haben. Erst wenn wir wieder einen magisch-technisch ähnlich hohen Bewußtseinsgrad erreicht haben wie zu der Zeit, als wir die Magie beherrschten, werden wir in der Lage sein, den Knoten zu lösen. Ich vermute, daß viele, vielleicht sogar alle seelischen Krankheiten die Folge solcher seelisch-magischen Verwicklungen sind.

Ein etwas ungewöhnliches Beispiel für solche Verstrickungen ist die Geschichte von Joachim. Der 53jährige erfolgreiche Unternehmer hatte Probleme mit seinem Haus. In dem 600 Jahre alten, denkmalgeschützten Bauernhaus, das er nach aufwendiger Sanierung kürzlich mit seiner jungen Frau bezogen hatte, spukte es. Joachim hatte solche Spukgeschichten immer für Unsinn gehalten. Aber es war nicht mehr zu leugnen: Ganz deutlich hörte er nachts um 3 Uhr die zuschlagende Tür, die schlurfenden Schritte in der unteren Wohnung. Seine Frau hatte es auch gehört. Wochenlang, jede zweite oder dritte Nacht. Aber nie war jemand zu sehen. Als Joachim in die Therapie kommt, ist der nüchterne Geschäftsmann einem Nervenzusammenbruch nahe und denkt bereits daran, das Haus wieder zu verkaufen ...

Wir blenden zu der Zeit zurück, in der das »Gespenst« noch einen physischen Körper hatte:

*»Ich lebe allein in einem abgelegenen Haus und beschäftige mich mit Elixieren. Ich will dem Geheimnis des Lebens auf die Spur kommen. Meine Experimente sind schon weit gediehen. Aber es fehlt mir noch etwas ...*

*Im Dorf unten lebt eine alte Frau, die Kräuter sammelt. Unter dem Vorwand, ich würde ihr einige meiner Geheimnisse verraten, locke ich sie zu mir ins Haus. Ich betäube sie und schneide ihr aus dem Hirn und einigen Organen die Teile heraus, die mir noch fehlen. Dann kommt der große Augenblick, in dem ich das Elixier, das ewiges Leben geben soll, an mir selbst ausprobiere. Es schmeckt scheußlich. Dann liegt mein Körper auf dem Bett, ich glaube, er ist tot. Jedenfalls komme ich nicht mehr in ihn hinein. Ich sehe, wie er langsam verfault. Um mich herum düstere Farben und nebelartige Schleier. Habe ich etwas verkehrt gemacht?«*

Und ob er etwas falsch gemacht hat! Er hat sich in der Wirkung seiner Magie verschätzt. Wir alle setzen uns aus verschiedenen Seelenteilen zusammen, die nicht immer alle in einer Inkarnation dabeisein müssen. Offensichtlich hatte sich der Teil von Joachims Seele, mit dem er das ewige Leben erzwingen wollte, in der Vergangenheit magisch verheddert. Heute begegnet ihm dieser Teil wieder – als Gespenst. Denn schon während der Sitzung war Joachim klargeworden: Dieses Haus von damals ist das Haus, in dem er heute lebt. Nach der Therapie war der Spuk jedenfalls vorbei.

Wenn die Klienten nach ihrer ersten magischen Geschichte dann aus der Trance in die Alltagswirklichkeit zurückkehren, ist ihre Reaktion nun schon fast normal: Sie genieren sich über die Maßen. Wie findet der Therapeut das bloß, um Gottes willen? Ob er glaubt, sie hätten einen magischen Tick oder zuviel Eso-Schund gelesen? Oder kann man das, was sie in ihren Bildern erlebt haben, womöglich wirklich ernst nehmen?

Auch ich war am Anfang meiner Therapeutenlaufbahn mehr als verblüfft über die Beobachtung, daß das magische Thema, das ja erst mal nur mit Seele als solcher zu tun hat, sich in den Bildern fast aller Klienten als klassische Magie darstellt, also mit Hexentopf und Zaubertrank. Es scheint so, daß nicht nur die meisten Menschen Magie in diesem Sinn in sich tragen, sondern auch, daß viele Therapien sich fast von allein auf dieses Thema hin zuspitzen – wenn man unvoreingenommen herangeht. Inzwischen weiß ich, wenn eine Geschichte so anfängt: »Ich habe rote Haare und wohne in einer Hütte am Waldrand, etwas außerhalb des Dorfes ...« – dann wird sie weitergehen mit: »Ich sammle Kräuter. Leute kommen zu mir. Manche sind ängstlich. Die wollen Hilfe wegen Krankheiten, aber auch wegen des bösen Nachbarn, und ich gebe sie ihnen ...« – und sie wird enden mit: »... es stehen viele Menschen herum, die spucken mich an und schimpfen mich Hexe und Hure. Sie ziehen mich zu einem Haufen aus Reisern, mit einem Pfahl in der Mitte, an den sie mich binden, und alles anzünden ...«

Natürlich gibt es tausend Varianten und immer neue Kulissen für dieses Thema. Aber das Grundmuster ist immer dasselbe: Stets geht es um die Beschäftigung mit jener Art von Macht, die die Seele eines Menschen erkennen und beherrschen möchte.

Bei den folgenden Sitzungen gehen die Klienten dann meist schon viel unbefangener mit dem Thema um. Aber selbst die

versierteste Hexe, deren Seele sich während der Trance bis ins Detail an geheime Rituale und magische Rezepte erinnert, kehrt verwirrt, fasziniert und überaus neugierig in die Realität zurück und fordert von mir eine konkrete Erklärung: Wie, bitte schön, soll sie ihre »magische Vergangenheit« auf vernünftige, akzeptable Weise in ihr bestehendes Weltbild einordnen? Glaube denn ich persönlich an so etwas?
Gerade weil ich weiß, daß die meisten Klienten mir mittlerweile vertrauen, bemühe ich mich bei diesem heiklen Thema um eine Erklärung, die sie auch vom Verstand her akzeptieren können. Meist biete ich ihnen zwei verschiedene Verständnisebenen an: eine für die klassische Magie im engeren Sinn und eine erweiterte, die mehr den Vorstellungen der heutigen Zeit entspricht:

*Magie im engeren Sinn*

Das ist die Ebene der Flugsalben und Liebestränke, der Schwarzen Messen und der Weißen Magie. Hexenkulte, Voodoo, übersinnliche Fähigkeiten und Betrug – das alles wird damit in Verbindung gebracht. Kritisch natürlich, wie sich das in einer Zeit gehört, die Magie offiziell für Hokuspokus aus dem Mittelalter hält oder bestenfalls im Zusammenhang mit einer New-Age-Subkultur assoziiert. Dabei ist unsere von Zweifel und Unglauben geprägte Einstellung zur Magie, der zufolge »nicht sein kann, was nicht sein darf«, erst rund zweihundert Jahre alt. Bis zu diesem Zeitpunkt wurde all das, was uns heute als Hokuspokus vorkommt, als völlig normal angesehen.
Definieren wir den Begriff »Magie« ganz einfach als den Umgang mit feinstofflicher Energie, mit dem Ziel, Götter, Menschen, Dinge und Situationen nach eigenen Vorstellungen zu beeinflus-

sen, so gehörte sie schon immer zum Alltag. Keine Gesellschaft, keine Kultur der Welt dürfte ohne sie ausgekommen sein. Magie wurde eingesetzt, um Kontakt zu transzendenten Mächten, heidnischen Gottheiten oder Naturgeistern aufzunehmen und dadurch den Ablauf der Dinge in die erwünschte Richtung zu lenken. Mittels Rituale und eines Zauberspruchs sollte es gelingen, Schicksalsschläge abzuwenden oder für den Feind heraufzubeschwören, Kranke gesund und Gesunde krank zu machen, Gleichgültige in Liebe entbrennen und Verliebte gleichgültig werden zu lassen. Dies alles waren bekannte Phänomene. Sie waren in den juristischen Büchern der damaligen Zeit genauestens beschrieben (Hexenprozesse), und obgleich niemand so recht wußte, wie und warum sie funktionierten (wissen wir das von unserer heutigen Technik?), wurden sie bis zum Beginn des naturwissenschaftlichen Zeitalters niemals angezweifelt – auch dann nicht, wenn gelegentlich ein Ritual fehlschlug. Ein erfolgloses magisches Ritual sprach ebensowenig gegen die Magie wie heute eine defekte Waschmaschine gegen die Physik. Erst der modernen Wissenschaft gelang es, Magie zum Humbug zu erklären, (vorübergehend) aus dem etablierten Weltbild zu tilgen und im Okkulten untergehen zu lassen – ohne sich je ernsthaft mit ihren Phänomenen beschäftigt zu haben.

C. G. Jung schuf schließlich die Basis für ein neues und tieferes Verständnis magischer Phänomene, und zwar vor dem Hintergrund der Mythologie und der Entwicklungsgeschichte der Völker. Andere Psychotherapeuten folgten Jungs Beispiel:

»Es ist«, schreibt die bekannte Astrologin und Psychoanalytikerin Liz Greene, »eine der wichtigsten und beunruhigendsten Erkenntnisse der Tiefenpsychologie, daß das mythische und undifferenzierte Bewußtsein unserer Vorfahren, das die natürliche Welt mit Bildern von Göttern und Dämonen bevölkerte, nicht mehr der Geschichte angehört. Es gehört ebenso zur Psyche des modernen Menschen und bildet eine Schicht, die, obgleich sie durch das wachsende Bewußtsein und die Hyperrationalität der letzten zwei Jahrhunderte überlagert ist, ihre zwei oder vielleicht sogar zehn Jahrtausende alte Kraft nicht eingebüßt hat. Vielleicht ist sie sogar um so mächtiger, da sie sich nun nur noch in der vernachlässigten Traumwelt der Kindheit und in den Alpträumen und Schreckgespenstern der Nacht äußern kann.«

Gerade bei skeptischen Klienten ist Jungs Modell von den Archetypen eine unschätzbare Hilfe. Es ebnet nämlich auch solchen Menschen einen begrifflichen Zugang zu den Bildern ihrer Seele, denen die metaphysischen Vorstellungen von Jenseits, Engeln, Teufeln, Dämonen, Hexen und Magiern arges Bauchweh bereiten. Die Ebene der Archetypen als Inhalte des kollektiven Unbewußten dagegen können meist auch diejenigen problemlos akzeptieren, die ihren rationalen Verstand über alles schätzen – selbst dann, wenn er die Ursache für die Probleme ist, die sie ohne Psychotherapie nicht mehr lösen können!

*Magie im erweiterten Sinn*

Natürlich gibt es auch Klienten, die sich mit dieser Erklärung von Magie als Einsatz von feinstofflicher Energie und Know-how auf der psychischen Ebene nicht zufriedengeben möchten und überhaupt bezweifeln, daß es solche Energien gibt. Das Mißtrauen steht ihnen auf der Stirn geschrieben.

Wenn sie sich dann noch erkundigen, ob es eigentlich stimmt, daß ich von Haus aus Diplom-Physiker bin (es stimmt), dann biete ich ihnen eine zeitgemäßere, »technischere« Verständnisebene an: Wir gehen heutzutage bevorzugt mit anderen Formen von feinstofflicher Energie als die der seelischen um. Eine Energie, die der materiellen Ebene näher steht als der psychischen, die aber aus derselben Grund- oder Urenergie stammt, beziehen wir aus der Steckdose und bezeichnen sie als Elektrizität. Das bedeutet jedoch noch lange nicht, daß wir wissen, was Elektrizität eigentlich ist. Die Physiker zerbrechen sich über diese Frage schon seit Generationen den Kopf und können letztlich auch nicht mehr sagen, als daß Elektromagnetismus neben der Gravitation und der starken und schwachen Wechselwirkung zu den vier grundlegenden physikalischen Kräften dieser Welt zählt.

Doch auch ohne wirklich zu wissen, was das Wesen dieser feinstofflichen Kraft Elektrizität eigentlich ist, können wir so fabelhaft damit umgehen, daß wir Computer, Bügeleisen und Fernsehgeräte bauen und bedienen können. Uns kommt das ganz normal vor. In Wirklichkeit jedoch gehen wir nur ganz routiniert mit einem großen Mysterium um – genau so wie die Magier und Hexen vergangener Zeiten mit ihrer mehr seelisch orientierten Magie. Unsere Fernsehtechniker und Hardwarespezialisten sind das, was in früherer Zeit die Magier waren: Fachleute im Umgang mit einer bestimmten Form feinstofflicher Energie. Dabei besteht zwischen damals und heute nur ein einziger Unterschied: Die Spezialisten von heute glauben, daß sie über die materielle, physikalisch-körperliche Feinstofflichkeit die Welt besser in den Griff bekommen als die Menschen früherer Zeiten (und nach wie vor die Angehörigen alter Kulturen und modernen Hexen), die sich auf den seelisch-geistigen Aspekt der Grundenergie konzentrierten, um die Welt nach ihren Vorstellungen zu ändern.

Die klassische Magie, die mit Seelisch-Feinstofflichem arbeitet, hat gegenüber der heute akzeptierten Form der Magie, die mit Physikalisch-Feinstofflichem Triumphe feiert, an Bedeutung verloren. Ein Umschwung ist jedoch in Sicht. Denn eine Magie, heute Technologie genannt, die die Erde durch Atomkraft oder Umweltzerstörung an den Rand des Ruins bringt, hat ihre Grenzen erreicht.

Zu den wenigen Spezialisten unserer Zeit, die sich mit den Anwendungen der seelisch orientierten Magie beschäftigen, gehören neben den Psychotherapeuten die Werbefachleute. Beide manipulieren im Seelenbereich anderer Menschen. Der eine versucht, auf subtile Art und Weise Gefühle zu beeinflussen und oberflächliche Bedürfnisse zu wecken: Früher wäre er als Schwarzmagier bezeichnet worden. Der andere versucht, Verdrängtes bewußtzumachen, und arbeitet an der Eigenständigkeit und Freiheit des Menschen (gehen wir vom optimistischen Fall aus) und hätte als Weißmagier gegolten. Die Grenzen sind fließend, und wie wir wissen, gehören Gegensätzlichkeiten zusammen und polen immer wieder um.

### *Funktioniert Magie heute noch?*

Es bleibt noch der Versuch einer Antwort auf die Frage, die fast alle stellen, wenn sie ihre magische Vergangenheit schließlich akzeptiert haben: Wenn das also wirklich kein Aberglaube ist, heißt das, daß ich nach einer Therapie, in der ich die alten Fähigkeiten reaktiviert habe, auch wieder erfolgreich Magie betreiben, Liebestränke und Flugsalben zubereiten kann? Wo sind die glaubwürdigen Grenzen dieser Magie im engeren Sinn?

Ich persönlich halte es für möglich und wahrscheinlich, daß all das, was die mittelalterliche Magie konnte, auch wirklich machbar ist – und noch unvorstellbar viel mehr. Ich glaube sogar, daß es in vergangenen und vergessenen Zeiten auf unserem Planeten Kulturen gab, die technisch ähnlich hochentwickelt waren wie

unsere gegenwärtige Zeit – und dies alles mittels einer Magie, die als feinstoffliche Energie die der Seele benutzte. Da waren keine Transportmittel mit stinkenden Verbrennungsmotoren nötig, um sich über große Entfernungen hinwegzubewegen, da genügte Gedankenkraft! Jede Zeit, so auch die unsrige, hat den Hochmut, zu glauben, sie wäre bereits am Gipfel aller Entwicklung, auch der technischen, angelangt, und bisher hat sich noch jede geirrt. Zukünftige Generationen werden auf unsere Technologie genauso verächtlich hinunterschauen wie wir heute auf die Magie des Mittelalters.
Zum anderen glaube ich allerdings auch, daß es stets eines tragenden Umfeldes bedarf, um Magie zur Wirkung zu bringen. Dieses Umfeld ist zum Beispiel gegeben, wenn die Menschen der entsprechenden Kultur ganz selbstverständlich daran glauben, daß etwas möglich ist. Dann entsteht ein sogenanntes morphisches Feld, das diese Dinge auch wirklich funktionieren läßt.

Soviel also zur Magie, die letzten Endes auch die Klienten fasziniert, die nicht daran glauben. Für die Therapie ist das übrigens, wieder einmal, völlig unwichtig. Da kommt es nicht darauf an, ob die Bilder nun historisch stimmig oder zumindest glaubwürdig sind und die magischen Rituale immer noch funktionieren oder nicht. Es spielt – für die Entwicklung des Klienten – auch keine Rolle, ob ihre Geschichten mehr von Schwarzer oder eher von Weißer Magie handeln. Wenn wir in den Sitzungen feststellen, daß in den Bildern Schwarze Magie, die sich mit dem Bösen beschäftigt, sehr viel häufiger vorkommt als Weiße Magie, die stets das Gute will (und womöglich doch das Böse schafft?), so interessieren mich, oft im Gegensatz zu den Klienten, nicht so sehr die Rituale, und die Moral schon mal gar nicht, sondern vielmehr die Aussage, die sich dahinter verbirgt: Von außen

betrachtet, führt das Schwarze, das »Böse«, stets in Richtung Vertiefung einer bestehenden Kluft, größere Abgrenzung, mehr Ego, schlimmeres Chaos. Das Weiße, oder das »Gute«, führt dagegen scheinbar immer in Richtung Überwindung von Gegensätzlichkeiten, Ego-Aufgabe, Einheit und Ordnung. So sieht es jedoch nur von außen aus.
Etwas mehr hinter die Kulissen der Welt geschaut, ist jedoch beides gleich notwendig und gleichermaßen wichtig. Der Sinn des Lebens besteht ja gerade darin, sich mit dem Schwarzen, dem Materiellen auseinanderzusetzen. Das ist die notwendige Voraussetzung dafür, daß es dereinst einmal zu einer Annäherung zwischen Himmel und Hölle kommen kann. Jeder Weg zum Licht beginnt in der Dunkelheit.

Die Klienten seufzen. Die meisten beginnen nun zu begreifen, daß es nicht reicht, die eigenen Schatten anzuschauen und ihre magische Vergangenheit zu akzeptieren. Dabei war schon das alles mehr als eine Kleinigkeit. Was müssen sie denn noch alles lernen, damit es ihnen nach der Therapie bessergeht und ihre Probleme verschwinden? Oder geht es gar nicht darum, Probleme zum »Verschwinden« zu bringen? Vielleicht dämmert es dem einen oder anderen Klienten, daß es gar nicht die Probleme sind, die ihm das Leben schwermachen, sondern seine Haltung zur Welt!? Die Zeit ist reif für eine weitere Zwischenbilanz.

### *Die zweite Zwischenbilanz*

Nun haben die Klienten (nicht alle, aber doch eine große Zahl) also auch die magische Macht, die Macht über Seelen, ausgekostet. Schwarze Magie und Weiße Magie, Schadenszauber,

Sympathiezauber, magische Rituale, Hexensabbat, Schwarze Messe – mit den verschiedensten, für ihr Alltagsbewußtsein schier unglaublichen Elementen haben sie herumexperimentiert, und jedes gelungene Ritual hat ihnen für einen kurzen Moment die Euphorie vermittelt, allmächtig zu sein. Doch nachdem sie nun eine ganze Reihe von Inkarnationen überblicken, wissen sie: Mag dazwischen auch viel Zeit vergehen – in der Bilanz des Schicksals folgt unweigerlich auf jeden Moment der Macht eine Situation der Ohnmacht. Das Schicksal vergißt nichts. Auch auf der magischen Ebene hat die so mühsam erkämpfte Macht keinen Bestand. Sie wird schal. Beim Sterben wird uns mit dem Körper auch alles andere wieder weggenommen. Im nächsten Leben haben wir unsere frühere Identität vergessen und auch keine Erinnerung mehr an die magischen Fäden, die wir gesponnen haben. Die Formeln, die Rituale sind vergessen. Die Menschen, deren Seelen wir uns damit unterworfen haben, sind zwar nicht frei, doch darauf, wie das Schicksal die von uns gestrickten magischen Fäden weiterspinnen wird, haben wir keinen Einfluß mehr. Wie bei der irdischen Macht gilt auch hier: Unterm Strich war alles umsonst.
Was bleibt, sind Abscheu und Überdruß. Plötzlich sind den Klienten ihre Machtspiele aus tiefstem Herzen zuwider. Deprimiert und verzweifelt wollen sie nun von mir wissen: »Warum bin ich nur so machthungrig, so niederträchtig, egoistisch? Warum bin ich nur so ein schlechter Mensch? All die furchtbaren Dinge, die ich da tue – im Grunde will ich das doch gar nicht. Ich will gar keine Macht, ich will doch Liebe! Warum bin ich dann nur so?« Solche Fragen, das haben die Klienten mittlerweile gelernt, richtet man am besten an die Seele selbst. Das »Bildern« als Mittel zur Klärung anstehender Probleme ist für sie längst eine Selbstverständlichkeit geworden.

Also »schauen wir nach«. In einer der nächsten Sitzungen fordere ich die Klienten auf, sich die Situation von einer übergeordneten Warte aus zu betrachten: »Geh durch Raum und Zeit. Schau, wie es kommt, daß du die Macht der Liebe vorziehst ...«
Die Klienten folgen dieser doppeldeutigen Aufforderung – und landen in ihren Bildern bei der archetypischen Figur, die der Inbegriff der Macht dieser Welt ist: beim Teufel persönlich.

## 4 *Vierte Therapiewoche:* Der Pakt mit dem Teufel

So, wie ich mich schon lange nicht mehr über die wichtige Rolle wundere, die die Magie in den Bildern meiner Klienten spielt, so kommt es mir mittlerweile auch völlig normal vor, was nun geschieht: Wenn es um den Ursprung ihres Machtstrebens geht, kehren fast alle Klienten unbewußt auf die symbolische Ebene zurück, die sie ganz am Anfang der Therapie benutzt haben, um ihre Probleme darzustellen.
Ihre Geschichten handeln von einem geheimnisvollen Vertrag, bei dem sie ihre Seele dem Teufel verkauft haben. Die Jungschen Archetypen werden zuverlässig auch von solchen Menschen besetzt, die den Namen C. G. Jung noch nie gehört haben und den Teufel für eine überholte Erfindung der Kirche halten. Die meisten kommen von allein drauf. Wenn nicht, so genügt eine einfache Aufforderung: »Schau nach, was dich eigentlich mit der Welt verbindet. Was ist das für ein Bund?« Spätestens dann weiß die Seele, was damit gemeint ist.

Bei dem Tauschhandel geht es immer um Macht gegen Seele. Wobei die Macht die bereits bekannten vielen Facetten hat: Reichtum, Schönheit, körperliche Kraft, Potenz, die Herrschaft über ganze Völker, Ruhm und Ehre, Karriere, die Fähigkeit zum hemmungslosen Ausleben von Lust und Gier und natürlich Magie. Vieles davon kennen die Klienten ja mittlerweile aus eigenem Erleben.
Nach dem Gesetz der Analogie und Resonanz bringt die Seele stets solche Bilder ins Bewußtsein, die einen direkten Bezug zum jetzigen Leben haben. Für jedes Thema, das sie in ihren Leben bearbeiten müssen, gibt es eine Reihe von Erlebnissen, die diesen Bereich repräsentieren. Längst nicht alle sind traumatisch oder auch nur einschneidend. Aber wenn sich die Klienten ihr Thema ins Bewußtsein holen, dann wählen sie aus der großen Zahl der für ihr Problem typischen Ereignisse auch bei der Schilderung des Paktes unbewußt immer eine Situation aus, die besonders dramatisch verlaufen ist. Dadurch erkennen sie ihr Thema wie durch ein Vergrößerungsglas.
Der teuflische Gegenspieler erscheint dabei unter vielen Masken, aber fast immer in männlicher Gestalt: in zeitgenössischer Verkleidung, attraktiv, männlich und elegant, Typ moderner Businessman, oder in historischem Gewand – als mittelalterlicher Ritter oder auch als Phantasiegestalt mit glühenden Augen und Pferdefuß. Daß hinter allen Masken der Teufel steckt, ahnen viele Klienten allerdings zunächst nicht.

Juliane (42), Juristin, die in die Therapie gekommen ist, weil sie mit ihrer Eifersucht nicht fertig wird, schildert ihren Teufelspakt so:
*»Ich bin 23, stamme aus kleinen Verhältnissen, aber weil ich so schön bin, hat mich ein Mann geheiratet, der gesellschaftlich weit*

*über mir steht. Er ist reich, klug, gebildet – ich bin nichts von allem. Weil ich ihn liebe, versuche ich verzweifelt, mich anzupassen, studiere Französisch und Italienisch, Geschichte und Literatur, nehme Klavierunterricht – und begreife auch sehr schnell. Trotzdem imponiere ich meinem Mann nicht. Immer sind da andere Frauen aus seinen Kreisen, mit denen er sich unterhält, lacht, scherzt. Auf Gesellschaften bin ich Luft für ihn, für seine Freunde bin ich ein hübscher Emporkömmling. Ich könnte sterben vor Eifersucht. Aber ich liebe ihn so sehr, ich mag ihn nicht verlieren.*

*Eines Tages kommt ein Mann zu mir. Er heißt Magnus. Ich habe ihn noch nie zuvor gesehen, kenne ihn aber trotzdem. Er ist groß, hat schwarze Kleidung, dunkle, stechende Augen. Er verspricht mir, daß mein Mann nie mehr andere Frauen anschauen wird, wenn ich ihm, Magnus, dafür meine Seele verkaufe. Natürlich will ich das... Ich täte alles, um meinen Mann nicht zu verlieren. Also, versprochen, verkauft. Magnus hält sein Versprechen. Mein Mann verliert plötzlich jedes Interesse an anderen Frauen. Aber er verliert auch seine Lebensfreude und schließlich auch seine Gesundheit. Eines Tages kommt Magnus und verlangt, daß ich den Preis für meine Jugend und Schönheit begleiche. Er will meine Seele. Ich weigere mich, flehe, schreie ...*

*›Dann reiße ich sie dir aus dem Leib!‹ brüllt er, nimmt ein Messer und sticht es mir ins Herz.«*

Juliane, so sieht es aus, trägt das Thema ihres Paktes immer noch unbewußt in sich. Und es dauert auch nicht lange, bis sie den Zusammenhang selbst erkennt: In diesem Leben ist sie ehrgeizig, erfolgreich, eine perfekte Dame, aber immer noch stets bemüht, ihrem Mann zu imponieren – und geht zugrunde an dem Problem, daß ihr Mann ständig Affären mit, wie sie sagt, billigen kleinen Flittchen hat. Irgend etwas ist schiefgelaufen bei dem Pakt, meint

Juliane. Und was sie noch mehr beunruhigt: Der Magnus hat ihre verpfändete Seele bis heute nicht eingelöst!

Angelika (44), Kindergärtnerin, vier Jahre lang drogenabhängig, erlebt ihren Pakt so:
*»Ich stehe auf heißem Boden, vor brodelnden Feuerlöchern. Alles ist heiß, hell und gleichzeitig dunkel um mich herum. Elf seltsam verkrüppelte Wesen hüpfen, ohne sich zu verbrennen, durch das Feuer auf mich zu. Sie versprechen mir tiefe Einblicke in die andere Welt, heilen soll ich können, hellsehen. Dafür wollen sie meine Seele. Sie flüstern mir zu: ›Überleg es dir... entscheide dich... nicht mehr viel Zeit. Deine Seele ist nur Ballast. Wirf sie ab, dann bist du endlich frei!‹*
*O ja, frei möchte ich sein. Frei von Angst, von Scham, frei von irdischen Zwängen. Und meine Seele kenne ich ja gar nicht, sie ist viel zu abstrakt. Also stimme ich zu: Nehmt sie nur!«*
Angelika versucht verzweifelt, auch in diesem Leben den Einblick in »andere Welten« zu bekommen. Keine Droge, mit der sie auf der Suche nach Selbsterkenntnis nicht herumexperimentiert hat. Zur Zeit ist sie »clean«, aber überaus labil. Ihre Therapie ist ein weiterer halbherziger Anlauf, der Droge zu entkommen. Es könnte sein, daß sie den Kampf auch diesmal wieder verlieren wird.

Die 38jährige Frauenärztin Elisabeth, die darunter leidet, daß sie keine Kinder bekommen kann, schildert die folgende Situation:
*»Ich sehe mich auf dem Boden liegen und viele Hexen um mich herum. Über mir der Hexenmeister. Er öffnet meinen Brustkorb und holt mir das Herz heraus. Vorangegangen war: Ich habe nun zum dritten Mal ein Kind geboren, das nicht sein darf. Zwei Kinder sind nach der Geburt gestorben. Doch dieses Kind lebt,*

*ist stark und kräftig. Wie lauthals es schreit! Ich habe die Geburt auch diesmal vor aller Welt verbergen können, aber jetzt weiß ich keinen Rat mehr. Ich rufe den Himmel an – nichts passiert. Schließlich rufe ich den Teufel. Der erscheint prompt, ein stattlicher Mann mit höhnischem Grinsen. Er nimmt das Kind mit sich fort. Dafür muß ich ihm gehören.«*

Elisabeth hat das ungewollte Kind wunschgemäß verloren. Aber sie hat offenbar auch die Chance verpfändet, in weiteren Leben erwünschte Kinder zu bekommen. Elisabeth ist eine anerkannte Spezialistin in der Sterilitätsbehandlung. Unzähligen dankbaren Ehepaaren hat sie zu einem Kind verholfen. Sie selbst hat den Gedanken an eine eigene Familie jahrelang zurückgestellt, die Karriere war wichtiger. Doch seit zwei Jahren wünscht sie sich vergeblich ein Kind. Zahlt sie vielleicht immer noch den Preis dafür, daß sie mit dem Teufel einen Pakt schloß, um ihr Kind loszuwerden?

Wie geht es nun weiter, nachdem der Pakt abgeschlossen wurde? Nun, der Teufel hält sein Versprechen. Zumindest anfangs: Der sehnlichste Wunsch von Juliane, Angelika und allen anderen geht in Erfüllung. Und so klopfen sie sich selbst auf die Schulter und bilden sich ein, mit diesem Handel das große Geschäft gemacht zu haben. Denn es sieht sogar aus, als bekämen sie das, was sie wollen – sogar ohne Gegenleistung. Der Teufel trifft keine Anstalten, die verpfändete Seele zu kassieren. Offensichtlich ist er mit der bloßen Überschreibung zufrieden. Wie ein Gerichtsvollzieher, der den Fernseher gepfändet hat: Zuerst fällt es fast gar nicht auf. Das Gerät steht noch am alten Platz und funktioniert wie früher. Nachrichten, Wetter, Krimi, alles da. Nur der Kuckuck, der nun darauf klebt, erinnert ständig daran, daß es jederzeit abgeholt werden kann. Damit, denken die Klienten, können sie gut leben. Doch die Genugtuung ist nicht von Dauer. Der Teufel begnügt sich nämlich nicht lange damit, durch den »Kuckuck« auf der Seele der Klienten die lediglich geänderten Besitzverhältnisse zu dokumentieren. Zwar holt er die Seele nicht ab. Aber ungeschoren kommen die Klienten trotzdem nicht davon. Immer gerade dann, wenn sie beginnen, sich in Sicherheit zu wiegen und ihre Macht zu genießen, bombardiert sie der Teufel mit Leid. Wieder und wieder nimmt er ihnen stellvertretend für die Seele das Liebste weg: den Mann, das Kind, den Besitz oder die Ehre.

Die Klienten sind nun erst recht verzweifelt, im »echten«, realen Alltag ebenso wie in ihren Bildern. Sie ahnen, daß ihre Probleme, ihre Lebenskrise, ihre Krankheit, all die Dinge, die sie mit Hilfe der Therapie in den Griff zu bekommen hofften, kein unglücklicher Zufall sind, sondern eine Folge dieses Paktes.

Wenn bei der anschließenden Besprechung der Bilder nun auch die Ahnungslosen erfahren, wer ihr wahrer Gegenspieler in diesem Geschäft war, so machen sich die meisten Klienten nun, im Gegensatz zu früher, kaum noch Gedanken darüber, ob diese Situation »realistisch« ist oder nicht. Diese Phase liegt längst hinter ihnen. Nun haben sie einzig und allein den Wunsch, diesem Teufelskreis zu entkommen. Das bedeutet: Sie müssen aus ihrem Vertrag aussteigen. Und wenn ihr Gegner wirklich der Teufel ist – nun, so müssen sie notfalls bis in die Hölle gehen, um diese Abmachung zu annullieren.

Ist das erledigt, wären sie dann nicht alle Sorgen los und bereit für einen Neubeginn? Neugierig und erwartungsvoll schauen sie mich an: »Ist das die Lösung?« – »Probieren wir's aus«, sage ich. Und so heißt das Thema unserer nächsten Sitzung: »Geh zur Hölle!«

Die Hölle, in die ich die Klienten nun schicke, ist natürlich nicht Dantes Fegefeuer oder die vom Höllenhund Zerberus bewachte Unterwelt, in der die Sünder für alle Ewigkeit im offenen Feuer geröstet werden. Sie ist das Symbol für einen Seelenzustand, der überall und nirgendwo sein kann. Dunkelheit herrscht hier und Chaos, was aber nicht heißt, daß dort kein Leben wäre. Im Gegenteil: Hier sind wir im Mutterschoß der Welt. Von hier aus wird die Welt der Polarität immer neu geboren, wieder verschlungen und regiert. Hier brodeln die Kessel, in denen Lebendigkeit und Vitalität entstehen. Hier ist Bewegung, und da Bewegung nichts anderes ist als Wärme (Schulphysik), brennen hier die bekannten Höllenfeuer – für jeden andere. Für den »unterkühlten« Klienten brennen hier die Leidenschaften, der »überhitzte« findet sich möglicherweise in bizarren Eiswelten wieder. Jeder hat seine eigene Hölle, und, wie wir gleich sehen werden, jeder hat seinen eigenen Teufel. Wenn ich die Klienten nun also auffordere, in die Hölle hinabzusteigen, steigen sie im Grunde nur tiefer in ihre Seele hinein als je zuvor. Aber da wir uns mit unserer begrenzten Vorstellung die Hölle nur innerhalb der Dimensionen von Raum und Zeit vorstellen können, erleben sie nun auch Hölle und Teufel in Bildern, die in den meisten Fällen so naiv aussehen, als stammten sie aus den Bilderbüchern unserer Kindheit.

Da brodeln in der Tat die rotglühenden Feuer, da werden Menschen gepeinigt und gefoltert, da toben die Höllengeister. Ihr Chef, Satan, hat zwei Hörner (Symbol der Polarität, über die er herrscht), einen stechenden Blick, einen gewaltigen Schwanz mit Quaste und häufig einen Pferdefuß, und er ist unvorstellbar häßlich: Für die Ebene des Chaos stehen uns fast immer nur solche Bilder zur Verfügung.

Reinhold (30), ein Elektriker, der seit Jahren vergeblich nach Alternativen im Beruf sucht, schildert den Teufel so:
*»... ein dämonenhaftes Wesen treibt mich nach vorn. Andere versperren den Rückweg. Vor mir wird es heller, heißer, ein Tor taucht auf, bewacht von zwei tierköpfigen Gestalten mit Feuerschwertern. Dahinter tobt ein Flammenmeer. Tierkopfgestalten quälen und foltern nackte Menschen in kochendheißem Wasser über Feuerstellen ... Jemand treibt mir ein glühendes Schwert durch den Bauch ... Der Teufel sieht aus wie der aus dem Tarot, tierhafte Gestalt mit tatzenartigen Krallenpfoten und einem langen Schwanz ...«*

Ungewöhnlich präzise ist die Beschreibung von Franz (50), der mich schon beim Thema Magie mit seinen ebenso überraschenden wie »fundierten« Bildern fasziniert hatte, die sich zunächst so schwer mit seiner absolut bürgerlichen Existenz als Inhaber einer Kette von gutgehenden Waschsalons vereinbaren lassen. Franz, der Stein und Bein schwört, daß er fast nie liest, und Fantasy-Romane schon mal gar nicht, gibt ohne zu stocken diesen Bericht aus der Hölle:
*»Ich befinde mich in einem tiefen Gewölbe, das mit Fackeln beleuchtet ist, zwei weitere Personen sind da. Wir bereiten die Anrufung des Herrn der Welt vor. In der Wand ist eine große Höhle, in der ein Feuer brennt. Auf dem Boden vor der Höhle steht ein großes Pentagramm, auf dem sich der Geist manifestieren muß. Außerdem sind die vier Grundflüssigkeiten des Menschen in Kelchen vorhanden. Wir beginnen das Ritual, bespritzen zunächst das Pentagramm mit den Flüssigkeiten, zünden spezielle Räucherungen an und opfern eine Katze. Nach dem Verstummen der Katze muß sich der Geist manifestieren, so steht es in den Schriften. Plötzlich geht ein Brausen durch den Raum, grün-*

*licher Rauch steigt auf, ein eisiger Hauch kommt aus der Höhle in der Wand. Eine Gestalt beginnt sich zu manifestieren. Sie hat einen fast menschlichen Körper, der Kopf sieht auch menschlich aus, hat aber die Form einer Kuh. Besonders auffällig sind die Augen, kalt und stark wie Diamanten... Da Geistweisen sich niemals von selbst vorzustellen brauchen, aber verpflichtet sind, wenn man sie direkt fragt, ihren Namen zu nennen, fragen wir nach dem Namen. Er sagt: ›Der, den ihr riefet.‹ Ich lasse nicht locker und erfahre, der Name sei Sataniel ...«*

Dort, beim Teufel, fordern sie nun alle ihre Seele zurück. Manche sind ängstlich. Andere geben sich forsch und selbstbewußt, so, als wäre das Rückabwicklungs-Geschäft schon ausgehandelt, lediglich der Preis steht noch zu Diskussion. Einige Klientinnen verwenden die Tricks, mit der sie bei irdischen Männern den meisten Erfolg haben: Sie versuchen, den Teufel zu verführen (aber da haben sie ihren Meister gefunden!). Manche argumentieren auch »esoterisch« – sie hätten ihr Karma bereits abgetragen, da sei nur noch eine kleine, unbedeutende Restschuld. Wieder andere versuchen, ihn zu überlisten oder zu betrügen. Die Tricks und Methoden der Klienten sind so vielfältig wie sie selbst. Doch die Antwort des Teufels ist in allen Fällen gleich: Nein! Der Pakt muß erfüllt werden. Die Seele gehört auf alle Zeiten ihm.

Bei der 42jährigen Juristin Juliane hört sich der Dialog mit dem Teufel so an:

Teufel: *»Du erinnerst dich an unseren Vertrag. Ich lasse dich an dieser Welt teilhaben, wen du mir dafür deine Seele gibst. Diesen Pakt haben wir bereits zu Beginn der Welt geschlossen, und du unterschreibst ihn täglich neu. Freiwillig, wohlgemerkt. Ich zwinge dich nicht dazu, obwohl ich das könnte. Du weißt ja, ich bin* *der Herrscher dieser Welt. Ich, nicht etwa Jesus Christus. Dessen Reich ist nämlich nicht von dieser Welt, das hat er selbst gesagt.«*

Juliane: *»Moment mal. Ich weiß nur von einem einzigen Vertrag. Der lautete: Du nimmst mir mein Kind weg, und ich gebe dir dafür meine Seele. Ich schäme mich heute noch, daß ich mich damals darauf eingelassen habe. Aber das ist ein anderes Thema. Wichtig ist: Dieser Vertrag ist nicht rechtsgültig. Ich will nicht mal damit kommen, daß er gegen die guten Sitten verstößt, obwohl das selbstverständlich der Fall ist. Die Sache liegt viel einfacher. Du bist ein Betrüger. Formal hast du den Vertrag zwar eingehalten, aber du hast mich damals übervorteilt. Es war dir klar, daß ich letzten Endes dabei der Verlierer sein muß. Ich bin es ja immer noch. Außerdem bist du nie gekommen, um meine Seele einzulösen. Die Vereinbarung ist längst verjährt. Also gib mir meine Seele wieder.«*

Teufel: *»Du redest von dem einen Vertrag, bei dem es um dein ungewolltes Kind ging. Das war doch nur eine kleine Sache am Rande. Ich rede von unserem großen Vertrag, den du damals bei der Entstehung der Welt unterzeichnet hast. Hast du den etwa vergessen? Damals bei der großen Revolution, als ich noch Luzifer hieß, da hast du dich auf meine Seite geschlagen. Seitdem sind wir zusammen hier. Und was machst du? Du sitzt rum und jammerst dem alten Paradies nach, anstatt hier mitzuarbeiten. Zugegeben: Hier gibt es keine ewige Glückseligkeit, keinen großen Himmelschor, kein Paradies auf Erden. Unsere Welt ist hart. Eine Welt der Gegensätze. Eine Welt, in der Reichtum nur durch Armut und Krankheit nur durch Gesundheit möglich ist und Macht nur durch Ohnmacht. Aber dafür stagniert sie auch nicht. Stell dir doch mal diese Entwicklungsmöglichkeiten vor! Im Paradies hat sich nie etwas geändert, mein Gott, war das langweilig da! Aber selbst wenn wir wollten – wir können auch gar*

*nicht zurückkehren. Es führt kein Weg zurück. Das Paradies ist für immer geschlossen. Gott hat wohl selbst eingesehen, daß es doch gar nicht so perfekt war, wie er es sich immer eingebildet hat. Jetzt arbeiten wir gemeinsam auf eine neue, verbesserte Ausführung hin. Das neue Paradies, die neue Einheit, wird vollkommener sein, als das alte je war, und auch lebendiger, denn diesmal wird es mit Bewußtsein erfüllt sein. Dafür sorge ich, und du sollst mir dabei helfen! Tust du auch.*
*Seit Tausenden von Jahren hilfst du mir dabei, ohne es zu wissen. Denn das große neue Werk wird gebaut aus deinen erlösten Sünden, aus deinen geweinten Tränen, aus deinen Irrtümern und Dummheiten. All das mußt du durchmachen, um größeres Bewußtsein zu erreichen. Aber das hast du noch nie verstanden. Du glaubst immer noch, es gibt einen Weg zurück ins Paradies, und wenn du schön brav bist und kräftig gegen mich arbeitest, dann klappt das schon eines Tages. Ich schwöre dir, so geht es nicht. Es gibt nur einen einzigen Weg: den nach vorn, gemeinsam mit mir, durch die Welt der Polarität, ohne die kein Bewußtsein möglich ist.«*
Juliane, wütend: *»Ich will dir nicht länger zuhören. Ich will nichts mit dir zu tun haben. Gib mir meine Seele wieder, verdammt noch mal!«*
Teufel, ernst: *»Das geht nicht. Deine Seele ist hier in der Welt, und bis zum Ende aller Tage muß sie hier bleiben. Außerdem: Was hast du bisher schon groß damit angefangen? Ein paar Gefühlsduseleien, ein bißchen Herz-Schmerz, ein bißchen Seelenmassage. Doch darüber hinaus hat sie dich noch nie sonderlich interessiert. Mich dagegen interessiert sie brennend. Das ist ja mein Problem.*
*Denn über deine Seele, dein Herz verfügst nur du ganz allein. Keine Macht der Welt – und ich bin alle Macht dieser Welt – kann*

*sie dir nehmen. Ich kann dir dein Herz zwar herausreißen – habe ich auch oft genug getan, wie du weißt –, aber deshalb bekomme ich es trotzdem nicht wirklich. Ich bekomme es erst dann, wenn du es mir freiwillig schenkst. Und nur dann würde es mir etwas nützen. Nur durch deine Liebe kannst du mich verwandeln. Deshalb bitte ich dich: Schenk mir deine Seele. Sag ja zur Welt des Guten wie des Bösen, und tu's aus ganzem Herzen. Erlöse mich. Und erlöse dadurch auch dich. Glaub mir, der einzige Weg in das neue Paradies führt durch die Liebe. Nur wenn es dir gelingt, mich zu lieben, liebst du auch dich selbst.«*

Juliane, die mir während der Sitzung diesen Dialog ohne zu stocken wiedergegeben hatte, ging es hinterher so wie den anderen Klienten, die nach einem ähnlichen Gespräch unverrichteter Dinge aus der Hölle zurückkehren: Kopfschüttelnd saß sie mir gegenüber und sagte: »Ich verstehe kein Wort.«

### *Der Teufel zwischen Christentum und Esoterik*

Bei dem Versuch, scheinbar Unverständliches zu erklären, muß ich nun ein wenig ausholen. Julianes Gespräch mit dem Teufel ist weder so unverständlich noch so aus der Luft gegriffen, wie sie glaubt. Es ist sogar ein besonders deutliches Beispiel für den Entwicklungsschritt, vor dem nun alle Klienten in dieser Phase der Therapie stehen:
Nachdem sie ihre Schatten kennengelernt und sich vielleicht sogar mit ihnen angefreundet haben, geht es nun darum, diese in ihrem wirklichen Wesen zu verstehen. Erst wenn sie erfahren haben, daß sich hinter den bedrohlichsten Schattenfiguren auch nur Wesen verbergen, die alleine nicht über die Grenze ihrer

Macht hinwegkönnen, die sich nach *geschenkter* Liebe sehnen, erst dann ist der Weg frei für eine mögliche Verwandlung der Schatten im Innen wie im Außen.
Zum ersten Mal sind hier übrigens die Klienten mit esoterischem Hintergrund im Vorteil. Sie sind mit diesen Gedankengängen schon vertraut und deshalb weniger schockiert als andere, die sich noch am Sicherheitsgeländer ihrer religiösen Erziehung festhalten und nun befürchten, daß der Teufel ihnen womöglich einen Therapeuten auf den Hals geschickt hat …
Julianes Unbewußtes hat aus dem Fundus der Archetypen als Projektionsfläche für ihr Thema den Mythos von der Entstehung der Welt gewählt. Sie hat ihn in der Version der Kirche gespeichert: Luzifers Verbannung aus dem Paradies. Jeder kennt diese Geschichte, die ihre Wurzeln im Alten Testament hat:
Luzifer, der »Lichtträger«, Gottes liebster Engel, will so mächtig sein wie Gott und entfacht deshalb im Himmel den Aufruhr der Engel. Zur Strafe für seinen Hochmut wird er von Gott auf die Erde verbannt, wo er als »Herr der Finsternis«, als Antichrist und böser Gegenspieler Gottes wirkt. Dort angekommen, schickt er die Schlange ins Paradies, um Adam und Eva zu verführen, den Apfel vom »Baum der Erkenntnis des Guten und des Bösen« zu essen. Wie wir alle wissen, ist das eine Tat, von der Gott ihnen dringend abgeraten hatte (nicht verboten übrigens, obgleich das immer wieder behauptet wird; nachzulesen in der Schöpfungsgeschichte, Moses 1,2). Wie wir ebenfalls wissen, haben Adam und Eva Gottes Rat nicht befolgt. Dadurch haben sich die ersten Menschen (stellvertretend für alle, die nach ihnen kommen) ebenfalls von der paradiesischen Einheit abgesondert und den Weg der Erkenntnis (= des Bewußtseins) eingeschlagen, der nach unseren Vorstellungen dafür verantwortlich ist, daß Sünde und Tod in die Welt gekommen sind.

Künftig geht es in der Geschichte des jüdischen und später auch des christlichen Glaubens nur noch um den Kampf zwischen dem Universum der Sünde (also die Welt) und dem göttlichen Universum des Heils, das durch die Menschwerdung des Gottessohns seine Bereitschaft erklärt hat, Gnade zu schenken. Über die Modalitäten, wann Gnade angebracht ist, möchte die Kirche allerdings inzwischen ein Wörtchen mitreden.

Die Esoterik hat sich mit dieser Darstellung nie zufriedengegeben. Wenn der »allmächtige Gott« der Kirchen wirklich allmächtig wäre, so die Esoterik, so hätte ihm diese Unachtsamkeit mit Satan nicht unterlaufen dürfen. Wenn es trotzdem dazu gekommen ist, so gibt es nur noch zwei Möglichkeiten: 1. Gott ist nicht allmächtig. 2. Gott hat ganz genau gewußt, was er tat. Die Esoterik bevorzugt die zweite Möglichkeit. Bezogen auf Luzifers Höllensturz, sieht das dann so aus:
Als Gott seinen liebsten Engel, seinen »besten Mann«, in die Welt schickte, war das kein emotionaler Kurzschluß oder ein des allmächtigen Gottes unwürdiger Racheakt, sondern reinste Absicht: Luzifer bekam den göttlichen Auftrag, als Gegenspieler Gottes eine Welt der Polarität in Gang zu setzen und zu reagieren. Eine Welt, in der es zu jedem Pol einen Gegenpol gibt. Schwarz ist nur durch weiß zu erkennen, Gutes nur durch Böses, hell durch dunkel, gesund durch krank. Welches Ziel Gott dabei im Auge hatte, können wir nur vermuten. Es macht jedoch Sinn, anzunehmen, daß es ihm dabei um Entwicklung ging. Und die einzige Möglichkeit, uns Menschen auf den Entwicklungsweg zu bringen, führt durch das Erleben der Polarität: Wenn es kein Licht gibt, können wir nicht erfahren, was Schatten ist. Wenn wir nicht wissen, was böse ist, können wir nicht erkennen, was gut bedeutet. Wer dieses Modell zumindest vom Ansatz her akzeptiert, der

muß auch zugestehen, daß die Sünde – sprachlich bedeutet dies Wort übrigens nichts weiter als Absonderung – nicht versehentlich in die Welt gekommen ist, sondern mit Gottes ausdrücklicher Billigung. Sünde ist dann nicht das Ergebnis menschlichen Versagens, sondern ein Bestandteil von Gottes Plan. Zu sündigen, das ist wie ein Lehrpensum, das man auch nicht absolvieren kann, ohne Fehler zu machen. »Erst durch Fehler lernen wir« – diese alte Binsenweisheit gilt auch für den Entwicklungsweg der Seele. Es macht Sinn, anzunehmen, daß ein solcher Entwicklungsweg nicht nach einem einzigen Leben beendet ist. Entwicklung braucht unendlich viel Zeit und die Chance zu unendlich vielen Fehlern. Der Teufel übernimmt dabei – in Gottes Auftrag und mit Gottes Segen – den Part desjenigen, der dafür sorgt, daß den Menschen nichts Menschliches fremd – und erspart bleibt. Den Pakt, der im kollektiven Unbewußten der Menschheit allgegenwärtig ist, betrachtet die Esoterik nicht als einen dummen und vermeidbaren Fehler des schwachen Menschen, sondern als unsere Zusage, an dieser Welt der Polarität mitzuwirken. Unser Problem ist, daß wir im nachhinein nichts davon wissen wollen. Wir haben einfach nicht damit gerechnet, daß wir uns mit der Macht auch immer die Ohnmacht einhandeln – also sind wir enttäuscht und »schmollen«.

*Der Teufel in der esoterischen Reinkarnations-Therapie*

So weit der metaphysische Hintergrund. Wenn die Klienten den verdaut haben, folgt die Übersetzung auf die Therapiesituation: Der Teufel ist in der esoterischen Reinkarnations-Therapie die Verkörperung und Summe aller unerlösten Schatteninhalte – und spielt dort eine ähnlich große Rolle wie in der Psychoanalyse.

Freud und C. G. Jung haben sich ausgiebig mit seiner Rolle auseinandergesetzt.
Wenn der Teufel nun an dieser Stelle der Therapie darum bittet, daß der Pakt freiwillig erfüllt wird, so bedeutet das für die Klienten zweierlei:

1. Sie werden mit einem völlig neuen Konzept von Sünde konfrontiert, das sie in eine andere und völlig neue Form von Verantwortung hineinstellt. Sie sind nicht länger die »bösen« Menschen, die sich wegen ihrer Sündhaftigkeit zu verantworten haben. Statt dessen sind sie verantwortungsvolle Partner in einem großen Schöpfungsplan. Esoterik betrachtet Sünde als den ersten notwendigen Schritt auf einem Entwicklungsweg, der zum Heil führt, ohne die dunkle Hälfte der Welt dabei auszuschließen. Der zweite Schritt wäre die bewußte Hinwendung zur Sünde. In einem dritten käme die Liebe hinzu – und dann wird es spannend … Viele Klienten (übrigens auch die »Esoteriker«) sind schockiert und verunsichert. Widerspricht dieses Konzept von Sünde nicht allen Gesetzen, allen Regeln der Ethik und den Geboten der Kirche und des christlichen Glaubens? Haben sie nicht ihr Leben lang gehört, daß der Weg ins Paradies nur über gute Taten, Aufgabe des Ego, Befolgung von Geboten, Unterdrückung von Trieben, Verzicht auf Lust, Vermeidung von Schuld und Sünde, Buße und Reue führt? Oder, falls sie sich von der Kirche distanziert haben und »esoterisch« denken, über Meditation, Yoga-Übungen, Vermeidung von schlechtem Karma, Selbsterfahrungsgruppen und »Müsli-statt-Schweinsbraten-Philosophien«? Natürlich haben sie in der Tat gelernt, und die meisten haben auch nie daran gezweifelt, daß die Morallehre »Gutes tun, Böses lassen – oder zumindest bereuen« im Prinzip richtig sei. Doch nun, nach drei, vier Wochen Therapie, sind sie

nicht mehr sicher, ob dieser Weg nicht viel eher in eine Sackgasse als in den Himmel führt. Denn nun haben sie es selbst wieder und wieder erlebt: Bei ihren Versuchen, in zahlreichen Inkarnationen anständig und moralisch zu handeln, sind sie genauso gescheitert wie bei ihrem Bemühen, durch Skrupellosigkeit und Gewalt an der Macht festzuhalten. Anständigkeit, Menschlichkeit, Moral haben sie dem versprochenen Paradies keinen Schritt näher gebracht. Aber genausowenig sind sie zur Strafe in der Hölle gelandet, wenn sie ohne Reue und Skrupel ihren Machthunger durchgesetzt haben. Sie mußten einfach immer wieder mit jeder Inkarnation aufs neue antreten. Die bösen Gedanken jedoch, die sie nicht ausgelebt haben, die negativen Eigenschaften, die sie nicht wahrhaben wollten, die sind geblieben. Sie haben sich als Schatten ins Unbewußte zurückgezogen und lauern dort auf eine Gelegenheit zur Rückkehr. Und Gelegenheiten gibt es mehr als genug. Wieder und wieder drängen sie hervor, um sich durch Leid und Krankheit Beachtung zu erzwingen. Gibt es nun einen Weg zurück ins Paradies, wie ihn die Kirche verspricht, oder geht der Weg nur vorwärts durch die Welt – und wenn ja: wo verläuft er?

2. Die Klienten erfahren, daß es immer ihr Schatten ist, der ihnen fehlt. Bisher haben sie geglaubt: Der Schatten, das ist doch das, was böse ist. Also muß man ihn bekämpfen, vernichten, ausrotten. Nun richtet ihnen ihre Seele aus, daß sie einer Scheinlogik aufgesessen sind, und beweist ihnen, daß sich das Böse gar nicht ausrotten läßt. Sie brauchen ihre dunklen Seiten – Gier, Machthunger, Triebhaftigkeit, Engstirnigkeit oder was auch immer ihnen an Schatten*inhalten* in der Therapie bewußt geworden ist – nicht loszuwerden. Im Gegenteil: Sie dürfen sich mit ihnen anfreunden. Im Idealfall kommt sogar der Tag, an dem sie alle Schatten*inhalte* lieben. Erst wenn sie das erreicht haben, wenn sie

auch die letzten dunklen Seiten, die sie bisher aufs schärfste abgelehnt haben, als eigene annehmen und verwandeln können, dann sind sie geheilt.
Die Therapie, der sie sich gerade unterziehen, könnte ein Meilenstein auf diesem Weg der Erkenntnis und der Liebe sein. Das einzige, das wirklich vernichtet wird, ist der Schattenzustand des Unbewußten.

Ist das nicht Ketzerei? wollen schockiert manche Klienten wissen. In den Augen der Kirche sicher. Christus selbst hat das allerdings anders gesehen. Er hat den Teufel nie verdrängt, ihn nie in Frage gestellt, auch wenn er nie gemeinsame Sache mit ihm gemacht hat.
»Liebet eure Feinde!« Wer könnte ein größerer Feind sein als der Teufel? Christus hat auch gesagt: »Eher geht ein Kamel durch ein Nadelöhr als ein Selbst-Gerechter in den Himmel.«
Oder: »Ein jeder von Euch nehme sein Kreuz auf sich und folge mir nach.« Das Kreuz ist das Symbol für Materie, für diese Welt.
Oder: »Eher werden die Huren und Zöllner in den Himmel kommen als die Hohenpriester.« Die Hohenpriester mögen erklären, wie diese Worte unter theologischem Aspekt zu verstehen sind. Ich kenne mich nur in der menschlichen Seele aus. Und daher weiß ich:
Wem es in der Therapie gelingt, mit Liebe und Bewußtsein die Welt und sich selbst mit seinen dunklen Seiten zu erkennen und anzunehmen, der ist im wahrsten Sinne des Wortes ein Stück heiler geworden. Denn »die Liebe ist eine Kraft, die Liebe erzeugt« (Fromm, wieder einmal).
Ganz geheilt werden wir erst dann sein, wenn wir alle Schatten integriert und verwandelt haben. Dazu brauchen wir alle natürlich unendlich viel Zeit. Denn es werden uns immer wieder neue

Schattenthemen begegnen, und wir werden sie lange nicht erkennen, weil sie ja im Schatten liegen. Also werden sie sich mit neuem Leid bemerkbar machen. Es ist unwahrscheinlich, daß wir dem neuen Paradies, oder der Erleuchtung oder wie immer es die Klienten nennen wollen, in den nächsten hundert oder tausend Inkarnationen nennenswert näher kommen. Auch eine Therapie kann diesen Weg vermutlich nicht wesentlich verkürzen – wenn überhaupt. Aber sie kann dazu beitragen, daß die für die Entwicklung fälligen Lernschritte im Leben der Klienten weniger schmerzhaft ausfallen. Denn wer begriffen hat, warum es Freude nicht geben kann ohne Leid, Reichtum nicht ohne Armut, Gesundheit nicht ohne Krankheit, der wird auch Schicksalsschläge künftig leichter tragen. Und wer gelernt hat, ein paar von seinen dunklen Seiten zu verstehen und zu mögen, dem wird es vielleicht gelingen, den einen oder anderen neuen Schatteninhalt zu erlösen.
Und dann kann es gut sein, daß sie aus dem Unbewußten und aus seinem Leben verschwinden – und mit ihnen das Leid, das sie über ihn gebracht haben.

»Und wie soll das weitergehen in der Zukunft?« wollen manche Klienten wissen. Darf ich dann also künftig mit Liebe und Bewußtsein all das tun, worauf ich bisher aus Gründen der Moral verzichtet habe? Darf ich, muß ich nicht sogar nach Herzenslust amoralisch, sündig sein, um den Weg der Polarität zu gehen?
Darüber kann man auf der philosophischen Ebene natürlich viele Theorien aufstellen, etwa so: Wir haben keinen anderen Weg als den der Polarität. Es gibt keine Möglichkeit der Entscheidung mehr. Ob wir wollen oder nicht, früher oder später werden wir an und in dieser Welt sündig. Je länger wir uns zieren, um so weher wird es tun, um so häßlicher wird die Sünde ausfallen. Es gibt nun

aber auch keinen Grund, aus dem Fanatismus des Moralisten den des Sünders zu machen. Damit wäre nichts gewonnen. Vergessen wir nicht: Das Streben nach Anständigkeit gehört als Gegenpol genauso zum Menschsein wie die Lust zur Sünde. In dem Spannungsfeld dazwischen können wir lernen, uns immer freier zu entscheiden. Nur sollten wir nicht glauben, daß die eine oder andere Entscheidung die richtigere wäre.
Und dann ist da noch die andere These: Wenn ein Mensch mit wirklichem Bewußtsein und ganzer Liebe sich einer Tat hingibt, und wäre sie noch so verwerflich, dann würde er diese Tat in eine Erlösungstat verwandeln. In dieser paradoxen Aussage liegt ein Mysterium, das sicher nicht einfach zu begreifen ist. Ein Schlüssel mag das Wort von Jesus sein: »Kein anderes Gebot gebe ich Euch als das der Liebe.«

Aber wir betreiben hier nicht in erster Linie Philosophie, sondern Psychotherapie. Und in diesem Zusammenhang geht es darum, Menschen zu helfen, ihre Lebenskrisen zu meistern, die aktuell drängenden Schatten zu lösen, Schmerzen zu lindern und sich selbst zu mögen. Lebensregeln für die Zukunft, eine Gebrauchsanweisung für ein glückliches, problemfreies Leben zu vermitteln, wäre für die esoterische Reinkarnations-Therapie ein Widerspruch in sich selbst. Wenn wir trotzdem in der Therapie das Ende aller Wege einmal fast spielerisch ins Auge fassen, dann nicht etwa, um den Klienten vorzugaukeln, sie seien der Erleuchtung schon recht nahe, und schon gar nicht, um ihnen Druck zu machen und sie unter einen Erkenntniszwang zu stellen, nach der Devise: »Und wenn du jetzt auch noch den Teufel lieben kannst, dann hast du die Therapie erfolgreich abgeschlossen.«
Vielmehr schicke ich sie noch mal in die Hölle ihrer Schatten, damit sie selbst ein wenig Klarheit darüber gewinnen, ob sie es

wirklich geschafft haben, einige der Schatten zu erlösen, die wir gemeinsam entdeckt und kennengelernt haben – oder ob es sich bei all ihren Beteuerungen nur um ein Lippenbekenntnis handelt.

*Letztes Rendezvous mit dem Teufel*

Und so kommt es schließlich zur erneuten, letzten Begegnung mit dem Teufel: »Geh in die Tiefe deiner Seele. Suche noch einmal den Teufel auf, und kläre deine Beziehung zu ihm.«
Gemessen an den intensiven, hautnahen Szenen in früheren Sitzungen, in denen es häufig um Sex und Crime ging, haben die Bilder, die nun kommen, eine ganz andere emotionale Färbung. Sie sind ruhiger und nachdenklicher. Offenbar ist diese Situation selbst für eine Seele, der mittlerweile nichts mehr fremd ist, Neuland.

Franz, der Geschäftsmann, der schwer unter seinem Asthma leidet, schildert schwer atmend, nach Luft ringend, keuchend, wie diese Begegnung bei ihm verläuft:
*»Der Teufel sagt, nur dann, wenn ich ihn als meinen besten Freund sehen könnte, dann kann ich meiner Wege ziehen. Und er sagt zu mir, wegen des Asthmas, ich würde mir zuviel nehmen, ich habe immer alles genommen, aber ich hätte Schwierigkeiten mit dem Geben, und ich hätte ihn nie als seinen Bruder anerkannt. Aber ich kann ihn nicht lieben, ich will nur eins: weg von ihm. Ich spüre Stricke um die Brust, spüre die Enge meiner Lunge, meines Herzens. Die Brust ist voller Schleim. Warum läßt er mich nicht endlich ersticken?«*
Einige Wochen nach der Therapie liegt Franz wegen seiner Erstickungsanfälle zum wiederholten Mal in der Intensivstation.

Wieder einige Wochen später ist das Asthma ohne erkennbaren Grund für ein paar Monate einfach weg – um dann wiederzukommen, wenn auch weniger schlimm.

Claudia (34), die attraktive Innenarchitektin, die stets Probleme mit den Männern hat, versucht mit dem Teufel dasselbe nicht ganz ehrliche Spiel, das sie unbewußt in all ihren Beziehungen gespielt hat:
*»... aus dem Feuer erscheint ein Männergesicht. Den will ich mir dienstbar machen. Er soll ein Geschöpf werden, das mir gehorcht. Aber ich bekomme ihn nicht unter Kontrolle. Er vergewaltigt mich. Dann soll ich ihn küssen. Mir bleibt nichts anderes übrig ... Als er sich über mich beugt, sehe ich, daß sein halbes Gesicht verbrannt ist. Ich bin ganz erstarrt vor Grausen und verstehe jetzt sein Geheimnis. In mir taucht ein warmes Gefühl auf, er hat mir jetzt seine Schwäche gezeigt. Ich überwinde mich und küsse ihn. Daß ich ihn jetzt liebe, macht ihn machtlos. Und das wiederum macht mich mächtig und überlegen, denn er will ja meine Liebe nicht verlieren ...«*
Mit Claudias Bereitschaft zu freiwilliger, selbstloser Hingabe ist es also noch nicht so weit her. Sie wird sich möglicherweise auch in Zukunft um eine echte Konfrontation mit ihren dunklen Seiten drücken, allerdings stets in der Überzeugung: Ich habe doch alles Mögliche getan. Aber zumindest hat sie, und Franz, und alle Klienten, die diesen Schritt auch nicht schaffen, zum ersten Mal in ihrer langen Seelengeschichte erkannt, worauf es ankommt.
Nun wissen sie, was zu tun wäre. Beziehungsweise, daß nichts zu tun ist. Denn alles, worauf es wirklich ankommt, was glücklich macht, läßt sich nicht machen. Das geht nur durch Demut, durch Geschehen-Lassen, Sich-Öffnen, durch Loslassen und Hingabe.

Erreichen die Klienten diesen Zustand (noch) nicht – nun, so ist für sie auch weiterhin Kampf angesagt, Widerspruch, Auseinandersetzung. Auch das ist in Ordnung.
Denn so hart das Schicksal manchmal auch scheinen mag – es fordert von jedem Menschen in einem Leben nur soviel, wie er zu geben imstande ist. Schicksal ist – auch wenn das in Anbetracht mancher tragischer Schicksale zynisch klingen mag, letzten Endes immer »das zum Heil Geschickte«.

Die 48jährige Buchhändlerin Gisela bekommt in dieser Sitzung eine Ahnung dessen, was geschieht, wenn sie zu dieser Hingabe fähig ist – und sei es nur für einen kurzen Augenblick.
*»Was kann ich tun? sage ich.*
*Nichts, sagt der Teufel, außer zu sein, wie du bist.*
*Ich denke und fühle, daß ich ihm meine Seele, mein Herz freiwillig schenken möchte. Auf der sichtbaren Ebene tue ich das, indem ich ihm meinen Körper hingebe. Dabei fühle ich für einen kurzen Moment ein ganz weites Gefühl in meinem Herzen. In diesem Moment liebe ich ihn. Absolut, total und ohne einen Gedanken an irgend etwas anderes. Wir werden eins, ein großes, weißes Licht, in dem ich mich auflöse …«*
In ihrem Tagebuch fügt sie hinzu:
*»Auch danach fühle ich dieses Erlebnis wie einen elektrischen Strom, der durch meinen ganzen Körper braust. Erst im Laden komme ich langsam zum Tag zurück. Es ist so, als ob ich wach würde nach einem großen Fest, aber ohne Kater. Er hat also mein Geschenk angenommen. Ganz klar habe ich das Gefühl, daß ich mit allem von vorne anfange. Wie ein Neubeginn. Was für ein gutes Gefühl! Ich habe das Gefühl, jetzt dazuzugehören zu dieser Welt. Der Kopf wußte es schon, nicht aber das Herz. Ich fühle mich ganz als Mensch, und ich darf es sein. Keine Spur mehr von*

*Überheblichkeit. Und was mir am besten gefällt: Ich habe nicht gekniffen.«*
Gisela hat nun also eine Vorstellung, wie die Einheit am Ende des Weges aussehen könnte, was sie vielleicht empfinden wird, wenn sich am Ende der Zeit der Kreis der Wiedergeburten schließt. Doch sie hat auch die Gewißheit bekommen, daß sie dieses Ziel nicht im Eiltempo erreichen muß. Bis es soweit sein wird, darf sie auch unvollkommen sein, selbstsüchtig, schwach, neidisch, intrigant, sündig. Und sie muß sich dafür nicht hassen, sondern darf sich für ihren »Mut zur Sünde« aus vollem Herzen lieben. Natürlich darf sie trotzdem darauf hoffen, daß sie bei jedem Mal ein wenig dazulernt und irgendwann nicht mehr selbstsüchtig, schwach, neidisch, intrigant und sündig zu sein braucht, weil sie diese Schatten dann durch ihre Liebe endgültig verwandelt hat.

## 5 *Zurück ins Hier und Jetzt*

Mittlerweile geht die vierwöchige Therapie ihrem Ende entgegen. Viele Klienten fühlen sich körperlich und seelisch so gut wie schon lange nicht mehr. Das liegt natürlich auch daran, daß sie auf der Reise in ihre Seele in Sphären auf- oder abgestiegen sind, die von ihrem normalen Alltag Lichtjahre entfernt liegen. Auch wenn sie in den vergangenen Wochen mit ihren schwärzesten Schatten konfrontiert worden sind und von ihrem Selbstbild nur noch ein paar Trümmer übriggeblieben sein mögen – das Gefühl, mit sich selbst mehr ins reine gekommen zu sein, entschädigt für viele Mühen.

Da kann es dann leicht passieren, daß viele Symptome der Klienten, das Beziehungsproblem, der Karriereknick oder die Staub-Allergie, die jahrelang ihr ganzes Leben bestimmt haben, und die eigentlich der Anlaß für die Therapie gewesen waren, plötzlich unwichtig werden.
Viel dringlicher als die Frage, wie es denn künftig im »echten« Leben mit ihnen weitergeht, scheint manchen Klienten plötzlich das Problem: »Ist es sehr schlimm, daß ich den Teufel immer noch nicht so recht lieben kann? Ich habe doch nun begriffen, daß ich im Grunde nie nach der Macht gesucht habe, sondern immer nur nach der Liebe. Die Macht war doch nur ein jämmerlicher Ersatz, weil ich die freiwillige Liebe ohne Druck, ohne Erpressung, ohne Liebestrank nicht gekriegt habe. Dem Teufel ging's zwar genauso. Und trotzdem konnte ich ihn nicht lieben. Es ging einfach nicht.«
Und dann folgen die Selbstvorwürfe: »Mein Partner hat recht. Ich bin eben nicht fähig zu lieben. Oder kann ich das vielleicht noch lernen?«
Dann sage ich: »Du bist doch schon auf dem besten Wege. Du lernst doch gerade, dich selbst zu lieben.« Manchmal zitiere ich dann Erich Fromm: »Liebe ist nicht in erster Linie eine Bindung an eine bestimmte Person. Liebe ist eine Haltung, ein innerer Zustand, eine Charakterorientierung.«
Um andere wirklich lieben zu können, mußt du zuerst lernen, dich selbst zu lieben. Und in diese wachsende Liebe zu dir selbst wirst du nach und nach immer mehr eigene, bislang ungeliebte Schattenfiguren einbeziehen. Laß uns nachsehen, wieviel Liebe du dir selbst schon entgegenbringen kannst!«

Dann folgt der letzte und vielleicht schwerste Schritt in der gesamten Therapie, die von den Klienten ja von Anfang an viel

verlangt hat. Nach der Bergung und Reinigung der Seelenteile, die so lange im Meer des Unbewußten verschollen waren, müssen diese mühsam herausgefischten Teile nun, frisch poliert, dem Selbstbewußtsein der Klienten wieder ganz sanft hinzugefügt werden. Damit das geschehen kann, müssen sie die Bereitschaft aufbringen, alle Wertungen und Vorstellungen, alle Ängste und Sicherheitskrücken loszulassen und sich der Gnade, der Heilung, der Liebe zu öffnen. Das können nur sie allein. Auch der Therapeut kann da nur Schützenhilfe leisten.
Für diese Sitzung, in der es um die Liebe zu sich selbst geht, gibt es keine Worte und kein Thema. Nur ruhige Meditationsmusik und der immer sanfter und gleichmäßiger fließende Rhythmus des eigenen Atems, der die Klienten, die loslassen können, manchmal in die Welt von Licht und Leichtigkeit jenseits von Zeit und Raum geleitet, in der die Liebe wohnt. Aber auch diejenigen, die sich nicht völlig öffnen können, spüren in der andächtigen Stille etwas von der Gnade der Erlösung, der Befreiung von aller Angst, allen Selbstzweifeln, und sei es nur für einen flüchtigen Augenblick. Das aufgewühlte Seelenmeer glättet sich, verstörte, verletzte Menschen schließen Frieden mit sich selbst. Niemand hat Worte dafür, und niemand braucht sie.

Nach diesem Einblick in himmlische Sphären kehren wir dann wieder auf den Boden der Realität zurück. Es geht darum, die Einsichten, die Seele und Geist der Klienten nun gewonnen haben, auf ihr heutiges Leben zu übertragen. Werden sie es schaffen, auch ohne therapeutischen Beistand, mit ihren Alltagsproblemen künftig leichter umzugehen? Die Klienten sind zwar optimistisch, aber es fehlt ihnen die letzte Überzeugung. Also machen wir eine »Generalprobe«, die natürlich auf der Bilderebene stattfindet.

Um zu verdeutlichen, worauf es ankommt, erzähle ich manchmal die Geschichte von dem Patienten in der psychiatrischen Klinik, der denkt, er wäre eine Maus. Schließlich wird er als geheilt entlassen. Auf seinem Weg aus der Klinik begegnet ihm eine Katze. Laut um Hilfe schreiend rennt er zurück.

»Sie wissen doch inzwischen, daß Sie keine Maus sind«, sagt der Doktor.

»Weiß ich schon«, antwortet der Patient atemlos, »die Frage ist nur, weiß es die Katze auch?«

... Was übersetzt auf die Situation der Klienten natürlich bedeutet: Der Kopf ist voll von Erkenntnissen – weiß ihr Bauch, ihre Seele aber auch, worauf es ankommt?

Die Klienten sind mit Krankheiten, Kümmernissen und Lebensängsten zur Therapie gekommen, die oft gar nicht die eigentlichen Probleme sind; das hat sich im Verlauf der letzten Wochen herausgestellt. Riesige Kummerberge haben sich vielleicht schon während der ersten ein oder zwei Therapie-Wochen in nichts aufgelöst – statt dessen sind, auf einer grundlegenderen Ebene, Themen aufgetaucht, die ihnen bis dahin noch nicht mal bewußt waren:

Elvira (39), Verkäuferin, kam zur Therapie, weil ihr der Streß in der Boutique langsam zuviel wurde. Ohne Beruhigungsmittel konnte sie ihren Arbeitstag nicht mehr überleben. Schon nach kurzer Therapie wird ihr klar, was mir bereits ein flüchtiger Blick in ihr Horoskop (51 Feuerpunkte, 18 ist der Durchschnitt) gezeigt hatte: Die Überlastung ist gar nicht ihr eigentliches Problem. Im Gegenteil: Sie quillt geradezu über von Energie und Lebendigkeit – so sehr, daß sie sich nicht mehr getraut hatte, etwas davon zu leben. So gut hatte sie ihr Feuer, ihr Temperament unbewußt unter Kontrolle, daß sie schließlich selbst glaubte, ein ruhiger Mensch

zu sein. Mit den Beruhigungspillen stärkte sie nur eine Abwehrmauer, mit der sie sich zum Schluß völlig identifizierte. Dabei war es gerade diese Mauer, die ihr Probleme machte.
Das Thema für ihre Sitzung lautet: »Komm durch Raum und Zeit zurück in dein Leben, ins Hier und Jetzt. Schau nach Möglichkeiten, wie du deine Energien leben kannst – ohne versehentlich alles zu zertrümmern ...«
*Elvira sieht sich in der Boutique: Krach mit der Chefin. Elvira hat der unsicheren Kundin nicht das sündteure Kenzo-Kleid verkauft, sondern ihr zu einem billigeren Kostüm geraten, das ihr viel besser stand. Die Chefin ist außer sich – aber Elvira, die normalerweise schon bei einem kritischen Blick ängstlich zum Valium greift, wehrt sich plötzlich mit Vehemenz. Als auf der Gegenseite das Wort »Unfähigkeit« fällt, revanchiert sie sich mit »Mafia-Methoden«. (An dieser Stelle ging ein Leuchten über Elviras Gesicht.) Sie fliegt raus, was ihr ganz recht ist. Sie hat's provoziert. Trotz und Aggression sind an der richtigen Stelle ausgelebt, wenn vielleicht auch noch etwas unerlöst (ein bißchen Sünde darf schon sein). Im neuen Job ist sie Reiseleiterin. Sie sieht sich am Flughafen von Gran Canaria, Abflughalle. Der Rückflug nach Deutschland verspätet sich auf unbestimmte Zeit. 180 drängelnde, zornige, verzweifelte Passagiere, quengelige Babys, genervte Eltern, es geht drunter und drüber. Sie muß sich mit Energie durchsetzen, und das gelingt ihr auch. Endlich fühlt sie sich in ihrem Element.*
Elvira kichert vergnügt, als sie aus der Trance zurückkommt. Ihr neues Leben hat ihr Spaß gemacht. Und sie ist fest entschlossen: So soll es sein. Ihre Chefin in der Boutique, vermute ich, wird am kommenden Montag, Elviras erstem Arbeitstag nach der Therapie, eine Überraschung erleben ...
Aufgrund ihrer Bilder, bestätigt durch das Horoskop, hat Elvira

in der Therapie ein Stück mehr von sich kennengelernt. Sie hat den Mut gefunden, ihr Feuer, mit dem sie andere in früheren Leben oft zerstört – und an dem sie sich genauso oft selbst die Finger verbrannt hatte –, wieder brennen zu lassen. Sie braucht kein anderer Mensch zu werden, es genügt, so zu sein, wie sie ist. Und zu sich selbst hat sie inzwischen mehr Vertrauen als je zuvor. Die Beruhigungspillen, versichert sie mir, wird sie gleich, wenn sie nach Hause kommt, demonstrativ »beerdigen«.

Anders sieht die Situation bei Kai aus. Der 53jährige unverheiratete Bauingenieur hatte keine erkennbaren Probleme, als er sich zur Therapie anmeldete. Er kam einfach »nur so«, zwecks mehr Selbsterkenntnis, wie er erklärte. Auf den ersten Blick hätte man den Eindruck haben können, daß die Therapie für ihn »Luxus« wäre.

Doch schon bei der ersten Sitzung wird deutlich: Er atmet kaum, und es kommen keine Bilder. Sosehr er sich auch bemüht – es bewegt sich weder Körper noch Seele. Nur die Tränen laufen ihm pausenlos übers Gesicht, was ihm furchtbar peinlich ist. Für ihn und mich wird deutlich: Seine Seele ist erst mal zubetoniert, er kann nichts herauslassen, nichts hineinnehmen. Nur seine Tränen bringen die Botschaft, daß hinter der Mauer furchtbar viel Gefühl auf Befreiung wartet.

Mit viel Geduld gelingt es uns langsam, einige Hintergründe für Kais Mauerbau in diesem Leben aufzudecken. Er ist uneheliches Kind. Nach mißlungener Abtreibung gab seine Mutter ihn zu Adoptiveltern, die ihn immer wieder spüren ließen: Du kommst aus der Gosse, du kannst nichts, du bist nichts, halte dich zurück, paß dich an!

Kai hat sich angepaßt, seine Masken sind ihm am Gesicht inzwischen festgewachsen. Immer nett, immer freundlich, ohne Probleme, es tut ihm leid, daß er mir, dem Therapeuten, so viele Probleme macht.

Kai hat sich verloren, das wird ihm in der Therapie klarer als je zuvor. Seine angelesenen Theorien zerbröseln zu nichts. Sie dienten nur dazu, ihn selbst glauben zu machen, daß die anderen schuld sind und daß man als ewiges Opfer ohne eine Gefühls-Mauer nicht leben kann …

Gegen Ende der Therapie steht seine Mauer noch immer, aber mittlerweile hat sie ein paar Sprünge, die immerhin so groß sind, daß Kai eine Ahnung davon bekommt, wer er sein könnte, wenn er den Mut dazu fände. Sehnsucht wird wach …

Das Thema »seiner« Sitzung lautet: »Geh an deiner Mauer entlang, bis du an eine Stelle mit Sprüngen kommst. Die sind so groß, daß du hindurchkriechen kannst. Wenn du willst, dann geh …«

*Hinter der Mauer begegnet er einer Gruppe von Leuten, die er gut kennt: seine Mutter, die er nie gesehen hat, seine Adoptivmutter, die Menschen seiner Kindheit, seiner Jugend, seiner Erwachsenenzeit. Alle schauen ihn mit undurchdringlicher Miene und starren Gesichtern an. Wütend schlägt er jedem von ihnen ins Gesicht. Masken fallen herunter.*

*Er ist entsetzt, denn hinter jeder Maske verbirgt sich sein eigenes Gesicht. Er sammelt alle Masken ein und wirft sie in ein Feuer. Nur seine eigene – die behält er auf.*

*In einer nächsten Szene erlebt er sich zusammen mit einer Frau im Kino. Bei einer besonders sentimentalen Szene weinen beide … Er auch – erstmals läßt er es zu, geniert sich nicht. Seine Begleiterin umarmt ihn, selbst weinend, als der Vorhang zu- und das Licht angeht. Sie sagt, daß sie sich schon immer einen Mann gewünscht hat, der auch mal Tränen fließen läßt …*

Die Therapie mit Kai ist nicht zu Ende. Eigentlich hat sie erst begonnen. Für ihn war die Erfahrung und Erkenntnis wichtig, daß er ein großes Problem hat. Eines, das er bisher noch gar nicht wahrgenommen hatte. Er hat gerade eben begonnen, zu lernen, daß er mehr Verantwortung für sich selbst zu übernehmen hat und daß er mehr Mut braucht, seine Masken abzunehmen – auch wenn das, was darunter zum Vorschein kommt, nicht so perfekt ist. Mag sein, daß er in seiner Umwelt ein paarmal kräftig anecken wird. Sein Weg ist noch lang, aber der erste Schritt, der wichtigste und oft der schwierigste, ist gemacht.

Am Rande bemerkt: Kai gehörte zu jener Gruppe von unauffälligen und überangepaßten Menschen, von der die Schulmedizin festgestellt hat, daß sie besonders anfällig für Krebserkrankungen sind.

Mit einem körperlichen Leiden kam Lotte (29), Justizangestellte, geschieden, zur Therapie. Seit Jahren schon hatte sie mit chronischen Harnwegsinfektionen zu kämpfen. Die Kunst der Schulmedizin reichte über die Gabe von Antibiotika und Blasentees nicht hinaus. Lotte kam von selbst auf die Idee, daß ihr Leiden irgendwie mit ihrer Seele in Zusammenhang stehen könnte. Aber wie?

In ihren inneren Bildern erlebt sich Lotte in verschiedenen Leben immer wieder als passive, dienende, ja sogar unterwürfige Frau, die den Männern jeden Wunsch von den Augen abliest. Sie erntet dafür aber letztlich nur Zurückweisung, Ablehnung und Prügel. Mit ihrem geschiedenen Mann war es im heutigen Leben ähnlich. Obwohl sie versucht hatte, ihm alles recht zu machen, war er schließlich mit einer anderen durchgebrannt.

In der Therapie begreift Lotte nun, daß sie ihre eigenen Aggressionen immer runtergeschluckt hat, in der Hoffnung, dadurch liebenswert und den Männern zu Gefallen zu sein.

Den Grund dafür entdeckt sie, als sie noch weiter in der Zeit zurückgeht: Da sieht sie nämlich mit einer Mischung aus Faszination und Entsetzen, daß sie ihre Liebhaber selbst mit für sie kaum vorstellbarer Grausamkeit und Hinterlist behandelt – und ebenfalls verloren hatte! Von da ab hatte sie begonnen, ihre Aggressionen zu verdrängen. Der Versuch, Männer durch Bravsein bei der Stange zu halten, ist bei ihr inzwischen zu einem unbewußten Reflex, zur zweiten Natur geworden. Aber, wie sie es auch immer anstellt, am Ende ist sie stets die Verlassene. Nachdem Lotte erkannt hat, daß ihre Blasenentzündungen auf einer analogen Ebene nichts anderes waren als ihre »brennenden Gefühle« (Entzündung = Aggression, Wasser = Gefühl), die sie in den Körper abgeschoben hatte, konnte ein Umschwung in ihrer Haltung Männern gegenüber beginnen …

Die echte Lotte, das hatte die Therapie gezeigt, war weder ein total unterwürfiges noch ein männermordendes Wesen. Aber beide Extreme waren natürlich möglich – und Lotte hatte sie bisher durch zahllose Inkarnationen nach dem Prinzip des »entweder-oder« gelebt. Die Weichenstellung zielt jetzt auf Mitte und Ausgleich.

»Vor deinem inneren Auge entstehen zwei Türen. Die eine ist feuerrot, die andere rosa. Durch welche gehst du zuerst?«

*Lotte zögert nur kurz, dann öffnet sie entschlossen die rosa Tür. Dahinter erscheinen Szenen aus ihrer geschiedenen Ehe. Lotte schildert mit kleinlauter Stimme, was sie dort sieht: Sie steht am Bügeleisen, neben ihr, ungeduldig, verächtlich, drängelnd ihr Mann. Sie bügelt seine Hemden, eins nach dem anderen: »Kannst du den Kragen nicht ordentlicher machen, wie steh' ich denn auf der Konferenz da?« Lotte zuckt zusammen, bügelt schweigend weiter und versucht zu vergessen, daß ihr Mann ganz offiziell mit seiner Sekretärin, die seit drei Monaten seine Geliebte ist, zu dieser Konferenz reist.*

*Sie flüchtet und kommt aus der feuerroten Tür heraus. Ich schicke sie durch dieselbe Tür wieder zurück. Sie erlebt sich, wie sie an früheren Liebhabern und Rivalinnen blutige Rache nimmt. Fast unvorstellbar, wieviel Grausamkeit in der sanften Lotte steckt. Durch die rosa Tür kommt sie wieder heraus.*
*Ich suggeriere nun eine mittlere, runde Tür, durch die sie gehen soll. Nun sieht sie sich in einer Situation, in der sie Männern gegenüber eigenständiger ist, fordernd, aber nicht zwingend. Bei einem Streit läßt sie Teller und Tassen fliegen, ja, eine ganze Suppenschüssel knallt sie an die Wand. Und danach liegt sie in den Armen eines Mannes, läßt die Tränen fließen und stellt erstaunt fest: Dieser Mann wendet sich nicht von ihr ab. Ob das an diesem Mann liegt – oder hat es etwas mit ihr zu tun?*
Natürlich erkennt Lotte nach der Sitzung, daß sie es ist, die sich in diesen Bildern geändert hat. Nicht auf den »Richtigen« kommt es an, davon laufen genug herum – sondern auf ihren »richtigen« Ausgleich zwischen Offensive und Defensive in einer Beziehung. Lotte brennt darauf, im Alltag ihre neu gefundene Haltung des »Sowohl-als-auch« auszuprobieren.

Am Ende einer Therapie herrscht Staunen. Wie leicht mit einem Mal die Zukunft aussieht! Viele Klienten können es kaum noch abwarten, diese Erkenntnisse in ihrem Alltag umzusetzen. Dann muß ich manchmal daran erinnern, daß jede kochrezeptartig erzwungene Ruckzuck-Veränderung des Verhaltens nur den Keim zu neuer Verdrängung legt.
Wenn sie überhaupt eine Lebensregel mit auf ihren Weg in die innere Unabhängigkeit nehmen wollen, so lautet die höchstens: »Let go! Laß los! Mach dir keine guten Vorsätze, sondern schau viel mehr auf dem Hintergrund deines neuen, erweiterten Bewußtseins deinen Alltag mit neuen Augen an. Die erfolgreichsten,

wirkungsvollsten Veränderungen sind fast immer die spontanen, die aus dem Bauch kommen, nicht aus dem Kopf, und die eher den Menschen in deiner nächsten Umgebung auffallen als dir selbst.«

Natürlich kommt es aber genauso häufig vor, daß die Klienten nach der Therapie erkannt haben, daß die alten Gewohnheiten, Partner, Berufe – oder was auch immer – diesem neuen, anderen Bewußtsein nicht mehr entsprechen. Dann suchen wir im Gespräch nach neuen Gestaltungsmöglichkeiten für ihr Leben: vielleicht eine andere berufliche Orientierung, vielleicht den Mut, Aggression dem Lebenspartner gegenüber zu zeigen – da genügt ja oft schon ein ehrliches Aussprechen –, oder auch die Empfehlung, die Behandlung der körperlichen Probleme künftig bei einem homöopathischen Arzt fortzusetzen, oder Ruhe und Ausgleich in einer Körper- oder Meditationsgruppe zu suchen, bei der sie die Chance haben, ihre neuen Erkenntnisse über sich selbst zu vertiefen. Dies alles sind zwar nur äußere Formen. Aber sie tragen dazu bei, daß die so hart erkämpften neuen seelischen Inhalte nicht allzu schnell wieder in alten Gewohnheiten versinken.

*

Letzte Sitzung. Die Klientin hat Herzklopfen. Vier Wochen lang ist sie, Lichtjahre vom Alltag entfernt, den tiefsten Geheimnissen ihrer Seele auf den Grund gegangen. Manchmal war die Konfrontation mit ihren Schatten so schmerzhaft gewesen, daß sie geglaubt hatte, mehr könnte sie nicht ertragen. Doch trotz allem hat sie sich in der therapeutischen Ausnahmesituation geborgen gefühlt. Sie weiß nun auch, daß sie vermutlich in ihren früheren Leben keine ägyptische Prinzessin gewesen ist. Und wenn sie sich doch an ein solches Leben erinnert haben sollte, so erfüllt sie das nicht etwa mit Stolz, und mit Hochmut schon gar nicht: Jetzt weiß sie, daß auch ein solches privilegiertes Dasein ein Leben voller Angst, Intrigen und Probleme mit Macht und Ohnmacht gewesen ist. Nun muß sie, mit all ihren Erkenntnissen, zurück ins wirkliche (?) Leben. Sie wird ein wenig ehrlicher mit sich selbst sein können, muß die noch unerlösten Teile ihrer Seele nicht mehr verleugnen und in ein moralisches Zwangskorsett zwängen. Sie traut es sich zu, ihre ungelebten Seelenteile nun ans Licht des Alltags kommen lassen – manche wenigstens.

Sie wird, nimmt sie sich entschlossen vor, in den »Wassern des Lebens« baden, auch wenn sie sich manchmal kräftig dabei verschluckt. Auch wenn sie andere, die ihr dabei im Wege sind, gelegentlich untertauchen muß. Sie wird vielleicht den längst fälligen Seitensprung riskieren, für den sie bisher immer zu feige war. Sie wird im Beruf nicht länger, wie bisher, den Mund halten, wenn sie wieder einmal übergangen worden ist. Sie wird ihre Ansprüche vorbringen – und möglichst viele davon durchsetzen, selbst dann, wenn dadurch alte Freundschaften auf die Probe gestellt werden.

Sie wird, so stellt sie es sich vor, das nächste Mal, wenn man ihr die Vorfahrt nimmt, voll auf die Hupe gehen und sich nicht mehr vornehm, aber zähneknirschend zurückhalten.

Sie wird aber auch ihre Schwiegermutter um Verzeihung bitten für die harten Worte beim gemeinsamen letzten Sonntagsausflug, die ihr so herausgerutscht sind. Das wird ihr schwerfallen. Die alte Frau war so verletzt, daß sie erstmalig nichts mehr zu entgegnen wußte. Welch ein Sieg!?

Kann sie auch von der Verbissenheit ablassen, mit der sie bisher ihrem Mann das Rauchen abgewöhnen wollte? Überhaupt spürt sie mehr Toleranz den anderen gegenüber: ihren Nachbarn im Reihenhaus zum Beispiel, deren Hund stets in ihrem Garten nach

Maulwürfen gräbt, oder bei ihrem ältesten Sohn, der sich neuerdings mit Sicherheitsnadel im Ohr und roter Punkerfrisur schön findet. Vielleicht sollte sie sich selbst die Haare mal rot färben? Das erinnert sie an eine bestimmte Geschichte aus ihrer Therapie – sie muß lachen …

Sie platzt geradezu vor neuer Energie und Entschlossenheit. Und trotzdem hat sie ein wenig Angst vor dem nächsten Schritt, der ein Abschied und ein Neuanfang zugleich ist. In der Therapie hat sie gelernt, daß es immer wieder um das »Loslassen« geht. Und zu den Ankern, an denen sie sich nun nicht länger festhalten kann, gehöre auch ich, ihr Therapeut. Vier Wochen lang haben wir ihre (unsere) Themen und Schatten bearbeitet, sind ein Stück des Wegs gemeinsam gegangen, haben voneinander und miteinander gelernt. Sie ist zuversichtlich, daß sie ihr Leben besser schaffen wird als zuvor, und ich bin es auch.

»Der Lehrer«, sagt Fromm, »lernt von seinen Schülern, der Schauspieler wird von seinen Zuschauern angespornt, der Psychoanalytiker wird von seinen Patienten geheilt – vorausgesetzt, daß sie einander nicht wie leblose Gegenstände behandeln, sondern echt und schöpferisch zueinander in Beziehung treten.«

Und so geht sie, nach einer herzlichen Umarmung, gestärkt und mutig, zurück in die Welt, neuen Aufgaben entgegen. In mindestens einer Beziehung hat sie es besser als ich: Ihr gönnt das Leben nach soviel Erkenntnis vielleicht eine kleine Erholungspause, bevor sie mit den nächsten Schatten konfrontiert wird.

Meine Schatten dagegen liegen schon auf der Lauer: Im Wartezimmer geht die neue Klientin unruhig hin und her.

Teil III

# DAS ESOTERISCHE KONZEPT

## Äpfel vom Baum der Erkenntnis

Die philosophischen Grundlagen
der esoterischen Reinkarnations-Therapie

## 1 *Die Ausgangsfrage: Was fehlt Ihnen?*

Wenn jemand sich zu einer Psychotherapie entschließt, so hat er fast immer ein Problem:
Entweder es stimmt nicht mit seiner körperlichen Gesundheit. Keine Medizin, kein Arzt, keine Kur konnte helfen – er wird seine chronische Bronchitis einfach nicht los oder sein Asthma, die entsetzlichen Kopfschmerzen, die ihn so quälen, oder irgendeine andere Krankheit. Oder mit seiner Seele ist etwas nicht in Ordnung: Er hat Depressionen wegen der Pechsträhne im Beruf. In der Beziehung kriselt es seit langem. Ihm ist schon wieder eine Frau davongelaufen. Mit seiner Potenz klappt es zur Zeit überhaupt nicht. Oder, wenn es sich um eine Frau handelt: Sie hält es nicht mehr aus, daß ihr Mann sie ständig betrügt. Sie fühlt sich nach einer Brustoperation häßlich und nicht mehr begehrenswert. Sie leidet darunter, daß sie im Leben immer das Mauerblümchen gewesen ist. Sie kann keine Kinder bekommen.
Was auch immer das Problem sein mag, die Klienten kommen gewöhnlich mit drei festen Vorstellungen:

1. Sie haben etwas, nämlich ein Problem oder Symptom, das sie mit Hilfe des Therapeuten loswerden möchten: ihre Minderwertigkeitskomplexe, ihr Asthma, ihre Impotenz oder ihre Lebensangst.
   *Böses Symptom!*

2. Sie sind davon überzeugt, daß sie ihr Problem zufällig getroffen hat: Wäre er nicht auf die Party gegangen, so hätte seine Frau auch nie den anderen Mann kennengelernt, mit dem sie jetzt zusammenlebt. Hätte er damals, als er die Wahl zwischen zwei Stellen hatte, sich für die andere entschieden – nie im Leben gäbe es jetzt die Probleme mit dem widerwärtigen Abteilungsleiter. Und wäre sie an diesem verhängnisvollen Donnerstag zu Hause geblieben, nie wäre es zu dem Autounfall gekommen, dem sie die entsetzlichen Kopfschmerzen zu verdanken hat.

   *Böser Zufall!*

3. Sie sind sicher, daß sie an ihrer Situation keine Schuld trifft. Immer ist jemand anders der Sündenbock:

   Die unglückliche Erbanlage: Das Asthma liegt in der Familie, schon sein Vater und sein Großvater hatten damit zu tun, wenn auch längst nicht so schlimm. Die skrupellose Rivalin, die ihr den Mann weggenommen hat. Der widerliche Chef, der seine Mitarbeiter immer nur ausbeutet und dann fallenläßt. Der betrunkene Mercedesfahrer, der ihr mit sechzig hinten aufs Auto gefahren ist. Der Arzt, der bei der harmlosen Operation gepfuscht hat und nun dafür verantwortlich ist, daß sie keine Kinder bekommen kann. Böser Ehemann, böser Chef, böser Autofahrer oder böser Arzt.

   *Böse Umwelt!*

Mit diesen Vorstellungen suchen sich die Klienten nun also einen Therapeuten, der ihnen dabei helfen soll, ihr Problem aus der Welt zu schaffen.

Bei den meisten Psychotherapeuten treffen sie auf ebenso viel Zuversicht wie Verständnis: Selbstverständlich wird man alles unternehmen, um sie von dieser Last zu befreien. Das kriegen wir schon wieder hin. Aber zunächst müssen wir natürlich der Ursache des Problems auf die Spur zu kommen.

- Sie könnte in der Tatsache zu suchen sein, daß der Klient ohne Mutter aufwachsen mußte und nun in jeder Frau die Mutter sucht, vermuten die Psychoanalytiker und durchforsten sein Unbewußtes mit Hilfe seiner Träume.
- Möglicherweise hat sein Problem etwas damit zu tun, daß sein Vater ihn für ein bestimmtes Verhalten immer bestraft hat, sagen die Verhaltenstherapeuten und versuchen, ihn neu zu programmieren.
- Es könnte an seiner schwierigen Geburt liegen, sagen die Primärtherapeuten und verhelfen ihm zu einem erneuten, bewußten Geburtserlebnis.
- Die Ursache müßte in einem seiner früheren Leben zu finden sein, sagen Past-life-Therapeuten, schicken den Klienten auf Traumasuche in frühere Inkarnationen, und wenn sich dort etwa herausstellt, daß der Klient während der Französischen Revolution unter der Guillotine enthauptet wurde, so ist es doch nur zu logisch, daß seine ständigen Kopfschmerzen auf dieses Trauma zurückzuführen sind.

Wer von ihnen hat nun recht? Und, noch wichtiger: Wer hat mit seiner Methode Erfolg? Der Analytiker? Der Verhaltenstherapeut? Der Rebirther? Der Past-Life-Therapeut?
Alle haben recht. Denn es ist völlig gleichgültig, mit welcher Methode die Therapeuten auf Traumasuche gehen: Fündig werden sie in jedem Fall. Traumatische Erlebnisse gibt es nämlich in jedem Leben in Hülle und Fülle, auch in jeder Kindheit und während jeder Geburt, selbst der sanftesten. Ist eine mögliche Ursache erst mal aufgedeckt und den Klienten ins Bewußtsein

gerückt worden, dann geht es ihnen in der Tat oft tatsächlich besser. Und wenn sie dann der Therapeut gar noch von jeder eigenen Schuld freispricht, indem er ihnen »beweist«, daß ihre Probleme etwa auf eine Sturzgeburt zurückzuführen sind, oder darauf, daß ihr Vater die Mutter verlassen hat, als sie noch ganz klein waren – dann bessern sich ihre Symptome oder Beschwerden meistens spürbar. Manchmal verschwinden sie sogar ganz, und schließlich werden die Klienten als geheilt entlassen. Die Therapie war ein Erfolg.

Leider hat die Sache einen Haken: Bloß weil die Symptome verschwunden sind und ein paar Traumata bearbeitet, ist der Mensch in seiner Gesamtheit Körper-Seele-Geist noch lange nicht heiler geworden. An die Stelle des einen wegtherapierten Symptoms tritt mit Sicherheit ein anderes, das mit dem ersten scheinbar überhaupt nicht in Zusammenhang steht. Selbst die Schulmedizin kennt dieses Phänomen, sie nennt es »Symptomverschiebung«.

Jeder Mensch ist eine Einheit aus Körper, Geist und Seele. In dieser Dreierbeziehung stellt die Seele den Mittler, die Brücke, zwischen Geist und Körper her. Und wenn sie merkt, daß es zwischen den beiden Verständigungsschwierigkeiten gibt, funkt sie SOS. Hinter jeder Krankheit, jedem Leid, jedem Problem verbirgt sich immer ein SOS-Signal der Seele. (An dieser Stelle könnte man darüber nachdenken, warum der internationale Notruf tatsächlich »Save Our Souls« heißt.)

Manchmal läßt sich die Seele kurzfristig beruhigen. Etwa dann, wenn sie merkt, daß sich ihr »Mensch« – etwa beim Arzt oder beim Psychotherapeuten – ernsthaft mit sich selbst beschäftigt und sie die Hoffnung hat: Er kapiert es endlich! Aber wenn sie dann nach gewisser Zeit sieht, daß er ihren Hilfeschrei keineswegs begriffen hat, sondern lediglich seine Beschwerden loswerden will, dann ist es eine reine Frage der Zeit, bis sie sich etwas Neues einfallen läßt. Entweder schlägt die Allergie, die einige Zeit geschlummert hatte, nun wieder zu, und diesmal mit noch größerer Härte. Oder anstelle der ständigen Kopfschmerzen hat die Klientin nun Probleme mit der Bandscheibe.

Nein, der Seele ist nicht damit gedient, daß ein paar »Ursachen« ausgegraben worden sind. Im übrigen: Was sind denn die Ursachen der Ursachen? Was sind die Ur-Ursachen?

Die Seele will ja etwas ganz anderes. Sie möchte mit allem Nachdruck darauf hinweisen, daß ihr etwas Wichtiges fehlt. Und die eigentliche Frage, die einzig wichtige, müßte lauten: Ja, was fehlt ihr denn?

Nur – diese Frage stellt keine der oben erwähnten Therapieformen. Die sind ja alle damit beschäftigt, das aus der Welt zu schaffen, was zuviel ist: Das Problem. Die Kopfschmerzen. Die Depression. Was den Klienten fehlt, wollen sie gar nicht wissen. Genau dafür interessiert sich aber die esoterische Reinkarnations-Therapie. Und um das herauszufinden, verlangt sie von den Klienten gleich zu Anfang einige nicht so angenehme Dinge.

1. Sie müssen sich von dem Gedanken frei machen, daß der Therapeut ihnen dabei behilflich sein wird, ihre Probleme loszuwerden. Dem esoterischen Reinkarnations-Therapeuten sind diese äußeren Probleme zunächst scheinbar völlig gleichgültig. Er versteht das Symptom als Ausdruck von etwas ganz anderem, nämlich von dem, was den Klienten fehlt.

   Und dann wird er sich gemeinsam mit ihnen auf den Weg machen, um das Verlorene, Abgespaltene, ihre Schatten wiederzufinden. Erst wenn diese Schatten aufgespürt, von den Klienten bewußt angenommen und verwandelt worden sind, kann Heilung stattfinden. Dieser Weg führt oft geradewegs durch die Hölle, denn er konfrontiert die Klienten mit eben den Dingen, die sie im Außen bekämpfen oder ignorieren und analog dazu in die tiefsten Tiefen ihrer Seele vergraben haben und am liebsten dort nie mehr rausholen möchten.

2. Sie sagt ihnen klipp und klar, daß sie ihre Krankheit, ihr Unglück, Leid oder Schicksalsschlag keinesfalls zufällig getroffen hat. Es gibt keinen Zufall, sagt die esoterische Betrachtungsweise. Das, was dir passiert ist, war genau das, was du brauchst, um eine dir fehlende Lektion zu lernen. Eine Ursache dafür gibt es nur als funktionalen Zusammenhang, der aber nicht weiterhilft, wenn es darum geht, den eigentlichen Sinn der Lektionen zu verstehen.
3. Sie teilt ihnen unmißverständlich mit, daß sie sich von ihrer Vorstellung, unschuldiges Opfer böser Mächte zu sein, frei machen müssen – und daß sie sich alles, was ihnen widerfährt, letztlich selbst zuzuschreiben haben.
4. Sie erwartet von ihnen die Bereitschaft, sich mit der Frage nach unserem Woher und Wohin ernsthaft auseinanderzusetzen, selbst dann, wenn sie das vorher noch niemals getan haben und dieses Thema völliges Neuland für sie ist.
5. Sie zwingt sie zur Konfrontation mit einer Instanz, deren Existenz und Eigenschaften wissenschaftlich bestenfalls in Teilbereichen erfaßbar ist, die jedoch schon seit Jahrtausenden zentrales Thema menschlichen Interesses ist: die Seele.
6. Sie konfrontiert sie mit Betrachtungsweisen, die ihrem kausalen Denken möglicherweise diametral entgegengesetzt sind, zum Beispiel der Astrologie.
7. Sie erwartet von ihnen, daß sie die Vorstellung, schon viele Male gelebt zu haben, zumindest als Modell akzeptieren, auch dann, wenn sie selbst nicht an Reinkarnation glauben.

Wenn die Klienten diese schweren Brocken mit ihrem Intellekt geschluckt haben, dann geht es erst richtig los mit der Therapie. Keine schöne Vorstellung. Keine Therapie, bei der die Seele der Klienten gestreichelt wird. Aber die einzige, die sie letzten Endes wirklich ein wenig heiler machen kann. Weil sie den Klienten zeigt, wie sie ihr Schicksal tatsächlich erlösen können, und ihnen damit den Weg aus der Krankheit weist. Gehen muß jeder diesen Weg dann allein, Therapeut und Therapie sind nur die Wegweiser.

Die Klienten brauchen übrigens nichts, wirklich absolut nichts von Esoterik zu verstehen, damit die Therapie Erfolg hat. Sie brauchen nicht mal an Reinkarnation zu glauben. In den meisten Fällen funktioniert diese Methode trotzdem. Aber es ist absurd, eine Therapie, die neben der Besserung der Probleme auch dazu beitragen soll, das Bewußtsein zu erweitern, zu absolvieren wie einen Fahrkurs. Zum Autofahren braucht man kein Bewußtsein. Da reicht Konzentration und ein bißchen Fahrkenntnis. Anders hier: Wer sich auf die esoterische Reinkarnations-Therapie einläßt, der greift nach dem Apfel am Baum der Erkenntnis. Da ist es ratsam, vorher eine Idee davon zu haben, wie der Apfel schmeckt. Um es dann wirklich aus Erfahrung zu wissen, dazu muß jeder selbst reinbeißen. Deshalb werden in diesem Teil die wichtigsten Pfeiler der esoterischen Reinkarnations-Therapie erklärt.

## 2 *Das esoterische Weltbild*

Esoterik ist keine Erfindung unserer Zeit, sondern eine uralte Weisheitslehre: der Versuch, den Platz zwischen Himmel und Erde mit Erkenntnis zu füllen, und zugleich ein Weg zur Selbsterkenntnis. Ein faszinierendes Denkmodell, das den »Eingeweihten« – Dichtern, Mystikern und Philosophen, aber auch ganz durchschnittlichen Menschen, die auf der Suche nach Wissen um sich selbst und Wissen um die Welt waren – seit Jahrtausenden vertraut ist.

Wie das mit uralten Lehren so ist, gehen im Lauf der Zeit viele Einsichten verloren, werden verfälscht oder zu Zweckideologien verbogen. Trotzdem bleiben Wissensschätze, die zu heben es sich in der Tat lohnt. Zusätzlich zu dem »normalen« Verschleiß der reinen Lehre ist der jahrtausendealten Weisheitslehre der Esoterik im letzten Jahrzehnt das Unglück widerfahren, in Mode zu kommen. Das hat dazu geführt, daß alles, was auch nur den entferntesten Bezug zur Esoterik hat – von der Satansmesse über Hexenrituale und vom Tischrücken bis zur New-Age-Pseudo-Philosophie –, einer gewissen Verflachung zum Opfer gefallen ist. Die meisten der sogenannten esoterischen oder okkulten Phänomene und viele der dazu geschriebenen Bücher haben mit der Esoterik nicht mehr gemein als eine Obstkiste mit einem Apfelbaum. Wer die esoterische Spreu vom Weizen trennen will, braucht eine praktische Methode, die es möglich macht, Theorie und Erfahrung miteinander zu vergleichen und in Übereinstimmung zu bringen. Eine dieser Methoden ist die Reinkarnations-Therapie.

Wir wollen an dieser Stelle nur so weit in den Apfel esoterischer Erkenntnis beißen, wie uns dies notwendig erscheint, um das

Denkmodell der Reinkarnations-Therapie in großen Zügen zu verstehen. Umgekehrt soll deutlich werden, wie die Erfahrungen der Reinkarnations-Therapie fast ganz von selbst esoterische Theorien bestätigen.

### *Das Gesetz der Polarität*

Ein Grundpfeiler der Esoterik ist das Gesetz der Polarität. Es besagt, daß alle Dinge dieser Welt immer aus Gegensätzlichkeiten bestehen. Schöpfung wäre anders gar nicht möglich.
Seit der Erschaffung der Welt, also seit die Welt aus der Einheit in die Sünde (= Trennung) gefallen ist, ist der Mensch in der Polarität gefangen. Er begegnet nur noch Gegensatzpaaren: Mann und Frau, Tag und Nacht, Leben und Tod, Macht und Ohnmacht. Ob wir Elementarteilchen oder die Funktionsweise eines Computers betrachten, einen Picasso oder die Seele eines Menschen anschauen – wir finden die Vielfalt der Welt aus Gegensätzen aufgebaut, die ein bewußtes Wahrnehmen erst ermöglichen. Soweit scheint alles klar und einleuchtend, wäre da nicht ein schwerwiegendes Problem, das wir gar nicht gerne wahrhaben wollen, das aber in den Therapien sehr deutlich wird: In der Tiefe unserer Seele träumen wir immer noch vom Zustand ursprünglicher Einheit und Geborgenheit und wollen unser Getrenntsein davon nicht akzeptieren. Eigentlich haben wir gar keine Lust, eigenständig, individuell und erwachsen zu werden und uns mit der Welt der Polarität auseinanderzusetzen. Also versuchen wir, die verlorene Ur-Einheit durch Pseudo-Einheiten zu ersetzen: Dem Streben nach Macht liegt der Wunsch zugrunde, alles zu vereinnahmen und dadurch eine Art Ersatz-Einheit herzustellen. Dadurch, daß wir uns an die Macht klammern, versuchen wir verzweifelt,

einen dauerhaften und stabilen Zustand, ähnlich dem der ewigen Einheit, aufrechtzuerhalten. Und dadurch, daß wir »Böses« ins Unbewußte verdrängen, wiegen wir uns in der Illusion, ein anständiger und Gott gefälliger Mensch zu sein, dem die Himmelspforten bald wieder offenstehen.
Da nach dem Gesetz der Polarität der eine Pol aber stets den anderen bedingt, so wie auch eine Medaille immer zwei Seiten hat, wird es in dieser Welt nie möglich sein, sich auf Dauer mit nur einem Pol, einer Seite zu identifizieren. Deshalb führt das Streben nach Macht in die Ohnmacht, die Zucht in die Unzucht, das Festhalten in ein Fallengelassen-Werden, und aus dem Unbewußten bricht leidvolles Schicksal in unser Leben ein.
Dadurch, daß wir immer versuchen, nur die sonnige Seite zu sehen, drängen wir die dunkle in den Schatten. Und wenn eines Tages dieser Bereich übermächtig groß wird und zu bersten droht, dann kommen die Klienten in die Therapie, in der vergeblichen Hoffnung, ihren Schatten, der sich inzwischen durch Symptome lautstark zu Wort gemeldet hat, loszuwerden. Natürlich können sie die Schatteninhalte nicht loswerden. Was sie jedoch lernen können, ist, sie nicht länger zu bekämpfen, sondern sie wieder anzunehmen und zu integrieren. Kein Krieg ohne Frieden, keine Liebe ohne Haß, kein Einatmen ohne Ausatmen, nichts bleibt, wie es ist – Leben bedeutet Hin- und Herpendeln zwischen den Polen – so sagt es das Polaritätsgesetz, so bestätigt es sich in jeder Therapie, so zeigt es uns die Natur und das Leben, wenn wir wirklich sehen wollen.

Die Dualität der Schöpfung ist den meisten Religionen ein Dorn im Auge: Sie versuchen mit allen Mitteln, aber ohne den geringsten Erfolg, das Böse aus der Welt zu schaffen. Nicht so die Esoterik. Sie kämpft nie gegen das Böse oder für das Gute, erhebt

nie die Forderung, einem der beiden Pole zum Endsieg zu verhelfen. Der eine kann ohne den anderen nicht sein. Beide sind gleichermaßen notwendig, damit die Welt so ist, wie sie ist. Und da sind wir bei einer weiteren wichtigen Aussage:
Esoterik hat nicht zum Ziel, die Welt oder den Menschen in einem äußerlichen oder moralischen Sinn zu verändern. Das hieße ja, mit der Schöpfung als solcher nicht einverstanden zu sein. Esoterik nimmt die Welt an, versucht, sie immer besser zu sehen, zu verstehen, zu beschreiben und zu akzeptieren. Die Veränderung, die Esoterik bewirken kann und will, ist immer nur eine Veränderung der Sichtweise und des Bewußtseins. Die Welt ist, wie sie ist.
Die Art und Weise, wie Esoterik die Welt zu begreifen versucht, erscheint einem rational denkenden Menschen zunächst befremdlich:

### *Das analoge Denken*

Im Leben eines jeden Menschen gibt es unzählige Ereignisse, die sich in seiner Wahrnehmung zeitlich hintereinander anordnen. Wir sind gewohnt, sie durch kausales Denken miteinander zu verbinden. So macht es die Wissenschaft, so denken wir im Alltag: Wenn zuviel Alkohol, dann kaputte Leber; wenn ich zu schnell fahre und erwischt werde, muß ich Strafe zahlen; wenn ich mich teuer anziehe, falle ich positiv auf usw. Im Gegensatz zu diesem kausalen (oder linearen oder waagrechten) Denken kennt die Esoterik eine andere Art der Betrachtung: das analoge, synchrone, mehrdimensionale oder senkrechte Denken. Nehmen wir einen bestimmten Zeitabschnitt unseres Lebens, dann laufen in diesem Zeit-Raum eine Reihe von Geschehnissen ab, die sich kausal nicht miteinander verknüpfen lassen. Zwischen solchen Ereignissen, die offensichtlich nichts miteinander zu tun haben, kann das analoge Denken nun einen inneren, sinnhaften Zusammenhang herstellen.

Nehmen wir als Beispiel einen Vormittag im Leben des Herrn Eilig (es wird noch öfters die Rede von ihm sein): Schon in der Früh hat er leichtes Fieber ... Bei der Fahrt zur Arbeit beginnt der Kühler seines Autos zu kochen ... Sein Chef brüllt ihn völlig grundlos an ... Mit kausalem Denken gelingt es bestenfalls, jedes einzelne Ereignis zu verstehen: Fieber tritt auf, weil da ein Virus ..., Kühler kocht, weil Thermostat defekt ..., Chef tobt, weil der sowieso spinnt ...

Einen inneren Zusammenhang der verschiedenen Ereignisse kann die analysierende Logik nicht erkennen. Da ist sie blind. Ihre Blindheit nennt sie Zufall. Und genau an dieser Stelle beginnt das andere, das analoge Denken der Esoterik, das die Gleichzeitigkeit von Ereignissen zu verstehen sucht. Gleichzeitig heißt hier: innerhalb eines Vormittags. Sie sieht an obigem Beispiel neben den funktional-kausalen Ereignissen nämlich noch etwas anderes: Es gibt einen gemeinsamen Nenner, ein durchgängiges Thema für alle drei Situationen, das man *Überhitzung* nennen könnte. Unter dieser Betrachtungsweise könnte sich das scheinbar Zufällige in eine sinnhafte Aussage für Herrn Eilig verwandeln: »Auf verschiedenen Ebenen meines Lebens erfahre ich überschießende und ungeordnete Energie. Was bedeutet das für mich? Wie gehe ich damit um?« Diese Fragestellung beschäftigt sich mit dem Sinn und ist viel umfassender und tiefer als die andere, die sagt: »Welches Grippemittel hilft? Wer repariert meinen Kühler? Wie kann ich meinen Chef beruhigen?«

Analoges Denken verbindet Dinge, Situationen, Ereignisse dieser Welt miteinander, die wir normalerweise als etwas völlig vonein-

ander Getrenntes und Unabhängiges betrachten. Es steht nicht im Widerspruch zum logischen Denken, sondern ergänzt dieses. Anstelle »Warum?« fragt es: »Was bedeutet es? Welche gemeinsame Aussage steht dahinter? Wie geschieht es?«
Je nach Situation gilt es, waagrecht oder senkrecht zu denken. Wenn wir unser Auto reparieren wollen, dann genügt das kausale Denken. Wollen wir aber etwas über die inneren Zusammenhänge der Seele, unseres Lebens und des Schicksals wissen, dann ist das analoge Denken das Mittel der Wahl, denn es kann mir Antworten auf Fragen geben wie:
»Was bedeutet dieses und jenes in seinem Zusammenhang für mich?« »Welcher Sinn steht dahinter?« »Was will das Schicksal mir sagen?« »Welche Lernaufgabe kommt auf mich zu?« »Was ist der seelische Hintergrund für ein körperliches Symptom oder Ereignis?«
Analoges Denken benutzt die Muttersprache der Seele, um Wirklichkeit darzustellen: Bilder, Symbole und Gleichnisse. Im Gegensatz zum kausalen Denken, das immer ein eindeutiges Entweder-oder fordert, erlaubt das analoge Denken ein mehrdeutiges Sowohl-als-auch, denn ein Gleichnis gilt ja für Ereignisse auf verschiedenen Ebenen. Das Bild »Überhitzung« in unserem Beispiel zeigt sich sowohl im Körper als auch im Auto als auch beim Chef, und könnte sich noch auf tausenderlei andere Weise konkret darstellen.
So wie das kausale Denken sein Gesetz der Logik hat, so hat auch das analoge Denken sein Gesetz:

Ein weiterer Grundpfeiler der Esoterik ist das sogenannte hermetische Gesetz. Es lautet: »Wie oben, so unten.« Das analoge Denken der Esoterik kann nur dann erfolgreich sein, wenn es nicht willkürlich Zusammenhänge konstruiert, sondern auf einem Gesetz beruht, nämlich dem, daß die Welt nicht nur nach äußeren, kausalen Beziehungen geordnet ist, sondern auch nach inneren, sinnhaften. Da alles mit allem zusammenhängt, gelten auf allen Ebenen der Welt, also auf den oberen geistigen wie auf den unteren materiellen, analoge – ähnliche – Gesetzmäßigkeiten. Eine davon haben wir z. B. schon beim Polaritätsgesetz kennengelernt: Wenn eine Kraft wirkt, dann wirkt stets auch eine Gegenkraft – und das gilt nach dem hermetischen Gesetz auf allen Ebenen, in der Physik genauso wie in der Seele. In der Physik heißt es Actio = Reactio, im Zusammenhang mit der Seele heißt es Karma.

Das hermetische Gesetz ist keine so neue und absonderliche Erfindung von einigen Esoterikern. Es geht auf die Überlieferung des Hermes Trismegistos zurück, der als Priester und Eingeweihter im alten Ägypten lebte. Es findet sich aber auch in der Schöpfungsgeschichte der Bibel, dort, wo es heißt: »Gott schuf den Menschen ihm zum Bilde« – also sich selbst ähnlich. Eine solche Aussage mag schmeichelhaft für uns Menschen klingen, wollten wir doch immer schon so sein wie Gott. Fürs erste erkennen wir uns aber nur als armselige Götter. Der Weg zu unserer wirklichen Göttlichkeit führt über den harten Pfad der Selbsterkenntnis. Um darauf voranzuschreiten, brauchen wir nicht nur die Kenntnis abstrakter Gesetze, sondern praktikable Konsequenzen daraus. Formulieren wir das hermetische Gesetz »Wie oben, so unten« einmal mit den anderen Begriffen »Wie innen, so außen«, dann haben wir eine Betrachtungsweise mit enormer Dynamik und Konsequenz in der Hand.

*Umwelt als Spiegel*

»Wie innen, so außen«, dieser rätselhafte Satz heißt im Klartext: Alles, was sich in der Innenwelt des Menschen abspielt, spiegelt sich analog in der Außenwelt wider – und umgekehrt. So betrachtet, müssen wir, um zu Selbsterkenntnis zu kommen, gar nicht unbedingt das Innere unserer Seele erforschen.
Wenn wir etwas über uns selbst erfahren möchten, so brauchen wir nur unsere Welt um uns herum anzuschauen. Dabei können wir unseren Körper zur Umwelt dazurechnen. Sie ist dazu da, um uns zu zeigen, wer wir sind und wo unser Weg verläuft. Allerdings müssen wir »richtig« hinsehen: Statt, wie gewohnt, nur auf logische Zusammenhänge zu achten, kommt es jetzt darauf an, die Ereignisse des Alltags als Anzeigetafeln zu verstehen, als Gleichnisse und Symbole für das, was in unserer Seele vor sich geht. In unserem Beispiel leidet die Seele des Herrn Eilig an »Überhitzung«. Weil er fast immer unter Druck steht, nimmt er ihn schon gar nicht mehr wahr, er hat auch gar keine Zeit, nach innen zu schauen. Muß er auch gar nicht. Es würde genügen, die entsprechenden Signale dieses besagten Vormittags zu verstehen: Überhitzung des Körpers, Überhitzung des Kühlwassers, Überhitzung des Chefs – und schon würde es Herrn Eilig siedend heiß ins Bewußtsein treten: »In Wirklichkeit kocht es in mir, ich stehe unter Druck. Alles andere sind nur analoge Beispiele dafür.« Wohlgemerkt, die äußeren Ereignisse treten nicht auf, *weil* die Seele überhitzt ist, auch überhitzt sich die Seele nicht, *weil* der Chef schreit, sondern alle Ereignisse laufen synchron, ohne kau-

sale Verbindung. Selbst wenn es gelänge, eine solche zu finden, für die analoge Betrachtungsweise würde es keine Rolle spielen, denn ihre Aussagen sind ganz andere.
Wenn Herr Eilig seiner Frau also am Abend berichtet, der Chef habe ihn völlig grundlos angeschrien, dann sucht er noch nach einer kausalen Erklärung – aber selbst wenn er sie fände, zur Selbsterkenntnis würde sie ihm nichts nützen.
Sobald wir einen Schuldigen in unserer Umgebung gefunden haben, den wir für das, was uns widerfährt, verantwortlich machen, ist es vorbei mit der Chance, etwas über uns selbst zu lernen. An Schuldigen ist kein Mangel. Ganze Wissenschaftsbereiche, wie z. B. die Soziologie, beschäftigen sich damit, sie dingfest zu machen – mit unwiderlegbarer Beweisführung, versteht sich. Doch wir selbst kommen damit nicht weiter. Erst wenn es gelingt, und sei es nur für einen kurzen Augenblick, den kühnen Gedanken zu Ende zu bringen, daß wir ganz allein, jeder einzelne für sich, verantwortlich sind für unser Schicksal, dann erfahren wir etwas über den Sinn unseres Lebens. Dann fällt auch der Zwang von uns ab, die Welt um uns um jeden Preis ändern zu müssen – es genügt, wenn wir unser Bewußtsein, unsere Sicht der Dinge ändern. Bis dahin ist es jedoch ein weiter Weg. Bis wir soweit sind, brauchen wir oft noch einen Sündenbock. In den seltenen Fällen, in denen sich kein Schuldiger finden läßt, muß der Zufall herhalten. Also schauen wir uns diesen genauer an:

### *Warum es keinen Zufall geben kann*

Zufall ist für das kausale Denken all das, was nicht in das Gesetz von Ursache und Wirkung paßt. Für die meisten von uns ist er außerdem eine Instanz, der wir die Verantwortung für etwas zuschieben, an dem wir uns gern unschuldig fühlen möchten. Er dient zur Rechtfertigung und Entschuldigung, im juristischen wie im moralischen Sinn, und ist uns deshalb oft sehr willkommen. Obgleich der Begriff an sich im Grunde wertfrei ist, verwenden wir ihn meist im Zusammenhang mit negativen, unerfreulichen Ereignissen. Daß der Kühler von Herrn Eilig gerade an diesem Vormittag, wo es ihm sowieso nicht gutging, zu kochen anfing, das ist einer dieser »dummen Zufälle«. Einen glücklichen Zufall, den es natürlich auch hin und wieder gibt, bezeichnen wir gern als »Fügung«.

Anders als die Wissenschaft geht die Esoterik davon aus, daß die Ordnung dieser Welt eine innere, sinnhafte ist, die sich gerade dann auch zeigt, wenn es um »Zufälligkeiten« geht. Alles, was das Leben an uns heranträgt, ist vom Schicksal sorgfältig ausgesucht, hinsichtlich Inhalt und Zeitpunkt. Das, was uns zu-fällt, fällt uns gesetzmäßig zu, nicht nur nach logischen Gesetzen, sondern nach dem hermetischen Gesetz der Analogie. »Schicksal« bedeutet übrigens wörtlich: »das dir zum Heil Geschickte«.

Was aber ist Schicksal, wo ist es zu Hause, und läßt es unter Umständen mit sich handeln? Fragen, die sich schwer beantworten lassen. Soviel aber scheint festzustehen:

1. Es ist unbestechlich, läßt sich weder von Freud noch von Leid anrühren. Jeder Versuch, das Schicksal zu betrügen, scheitert. In den alten Mythen unterstehen ihm selbst die Götter.
2. Es ist nicht blind, sondern folgt einem Entwicklungsplan, der letztlich immer auf unser Heil hinwirkt.
3. Auf allen Ebenen der Schöpfung, vom Staubkorn bis zur Galaxie und natürlich in der Tiefe der menschlichen Seele, hat es seine »Filialen«.

4. Schicksal, so könnte man sich vorstellen, ist so etwas wie die Exekutive Gottes.
5. Wir können Entwicklungsaufgaben ablehnen, dann werden sie zu hartem Schicksal. Wir können diese Aufgaben bewußt und freiwillig annehmen, denn wird Schicksal zur Chance, unseren Entwicklungsplan kennenzulernen, dann wird es zum Führer auf dem Weg zur Selbstfindung.

Das sind keine sehr tröstlichen Aussagen für jemand, der gerade verzweifelt fragt: Warum kriege ich mit dreißig Jahren Krebs? Warum hatte ich diese trostlose Kindheit? Warum hat mich meine Frau verlassen? – Das sind die Fragen, die in jeder Reinkarnations-Therapie viele Male gestellt werden.
Die Antwort wird aber immer die gleiche sein: Weil das für dich richtig war. Weil das Schicksal dich dadurch zwingt, dich mit einem bestimmten Thema auseinanderzusetzen. Manchmal kennt das Schicksal kein Pardon und fordert die Menschen gleich von Anfang an. Etwa dann, wenn die Mutter bei der Geburt stirbt – damit derjenige die Erfahrung macht, wie es ist, ohne Mutter aufzuwachsen. Ohne diese Erfahrung könnte seine Entwicklung nicht weitergehen. Doch meistens fragt es vorher einige Male höflich an, bringt das Lernthema zur Sprache und schaut, ob der Betreffende es annehmen möchte:
Bei Herrn Eilig hat das Schicksal an besagtem Vormittag dreimal angeklopft – das Fieber, der kochende Kühler, der wütende Chef. Es wollte ihm in etwa folgendes mitteilen: »In deinem Leben ist zuviel Streß, zuviel Karrieredenken. Du sollst in der aktuellen Situation mal wieder abschalten, dir Ruhe gönnen, dich um deine Gefühle, deine Frau und deine Kinder kümmern.« Herr Eilig hört nichts. Schicksal sagt: »Spür deinen überhitzten Körper, er will nicht aufstehen heute morgen.« Herr Eilig ignoriert es. Schicksal

weiter: »Dein Auto bleibt stehen, tu langsam, kehr um.« Herr Eilig flucht. Schicksal: »Der Chef schreit, höchste Zeit, dich deinem Thema Beziehung zuzuwenden. Gefühle sind am Kochen. Karriere ist heute nicht dran!« Ob Herr Eilig es diesmal versteht?
Erst wenn das alles nichts nützt, fährt das Schicksal schärfere Geschütze auf. Es schickt Krankheit anstelle von ein bißchen Fieber, es schickt Leid anstelle von Ärger und Zerstörung anstelle von Aggression.
Bei Herrn Eilig könnte dies im ungünstigen Fall so aussehen: Sein Fieber stellt sich als der Beginn einer schlimmen Nierenbeckenentzündung heraus, seine Frau verläßt ihn, er verliert seinen Job. Wo bleibt das Heil, zu dem das Schicksal Herrn Eilig bringen wollte? Das Heil kann in dem Augenblick beginnen, in dem Herr Eilig aufwacht, sein Bewußtsein wandelt. Dies mag im Krankenhaus, auf der Wartebank des Arbeitsamtes oder an langen, einsamen Abenden eher der Fall sein als in seiner bisherigen Lebenssituation.
Schauen wir aber auch die optimistische Variante an, bei der es bei Herrn Eilig schon im Laufe eines Vormittags zu einem Aha-Erlebnis kommen könnte: Nachdem er seinem Chef ohne Rücksicht auf seine weitere Karriere endlich die Meinung gesagt hat, kauft er seiner Frau einen Strauß Rosen und fährt mit der U-Bahn nach Hause, verbringt einen ruhigen Abend und ist am nächsten Tag fieberfrei und wohlgelaunt.

Schicksal ist eine Herausforderung, die zwar nicht mit sich handeln läßt, die aber viele Möglichkeiten der Einlösung bietet. Wir haben die Wahl ... Damit wir wählen können, müssen wir jedoch verstehen lernen, was Schicksal sagt und will. Es spricht in der Sprache der Analogie. Wie kommt man etwa auf die Idee, daß

Auto ein Symbol für Beziehung ist, Wasser ein Symbol für Gefühl, und wie ergibt sich gar die absonderliche Behauptung, daß ein kochender Kühler im Zusammenhang mit Fieber auf eine Harnwegsinfektion schließen läßt?
Damit sich die Zufälligkeiten unseres Lebens entschlüsseln, bedarf es meist einer Übersetzung von konkretem Ereignis in den entsprechenden Klartext. Viele Menschen haben dafür eine erstaunlich gute Intuition. Andere brauchen ein Wörterbuch. Die Astrologie ist ein solches. Wer es im richtigen Sinn zu benutzen versteht, hat damit auf seinem Weg der Selbsterkenntnis ein mächtiges Werkzeug in der Hand:

### *Die Astrologie*

Das, was für das waagrechte, kausale und wissenschaftliche Denken die Mathematik ist, ist für das senkrechte, analoge und sinnhafte Denken die Astrologie. Zwar arbeitet auch die anerkannte Naturwissenschaft mit Analogien – jedes Meßinstrument ist ein Beispiel dafür –, und die Astrologie verwendet Mathematik in Form von Astronomie, doch darüber hinaus haben beide Methoden nur so viel gemeinsam wie die senkrechten und waagrechten Fäden, aus denen ein Tuch gewebt wird. Beide Denkrichtungen sind notwendig, um das Gewebe der Welt verstehen zu können. Ein Streit darüber, wer recht hat – die Wissenschaft oder die Astrologie –, ist sinnlos, denn die Argumente müssen aneinander vorbeigehen.
Astrologie ist trotz der mathematischen Berechnungsmethoden eher eine Kunst als eine Wissenschaft, denn das analoge, mehrdeutige Denken erfordert neben dem Wissen um Zuordnungen viel Intuition und Erfahrung. Aber selbst einem mittelmäßigen

Astrologen ist es möglich, Aussagen über einen Menschen zu machen, die oft verblüffend stimmig sind, obgleich er diesen Menschen noch nie gesehen hat. Kein Wunder also, daß von der Astrologie eine große Faszination ausgeht.

Der vielzitierte »Blick in die Zukunft« hat allerdings nichts mit seriöser Astrologie zu tun, dafür viel mit Scharlatanerie. Zwar ist es möglich, zukünftige Lernaufgaben eines Menschen zeitlich präzise vorauszusagen, aber nur als Thema, nicht in bezug auf konkrete Ereignisse. Dafür wäre ein Hellseher zuständig – aber das ist ein anderes Kapitel. Um es am Beispiel der Astrologie nochmals zu wiederholen: Es stimmt absolut nicht, daß die Sterne für die Ereignisse und Schicksalsschläge im Leben eines Menschen kausal verantwortlich sind. Die Sterne haben nicht den allergeringsten Einfluß auf unserer Schicksal. Sie sind nur die Anzeigetafeln, auf denen jemand, der die Kunst der astrologischen Deutung versteht, sich selbst, seine Aufgaben und die Absichten des Schicksals zu erkennen vermag.

Und Astrologie ist natürlich auch nicht das, was man jeden Tag in der Zeitung bei seinem Sternzeichen lesen kann, unter der Rubrik: »Was sagen dir die Sterne heute?«

Wenn Astrologie also all das, was viele vermuten, nicht ist und nicht tut – was dann?

Astrologie beschäftigt sich mit der Bedeutung von Dingen und (scheinbar zufälligen) Ereignissen des Alltags mit dem Ziel, die Gesetzmäßigkeiten und Aussagen des Schicksals zu entschlüsseln.

Sie reduziert die Vielfalt aller Erscheinungen auf 12 Urprinzipien, aus deren Kombination sich alle Dinge dieser Welt zusammensetzen. Die Urprinzipien stellen sich durch die symbolischen Kürzel der 12 Tierkreiszeichen dar. Jedes Prinzip hat Tausende von konkreten Entsprechungen auf allen Ebenen des Daseins. Sie zu finden, zu ordnen und darzustellen ist eine Aufgabe der Astrologie. So entsteht ein »Wörterbuch des senkrechten Denkens«. (Mehr darüber in dem Buch von Nicolaus Klein und Rüdiger Dahlke: »Das Senkrechte Weltbild«.)

Nehmen wir zum Beispiel das Prinzip des Widders: Ihm entspricht in der Analogie eine bestimmte spontane Art von Feuer und Hitze, Aggression und Kampf, aber auch Selbstverwirklichung – im Beispiel von Herrn Eilig ist es das Fieber, das Überkochen, die Wut des Chefs.

Oder das Tierkreiszeichen Krebs: Ihm entspricht eine Qualität des Wassers, es geht um Gefühle und Weiblichkeit, um eine passive Haltung des Aufnehmens – bei Herrn Eilig ist es in der Analogie das Wasser im Kühler seines Autos.

Die Kombination der zwei Prinzipien Widder und Krebs kann mit »heißem Wasser« übersetzt werden oder mit »überhitztem Gefühl«. Herr Eilig erlebt es auf drei Ebenen: als Aggression des Chefs, als kochendes Wasser im Kühler, und auf der Körperebene zeigt sich das Symptom Fieber. Warum hat er Fieber? Da es bei den anderen beiden Ebenen um Wasser = Gefühl (senkrechtes Denken) geht, liegt die Vermutung nahe, daß die Ursache (jetzt kausales Denken innerhalb der Körperebene auf der Waagrechten!) für das Fieber nicht etwa eine Grippe ist, sondern auch mit Wasser, diesmal innerhalb des Körpers, zu tun hat – und dafür ist unter anderem die Niere zuständig. Hätten seine Bremsen blokkiert und gequalmt, dann ginge es um ein Steinbock-Thema, und man würde das Fieber eher in Zusammenhang bringen mit einer Steinbock-Entsprechung des Körpers, den Knochen oder der Haut.

Für einen Schulmediziner müssen solche Überlegungen wie blanker Hokuspokus klingen. Daß diese Sicht der Dinge aber oft ins Schwarze trifft, mag folgendes Beispiel aus der Praxis zeigen:

*Frau X ist wegen eigener Probleme in Therapie. Beiläufig erzählt sie von ihrem dreijährigen Sohn, der seit Wochen krank ist. Die Schleimhäute an seinen Augen sind geschwollen und entzündet, morgens bekommt er die Augen kaum auf, und außerdem läuft ihm der Eiter aus seinen entzündeten Ohren. Antibiotika helfen nicht.*
*Sie erzählt auch, daß der Kleine sich vor einem halben Jahr mit einem Hammer ein Streichholz ins Ohr getrieben hatte, so daß er am Trommelfell operiert werden mußte. Der Sohn hat den Mars am Krebs-Aszendenten.*
*Krebs bedeutet Gefühl, Verletzlichkeit, Mutter, Milch, Wasser, Niere, Ohren, Tränen. Widder = Mars bedeutet Aggression, Offensive, Selbstverwirklichung, Entzündung, die Farbe Rot.*
*Ähnliches heilt (siehe Kapitel Homöopathie). Deshalb bekam die verblüffte Mutter ein »Rezept« für ihren Sohn: »Wasserpistole in Rot, gefüllt mit Milch (notfalls tut's auch Wasser).«*
*Frau X zögerte: Militantes Spielzeug hatte sie ihrem Kind aus Überzeugung bisher stets verboten. Sie hat es trotzdem versucht: Der Kleine war, kein Wunder, begeistert, und es hat ihm tatsächlich geholfen. Am nächsten Tag war die Augenentzündung fast abgeklungen, kein Eiter lief mehr aus den Ohren, nur noch ein paar Krusten waren zu sehen. Und der Erfolg hat angehalten …*

Natürlich sind solche Erfolge Sternstunden der Astrologie, doch sie zeigen die Vorgehensweise sehr deutlich.

Wenn wir nun wissen möchten, wie die Kombination der 12 Urprinzipien bei einem bestimmten Menschen aussieht, dann machen wir sein Horoskop auf den Zeitpunkt seines ersten Atemzuges bei der Geburt. Es würde an dieser Stelle zu weit führen, dieses im Detail zu erläutern. Soviel sei aber dazu gesagt: Das Horoskop ist ein Kreis, in dem neben den 12 Tierkreiszeichen auch noch die Häuser (=Lebensbereiche), die Planeten (= dynamischer Teil der Tierkreiszeichen) und die Aspekte (= Beziehungen der Planeten untereinander) eingezeichnet sind. Rein rechnerisch ergeben sich daraus mehr individuelle Kombinationen für mögliche Horoskope, als bisher Menschen auf der Erde gelebt haben. Das Ganze ist ein mathematisch-grafisches Werk der Astronomie und wird deshalb am besten vom Computer hergestellt. Es dient dem Astrologen oder Reinkarnations-Therapeuten als abstrakte, analoge Anzeigetafel für die Strukturen eines Menschen. Was kann er aus dem Horoskop erkennen und was nicht?

Fangen wir mit dem an, was die Astrologie nicht kann: Da das Horoskop ein Instrument des senkrechten Denkens ist, sind seine Aussagen immer vieldeutig, das macht ja gerade die Interpretation so schwierig. Es ist also nicht möglich, aus dem Horoskop die konkrete Ebene zu entnehmen, auf der der betreffende Mensch es lebt. Ob er etwa seine Skorpion-Betonung als Zahnarzt lebt, als Querulant, als Triebtäter, Höhlenforscher oder Reinkarnations-Therapeut – das steht nicht im Horoskop, aber irgendeine Entsprechung aus dieser noch beliebig zu verlängernden Skorpion-Kette wird es sein.

Ebenso ist aus dem Horoskop heraus nicht mit Sicherheit zu erkennen, welche Seelenteile der betreffende Mensch derzeit ins Unbewußte verdrängt hat.

Interessanter wird es, wenn wir danach schauen, was ein Horoskop sagen kann: Es zeigt uns sowohl die Anordnung, Gewichtung und gegenseitige Beziehung der individuellen Seelenteile eines Menschen als auch die zeitliche Abfolge der Entwicklungs- und Lernaufgaben. Es zeigt ein ganz individuelles Grundmuster, aus dem sich ergibt, wer wir waren, wer wir sind und wer wir sein könnten und sein werden. Dieses Muster ist zeitlos und sich selbst stets ähnlich. Wir können daraus unsere aktuellen wie potentiellen Problemthemen ebenso ablesen wie unsere Möglichkeiten und Fähigkeiten. Das gilt für alle Lebensbereiche. Wir können Aussagen treffen über Körperdispositionen, berufliche Dinge, Kindererziehung, Partnerschaft, mentale und emotionale Anlagen und vieles mehr.

Das Bemerkenswerte darin ist, daß diese Aussagen objektiv sind – im Rahmen einer subjektiven, aber nicht willkürlichen Interpretation. Wer wir wirklich sind – das müssen wir uns nicht länger von unseren Partnern, den Lehrern, Pfarrern oder Psychologen sagen lassen, wir müssen auch nicht an uns selbst herumrätseln – das Horoskop sagt es im Prinzip klipp und klar. Natürlich besteht die Versuchung, sich jetzt von seinem Astrologen sagen zu lassen, wer man ist – aber es gibt noch eine andere Möglichkeit, sich selbst, seinen Weg und sein Horoskop kennenzulernen: Reinkarnations-Therapie.

### *Astrologie in der Reinkarnations-Therapie*

In einer astrologischen Beratung hält der Astrologe über das Horoskop seines Klienten einen Monolog, im günstigen Fall wird daraus ein Dialog. Der Klient kann glauben, was ihm gesagt wird – oder nicht. In der Reinkarnations-Therapie geht es umgekehrt. Der Therapeut wirft zwar einen Blick auf das Horoskop seines Klienten, lächelt vielleicht vielsagend, sagt aber erst mal nichts. Dafür erzählt der Klient aus dem Zustand der Trance heraus um so mehr. Seine Seele drückt sich direkt in Bildern, Geschichten, Symbolen aus und offenbart dadurch ihr Wesen auf viel ehrliche-

re und lebendigere Art, als der Klient dies jemals in einem normalen Gespräch, das ja noch über die Kontrollfilter des Verstandes läuft, könnte. Und meist fügen sich die nun sichtbar werdenden seelischen Strukturen des Klienten so zwanglos und passend in das Muster des Horoskops ein, daß es fast wie ein Wunder erscheint.
Nach einer Therapiesitzung weiß der Klient oft mehr über sich als nach einigen astrologischen Beratungen. Vor allem aber hat er es emotional erfahren – und er weiß und fühlt es ganz allein aus sich selbst heraus. Das Horoskop bestätigt nur noch: »Ja, genau das bist du. So und nicht anders bist du gemacht und gewollt. Du kannst dir deiner sicher sein. Du brauchst dich nicht länger an anderen Normen und Werten orientieren, die dich dir möglicherweise selbst entfremden.«

Was aber passiert, wenn der Klient sich auf der Bilderebene in früheren Leben befindet? Müßte er dann nicht ein ganz anderes Horoskop durch seine Bilder beschreiben? War er damals nicht ein ganz anderer Mensch? Erstaunlicherweise hat noch nie ein Klient in seinen früheren Leben etwas erlebt, was sich mit seinem heutigen Horoskop nicht in Einklang bringen ließe. Es sieht so aus, als wäre das Horoskop durch alle Leben hindurch stets gleich oder zumindest ähnlich. Wie ist das zu erklären?
Es ergibt sich aus dem bisher Gesagten: Das Horoskop stellt das abstrakte Grundmuster einer individuellen Seele dar, unabhängig von Raum und Zeit. Jede Inkarnation ist eine mögliche Entsprechung und konkrete Ausformung ein und desselben Menschen. Die Kulissen und konkreten Aufgaben variieren um immer dieselben Grundthemen und Entwicklungsaufgaben. Das ist ähnlich wie in der Grundschule, als wir das Multiplizieren lernten: Es gibt unzählige verschiedene Rechenaufgaben – 3 x 5, 12 x 7, 5 x 23

usw., die aber nur dem einen Zweck dienen, nämlich das Prinzip des Multiplizierens zu erlernen.
Durch alle Zeiten hindurch hat der Mensch nur die eine Aufgabe, sich mit sich selbst auseinanderzusetzen. Die Entwicklung der Seele verläuft in Spiralen. Jeder Kreis ist ein Leben, und jeder Kreis, den ein Leben dreht, liegt über oder unter einem anderen analogen Kreis. Schauen wir von oben auf die Spirale und projizieren alle Kreise auf eine darunterliegende zweidimensionale Ebene, so sehen wir dort unten unser Horoskop. Durch alle Leben hindurch ist es ähnlich.
So haben wir immer dieselben Prinzipien zu bearbeiten, nur eben auf verschiedenen Ebenen. Leidvolle Erfahrungen sind ein Zeichen dafür, daß die Auseinandersetzung (noch) auf einer sehr unbewußten und unerlösten Ebene stattfindet. Dem Schicksal ist es erst mal egal, ob wir z. B. ein Fische-Prinzip im Suff und in der Sucht leben oder meditierenderweise und voller Hingabe an das Leben. Esoterik ist ein Hilfsmittel, damit wir uns bewußter von den unerlösteren zu den erlösteren Entsprechungen eines Prinzips hin entwickeln können. Die Prinzipien selbst, wie sie sich im Horoskop eines Menschen darstellen, sind nicht veränderbar.

Was ist mit all den anderen Menschen, die während einer Sitzung in einem früheren Leben eines Klienten vorkommen und für ihn eine Rolle spielen? Haben die auch alle ein ähnliches Horoskop wie der Klient? – Nein, das nicht. Sie haben aber ein Horoskop, das mit dem des Klienten in Zusammenhang steht. An dieser Stelle wollen wir nicht weiter erläutern, wie sich dieses berechnen und verstehen läßt, sondern verweisen hierzu auf entsprechende Literatur (Peter Orban/Ingrid Zinnel: »Personare«, rororo, 1992).

Wichtig ist jedoch dies: All die Personen, die in früheren oder im jetzigen Leben eines Menschen vorkommen, sind Resonanz- und Spiegelflächen für eigene, innere Themen. Sie tauchen nicht zufällig auf, sondern gesetzmäßig. Denn sie wollen dem Betreffenden etwas von außen vorführen, was er in seinem Inneren ans Unbewußte verloren hat. Wenn Herr Eilig seine Aggression, das Prinzip des Widders, in sich selbst nicht mehr spüren kann oder mag, dann wird das Schicksal eben eine äußere Situation arrangieren, in der er diesem Thema als Person verkleidet begegnet: im Beispiel von Herrn Eilig eben als der schreiende Chef. Je fremder ihm das Thema innerlich, desto fremder und anonymer wird ihm die äußere Figur sein, und desto größer auch der Leidensdruck.
Je vertrauter hingegen die Lernthemen sind und je größer die Bereitschaft, Fehlendes anzunehmen, um so größer die Aussichten auf Heilung.

*Heilung*

Sünde ist, so haben wir erläutert, Abgetrenntsein von einer größeren Einheit. Es ist der diabolische (= in eine Vielzahl von Einzelteilen zerwerfende) Teufel, der als Symbolfigur für die Sünde steht. Er ist der Herr dieser Welt der Gegensätze, an der auch wir teilhaben, ob wir wollen oder nicht.
Der Sünde und damit der Zweiheit wohnen zwei gegensätzliche Tendenzen inne, die stets im Widerstreit miteinander liegen. Die eine versucht, das Zerwürfnis noch größer zu machen, so lange, bis alle Möglichkeiten dieser Welt ausgekostet sind.
Den Endpunkt dieses Strebens finden wir in der Reinkarnations-Therapie markiert durch die Erkenntnis des Klienten, daß ihn alle

Macht dieser Welt und alle damit verbundenen Möglichkeiten nicht glücklich machen. Die gegenläufige Tendenz möchte aus der Zweiheit wieder eine Eins machen. Wir nennen sie die Sehnsucht nach Einheit oder das Streben nach Heil, Ganzheit, Erlösung. Dieser Weg ist nach unserer Auffassung nur möglich, indem man vorwärts durch die Welt geht und auch durch die Sünde. Doch wie kann aus der Sünde Heilung entstehen?

Heilung erreicht natürlich nicht der, der blind, rücksichtslos und egoistisch durch die Welt der Sünde stolpert. Heilung setzt den Prozeß der Transformation voraus: die Fähigkeit und Bereitschaft, verdrängte und als böse empfundene Schatten nicht nur aus dem Unbewußten zu holen, sondern diese auch anzunehmen und durch Liebe und Bewußtsein zu verwandeln. Gelingt uns das, so wäre dies der letzte Schritt der Synthese: ein Augenblick voller Geheimnis, voller Unlogik und Paradoxie, voller Mythos, voller Hingabe und Öffnung, voller Staunen, eine wirkliche alchimistische Wandlung und Transmutation.

Die schwarze Schattenfestung würde sich in die Gralsburg verwandeln, der Teufel würde seine ursprüngliche Gestalt als Engel wieder annehmen, der verzauberte Frosch wäre wieder Prinz. Die Welt, der Mensch wäre für diesen Augenblick erlöst, Heilung geschieht, Polaritäten heben sich auf – Einheit ist. Das Herz, die Liebe spielt dabei die Schlüsselrolle. Sie ist der große Transformator, mit der allein es gelingt, die Pole der Welt wieder zu vereinen und Macht in Stärke zu verwandeln, Ohnmacht in Demut. Es wäre eine Illusion, zu glauben, daß man den letzten Schritt der Erlösung erzwingen oder herbeitherapieren könnte. Man kann sich nur für dieses Geschenk immer mehr öffnen lernen. Das wußten schon die alten Alchimisten, die ihre Abhandlungen stets mit dem Satz beendeten: »So Gott will.«

Reinkarnations-Therapie ist deshalb keine Schnellstraße ins Paradies. Sie kann jedoch dazu beitragen, daß ein Mensch vielleicht zum ersten Mal in seiner Entwicklungsgeschichte diesen Weg sieht, der ihn erlösen kann. Die nächsten 100 (?) Inkarnationen wird er brauchen, ihn zu gehen. Daß dieser Weg durch die »Sünde« aus esoterischer Sicht der einzig mögliche ist, verdeutlicht auch die Homöopathie.

*Homöopathie*

Ein greifbares und überprüfbares Beispiel für einen Prozeß, in dem durch Integration von etwas Fehlendem zumindest ein Heiler-Sein erreicht werden kann, ist die Homöopathie.
Das Fehlende ist stets das, was aus der Müllkippe des Unbewußten hervorgeholt werden muß, also etwas, das übel und giftig von dort unten auftaucht. Wird es in gesäuberter Form dem bewußten Ich eines Menschen hinzugefügt, so entsteht eine größere Ganzheit.
Krankheit erleben wir stets über Symptome, die uns daran erinnern, daß da in unserem Unbewußten ein Müllhaufen existiert, auf dem all das landet, was unser Bewußtsein loswerden möchte: In der Therapie bezeichnen wir diesen Seelenmüll als unsere Schatten. Natürlich sind es die Schatten*inhalte* (nicht aber der Schatten*zustand* des Unbewußten), die uns zum Heilsein fehlen.
Was genau das Fehlende ist, erfahren wir in unserem Alltagserleben in verschlüsselter Form über das Symptom. Symptome sind Ausdruck des Fehlenden. Unsere normale (allopathische) Reaktion auf Symptome ist die, daß wie sie weg haben möchten. Sie werden bekämpft, ein Gegenmittel wird gesucht. Das aus dem

Müll hervorquellende und krankmachende Gift soll wieder zurückkehren, dahin, wo es hergekommen ist.
Nicht so die Vorgehensweise der Homöopathie. Sie sagt: »Laß das Symptom kommen, verstärke es vielleicht sogar noch (Erstverschlimmerung), und verwandle es!«
Das homöopathische Grundprinzip heißt: »Ähnliches heilt Ähnliches.« Das homöopathische Mittel ist also identisch mit dem, was das Symptom erzeugt. Das Wesen des Fehlenden, wie es im Symptom zum Ausdruck kommt, hat dasselbe Wesen wie das Heilmittel. Hat der Kranke die Pest, dann ist das Wesen der Arznei die Pest. Hat der Kranke Depressionen, dann besteht die Essenz der Arznei aus Depression.
Das klingt absurd. Aber genauso ist es – oder fast. Denn da gibt es einen kleinen, aber entscheidenden Unterschied zwischen Symptom und ähnlichem Heilmittel. Das Heilmittel hat zwei der drei großen Schritte zur Heilung bereits durchlaufen:

*1. Schritt:* Die homöopathische Arznei akzeptiert das Symptom, nimmt es an als Wegweiser für das, was fehlt. Sie will es nicht wegdrücken, sondern verwandeln. Das kommt darin zum Ausdruck, daß sie selbst dem Gift ähnlich ist, das sich im Symptom zeigt. Konkret heißt das, daß die Ausgangssubstanz der Arznei ein Wirkstoff ist, der, vom gesunden Menschen eingenommen, bei ihm genau die Symptome erzeugt, die der Kranke hat.

*2. Schritt:* Während der erste Schritt eine innere Haltung darstellt, geht es beim nächsten Schritt darum, dem üblen Symptom mit Bewußtsein und Liebe zu begegnen, sich ihm aktiv zuzuwenden. Das geschieht in der Homöopathie, indem die Arznei potenziert wird: Das pure Gift, das das Symptom erzeugt, wird als Ausgangsstoff hergenommen, mit Alkohol verdünnt und dann »verschüttelt«. Dieses Verschütteln ist ein simpler und doch geheimnisvoller Prozeß. Äußerlich wird einfach nur ein Glaskolben geschüttelt, in dem sich die Arznei befindet. Doch in Wirklichkeit kommt es auf die innere Einstellung des Menschen an, der diesen Glaskolben bewegt. Eine Maschine könnte dieses nicht mit demselben Effekt. Das klingt phantastisch, zeigt aber wieder, daß es nicht nur darauf ankommt, *was* geschieht, sondern vor allem, *wie* etwas gemacht wird.

Der Prozeß des Verdünnens und Verschüttelns wird nun so lange wiederholt, von Stufe zu Stufe, bis kein einziges Molekül der ursprünglichen Giftsubstanz mehr in der Arznei enthalten ist.

Doch wenn kein Wirkstoff mehr in der Medizin enthalten ist, was soll denn dann noch wirken? – Kein Wunder, daß viele die Homöopathie für Humbug halten, ihre Erfolge bestenfalls auf einen Placebo-Effekt zurückführen. Das, was wirkt, ist das Wesen des Gifts, reine, feinstoffliche Energie und Information. Dieses Wesen hat seine Körperlichkeit hinter sich gelassen, ist nur noch gebunden an die neutrale Substanz des Alkohols. Und das ist die Arznei, die dem Kranken gegeben wird.

Das Herstellen einer guten homöopathischen Medizin ist eine große Kunst. Sie besteht nicht im Technisch-Kunstfertigen, sondern vielmehr in der Art und Weise, wie der Betreffende sie herstellt. Einzelne Arzneien wird der homöopathische Arzt auch an sich selbst testen, denn nur so lernt er ihre Wirkung kennen.

Es kommt auf die innere Haltung des Herstellenden und des Testenden an, auf das Ausschalten unbewußter oder störender Einflüsse. Es gibt Homöopathen, die einen speziellen Arzneimittelraum haben, den außer ihnen selbst kein Mensch betreten darf.

Natürlich ist es entscheidend, aus der Vielzahl von möglichen Arzneimitteln (es gibt über tausend) das richtige auszuwählen, eben das, was dem Wesen des Symptoms am nächsten kommt.

Wenn wir hier immer wieder vom Wesen sprechen, dann ist damit gemeint, daß es darauf ankommt, zu sehen, was hinter einem Symptom steht. Kopfweh ist nicht gleich Kopfweh. Dutzende von Arzneimitteln kommen für ein bestimmtes Symptom in Frage. Das Wesen des Symptoms spiegelt das Wesen des dahinterstehenden Menschen. Und der in seiner Gesamtheit wird behandelt, nicht ein einzelnes Symptom, bestenfalls die Gesamtheit all seiner Symptome – und seien diese noch so nebensächlich. Deswegen wird für ein und dieselbe Krankheit bei verschiedenen Menschen jeweils ein anderes Mittel nötig sein.

*Der dritte Schritt* ist der der Transformation, der Wandlung und Heilung. Der Patient hat sein homöopathisches Mittel eingenommen – was passiert? Im (seltenen) Idealfall ist er innerhalb weniger Stunden, manchmal Minuten, von seiner Krankheit befreit, es gibt wirklich Sekundenphänomene. Dabei spielt es keine Rolle, ob er nur Halsweh hat oder todkrank ist.

Im Normalfall zieht sich eine homöopathische Behandlung über einen längeren Zeitraum hin, verschiedene Mittel kommen zum Einsatz, Symptome wechseln und verschieben sich, der Prozeß der Verwandlung dauert länger. Es gibt aber auch viele Situationen, in denen gar nichts passiert. Das mag daran liegen, daß das falsche Mittel gewählt wurde oder die Potenz nicht stimmte. Aber da ist noch ein grundsätzliches Problem.

Der letzte Schritt zur Heilung setzt immer eine Bereitschaft des Patienten voraus, die ihm angebotene Heilung anzunehmen. Auch wenn diese Bereitschaft äußerlich auf Grund des Leidensdrucks gegeben sein mag, so sagt dieses noch lange nichts aus über eine innere, unbewußte Haltung des Patienten. Das Letztendliche ist nie machbar!

Vielleicht wird an dieser Stelle der logisch geschulte Verstand wieder mal lauthals protestieren: Das esoterische Weltbild sei völlig absurd, realitätsfern, bar jeder Beziehung zur Wirklichkeit. Und dann ist der Zeitpunkt gekommen, zu erklären, daß auch die Wirklichkeit, wie wir sie zu sehen gewohnt sind, selbst für die Wissenschaft, so nicht existiert.

### *Was ist die Wirklichkeit?*

Die Klienten in der Reinkarnations-Therapie wollen immer wieder wissen: Ist die Inkarnation, die ich heute in der Therapie erlebt habe, nun ein historisches früheres Leben, oder habe ich das alles nur zusammenphantasiert?
Diese Frage, die viele so brennend interessiert, läuft letzten Endes natürlich immer auf eine andere hinaus: Was ist denn nun eigentlich Wirklichkeit? Ist es nur das, was wir sehen und anfassen können und was alle anderen auch sehen, oder zählt auch das zur Wirklichkeit, was wir denken und fühlen? Ist es vielleicht sogar so, daß die Wirklichkeit der Seele die viel grundlegendere ist, aus der heraus sich die materielle Welt formt?
Da die Seele sehr wohl ohne Körper existieren und Bewußtsein haben kann, umgekehrt ein Körper ohne Seele aber ein Zombie bleibt, spricht viel für die letztere Annahme. Unser Denken, Fühlen und Handeln wird meist mehr von unbewußten Seelenbereichen beeinflußt als von äußeren, realen Gegebenheiten dieser Welt. Dabei möchten wir alle gerne Realisten sein – heraus kommt aber meist nur der ganz alltägliche Wahnsinn. Auch dieser Umstand spricht dafür, daß hinter unserer scheinbar so wissenschaftlichen und rationalen Welt eine ganz andere Wirklichkeit Regie führt.

Die Wiedergeburt im historischen Sinn läßt sich genauso viel oder genauso wenig beweisen wie die Grundaussagen der Physik. Es gibt immer mögliche andere Erklärungen für die Phänomene, die beobachtbar und erfahrbar sind. Auch wenn inzwischen Tausende von Menschen die Erfahrung früherer Leben – oder das, was man als solche interpretieren kann – gemacht haben, so beweist dies noch nicht viel. Es kommt immer darauf an, durch welches Weltbild diese Erfahrung gesehen und interpretiert wird. Was nun die Frage nach Wirklichkeit von Weltbildern angeht, so ist es in den letzten Jahrzehnten gerade die Physik, die uns den festen Boden unter den Füßen wegzieht:
Das Modell, mit dem sie heute die materielle Wirklichkeit beschreibt, zeigt, daß hinter der festen Erscheinungsform der Materie leerer Raum ist, Schwingung und Energiefeld. Bei näherem Hinsehen lösen sich Raum, Zeit und Materie in etwas auf, das weder sinnlich wahrnehmbar noch vorstellbar ist. Selbst die Kausalität gilt nur noch beschränkt und wird in der Quantenphysik durch den Begriff der »Wahrscheinlichkeitsfelder« ersetzt. Schlimmer noch – Ereignisse, die wir mittels kausalem Denken in der Zeit vor oder zurück verfolgen, stellen sich letztlich immer als Zufälle dar und verschwinden im Nebel der Unschärfe.

Jedes Modell geht von nicht mehr weiter hinterfragbaren Grundvoraussetzungen, den Axiomen, aus. Ging die klassische Physik noch davon aus, daß Raum und Zeit stabil sind, so gelten unter dem Blickwinkel der Quantenphysik ganz andere Grundvoraussetzungen. Unsere vertraute Welt löst sich auf – in kaum mehr vorstellbare Geometrie.
Wörtlich heißt das bei Einstein: »Raum und Zeit sind verschiedene Aspekte desselben Etwas. Es gibt keinen universellen Zeitfluß. Die klassische Vorstellung von Raum als der Bühne für

materielle Ereignisse wird aufgegeben. Der Raum selbst ist gekrümmt. Die Struktur von Raum-Zeit ist eine geometrische Eigenschaft der Krümmung. Es ist das Nichts, das gekrümmt ist.« – Das klingt wie Esoterik, soll aber Physik sein.

Die Vorstellung von Reinkarnationen, als eine zeitliche Abfolge von Leben aus der Vergangenheit über die Gegenwart in die Zukunft, basiert auf dem klassischen Modell der Physik, das besagt, daß Zeit wie ein Fluß durch den Raum fließt. Wenn es aber nach den aktuellen Vorstellungen der Physik weder Zeit noch Raum im üblichen Sinn gibt – wo findet dann die Wirklichkeit, wo finden unsere Leben statt?
Die Antwort darauf ist nicht einfach. Sie ist abstrakt und kaum noch vorstellbar und läuft auf die Aussage hinaus: »Es ist unser Bewußtsein, das die Wirklichkeit erschafft und strukturiert.«
Diese Antwort kommt schon seit Jahrtausenden von östlichen Religionen wie dem Buddhismus und dem Hinduismus, die das, was wir für die reale Welt halten, schon seit jeher als Maya bezeichnen, als Täuschung und Illusion. Sie kommt in zunehmendem Maße aber auch von der Physik. Renommierte Wissenschaftler und Physiker gehen heute so weit, zu behaupten, daß unsere Welt und alles, was sich »darin« befindet, »Illusion« sei – holographische Projektion einer Realität, die die unsere weit übersteigt und jenseits von Raum und Zeit existiert. Die Welt – ein phantastischer Traum?

Wir wollen diese Gedanken nicht weiter vertiefen. Sie sollen nur zeigen, daß die Vorstellung von Wiedergeburten, die in der Zeit aufeinanderfolgen, im Grunde bereits überholt ist und daß die Wirklichkeit sicher etwas anderes ist als das, was wir dafür halten. Die Frage ist nur: Was fangen wir mit diesen Vorstellungen einer anderen Wirklichkeit an? – Sie können uns helfen, offener zu werden für Dinge, für die wir bisher noch keine Erklärung haben. Es bleibt stets noch zu sehen, was die Welt und der Mensch im Grunde sind. Objektive Wirklichkeit finden wir erst, wenn Vorstellungen weggeräumt sind und wir hinter den schönen Schein der Dinge sehen, wenn Inneres und Äußeres, Oben und Unten eins geworden sind.

Im normalen Alltag gelten die Gesetze der klassischen Physik. Auch wenn wir wissen, daß Zeit eine Illusion ist, leben wir in ihr, werden geboren, wachsen, altern, sterben. Höchstens im Traum spüren wir manchmal, wie das Wesen der Zeit in Wirklichkeit ist, und tausend Jahre sind dann wie ein Tag.

Auch wenn ein Haus nur aus leerem Raum und Energie besteht, ebenso wie der Mensch, müssen wir trotzdem durch die Tür gehen und nicht mit dem Kopf durch die Wand – was uns nicht daran hindert, es trotzdem immer wieder zu versuchen. Doch bei der Arbeit mit der Seele, die ihrem Wesen nach unabhängig von Zeit und Raum ist, gelten die Gesetze einer anderen Wirklichkeit in viel höherem Maße. Da können wir, wie im Traum, die Grenzen unserer normalen Realität gelegentlich überschreiten.

### *Andere Wirklichkeiten in der Reinkarnations-Therapie*

Im Alltag der Reinkarnations-Therapie wird zunächst mit dem einfachen, linearen Zeitmodell gearbeitet. Das kann sich jeder Klient leicht vorstellen. Erst wenn es um das sinnhafte Verständnis der Therapieinhalte geht, kommt die andere Wirklichkeit der Zeitlosigkeit aller Ereignisse zum Tragen.

In den Sitzungen gehen wir »zurück durch Zeit und Raum«, wie die Formel zur Tranceeinleitung lautet, bis zu einem Ereignis, das für den Klienten wichtig ist. In welchem Jahrhundert dieses Ereignis stattfindet, spielt keine Rolle. Der Klient geht in seinen Seelenbildern ganz spontan dorthin, wo er die Chance hat, das zu finden und zu lernen, was ihm fehlt. Das kann ebensogut im Mittelalter sein wie in der Kindheit seines jetzigen Lebens. Die Seele hat ein inhaltliches Ordnungsprinzip – kein zeitlich chronologisches. Wenn der Therapeut den Klienten in der Zeit weiter zurückschickt, dann ist dieses gleichzeitig eine Aufforderung an den Klienten, tiefer in seinen Seelenraum hineinzugehen, an einem bestimmten inneren Muster entlang. Der Seele stehen dabei alle Zeiten dieser Welt zur Verfügung, und zwar nebeneinander und gleichzeitig. Sie sucht sich die inhaltlich passende Zeit nach dem Resonanzgesetz automatisch aus. Geht es im jetzigen Leben des Klienten z. B. um ein aktuelles Skorpion-Thema, das zur Bearbeitung ansteht, dann findet er sich in seinen Bildern vielleicht während der Kreuzzüge wieder – weil dies eine historische Zeit war, die die Qualität des Skorpions in besonderer Weise verkörperte.

In der Therapie können wir, wie mit der Fernbedienung eines Fernsehers, von einem Programm in ein anderes springen, von einer Wirklichkeit in die nächste. Im tatsächlichen Leben dagegen muß sich jeder seine »Sendung« bis zum Ende anschauen. Das »Umschalten« von einem Leben in ein anderes während einer Sitzung hat den Vorteil, daß der Klient zu einem bestimmten inneren Lernthema eine Vielzahl von Lösungsmöglichkeiten anschauen kann, die er mit wechselndem Erfolg schon alle ausprobiert hat. Meist macht er dieselben Fehler, damals wie heute, und genau diese Erkenntnis kann ihm jetzt helfen, sein Problem wirklich zu verstehen und andere Lösungen ins Auge zu fassen.

Viele Klienten – und auch Reinkarnations-Therapeuten – glauben, in früheren Leben die Ursache für heutige Probleme zu finden. Diese Vorstellung ist verführerisch, deckt doch die Abfolge mehrerer Leben kausale Zusammenhänge auf, die innerhalb einer Lebensspanne nicht erkennbar sind. Aber das ist nur die halbe Wahrheit. Die wichtige andere Hälfte, die zum sinnhaften Verständnis notwendig ist, fehlt. Verschiedene Leben haben im Prinzip genauso viel oder wenig miteinander zu tun wie das Fieber des Herrn Eilig, sein kochender Kühler und der schreiende Chef. Wir hätten nichts gewonnen, wenn es gelänge, die kausalen Verbindungen dieser drei Ereignisse, meinetwegen in einem früheren Leben, zu finden. Ordnen wir die Leben zeitlich hintereinander an, dann drehen wir uns mit einer konsequenten Ursachenforschung im Kreis, ähnlich wie die Katze, die sich in den Schwanz zu beißen versucht.

Sollte es wirklich das Bewußtsein sein, das die Welt erschafft – zumindest aber den Seelenraum, in dem wir uns entwickeln –, dann hat dies zur Folge, daß wir nicht zwangsläufig in die Zukunft hinein weiter inkarnieren. Es kann dann genausogut sein, daß wir uns in der nächsten Inkarnation im alten Rom oder sonstwo in der »Vergangenheit« wiederfinden.

Sollte der Klient mit dem jetzt aktuellen Skorpion-Thema seine Hausaufgaben ungelöst mit in den Tod nehmen, dann wäre es tatsächlich möglich, daß er sein nächstes Leben als Kreuzritter verbringt – warum nicht?

## 3 *Reinkarnation – eine Glaubensfrage*

Haben wir früher schon einmal – oder viele Male – gelebt? Für viele Menschen, vor allem in östlichen Kulturen, ist es selbstverständlich, die Frage mit Ja zu beantworten. Viele andere dagegen halten diese Vorstellung mit der gleichen Selbstverständlichkeit für absurd. Bis heute ist es weder der einen noch der anderen Seite gelungen, für ihre Überzeugung den letzten schlüssigen Beweis zu bringen – sosehr sich ernsthafte Wissenschaftler in beiden Lagern auch darum bemüht haben. Letzten Endes führen alle Forschungen doch immer nur zu neuen Fragen. Niemand weiß mit letzter Sicherheit, was nach dem Tode geschehen wird: Leben wir in irgendeiner Form weiter, wie die meisten Religionen der Welt in Aussicht stellen, oder ist mit dem Tod ein für alle Male Schluß, wie die Atheisten glauben?

Entscheiden wir uns dafür, zu glauben, daß nach dem Tod nicht Schluß ist, so erhebt sich die Frage, in welcher Form ein Weiterleben stattfinden könnte. Die großen westlichen Religionen haben sich dafür entschieden, daß wir nach unserem Ableben entweder bis in alle Ewigkeit im Himmel auf einer Wolke Harfe spielen dürfen oder aber für immer in der Hölle schmoren müssen, je nachdem, wie wir die einzige Chance, die wir besaßen, genutzt haben.

Das ist ein Modell, das auch viele überzeugte Christen nur mit mäßiger Begeisterung übernehmen – übrigens auch eines, bei dem Chancengleichheit und Gerechtigkeit kein Thema sind.

Die großen östlichen Religionen vertreten die These, daß wir in bestimmten Zyklen immer wieder auf die Erde zurückkehren, um dort so lange zu leben und zu lernen, bis wir alles begriffen haben, was die Welt und das Leben bieten. Erst dann dürfen wir nach

zahllosen irdischen Inkarnationen wieder in die Ewigkeit zurückkehren, aus der wir alle stammen.
Für welche Art des Weiterlebens nach dem Tod wir uns entscheiden, ist eine Glaubensfrage. Reinkarnation oder Himmelreich ist kein Thema für die Wissenschaft, sondern eine Sache der Metaphysik.

Zunehmend mehr Menschen in der westlichen Welt beginnen, sich für Reinkarnation zu interessieren. Eine Umfrage der Dortmunder Gesellschaft für Sozialforschung 1986 ergab:
80% der Bundesbürger halten es für möglich, schon einmal gelebt zu haben. 12% sind sich dessen sogar ganz sicher. Vor allem jüngere Menschen mit überdurchschnittlicher Schulbildung glauben an die Lehre der Wiedergeburt.
Aber je tiefer diese »Umsteiger« in das Thema Reinkarnation einsteigen, desto größer wird zunächst die Verwirrung. Denn so, wie die christliche Religion unterschiedliche Vorstellungen vom Jenseits anbietet, die von einer so naiven Aussicht wie der, daß wir mit goldenen Flügelchen auf einer Wolke sitzen und Halleluja singen, bis zu wirklich komplizierten philosophischen Modellen reicht, so gibt es auch für das Konzept der Reinkarnation verschiedene Varianten, naive ebenso wie philosophische. Die naive Vorstellung ist etwa die, daß wir von Inkarnation zu Inkarnation eigentlich immer derselbe bleiben, auch wenn wir uns an die frühere Identität nicht mehr erinnern können. Es könnte sich in dieser Vorstellung der Wunschtraum vom ewigen Leben erfüllen, wenn auch mit kurzen Unterbrechungen. Dieses Modell ist ziemlich weit verbreitet, aber ungefähr auf dem gleichen Niveau wie das von der goldenen Himmelspforte, vor der Petrus sitzt und entscheidet, wer am himmlischen Harfenspiel teilnehmen darf und wer nicht.

Das philosophische Modell der Reinkarnationslehre, auf dem auch die esoterische Reinkarnations-Therapie basiert, geht davon aus, daß Reinkarnation die Voraussetzung für einen Entwicklungsweg hin zu Selbsterkenntnis ist. Bewußtsein, so wird postuliert, wächst durch wiederholte Inkarnationen in verschiedenen Lebensformen – vom Stein über die Pflanze und vom Tier bis zum Menschen, in unterschiedlichsten Kulturen und Zeitaltern. Ist erst einmal der Quantensprung vom Tier zum menschlichen Bewußtsein geschafft, so gibt es keine Rückstufung mehr. Einmal Mensch, immer Mensch – bis zur endgültigen Rückkehr in die göttliche Einheit. Allerdings sagt das nicht das geringste über die Qualität des menschlichen Bewußtseins aus. Weil es aber gerade auf diesem Gebiet die größte Bandbreite zwischen echter Humanität und unmenschlicher Grausamkeit gibt, besteht bei vielen östlichen Religionen gelegentlich die Tendenz, Menschen als Strafe für besondere Grausamkeit eine erneute Inkarnation als Tier in Aussicht zu stellen. Eine solche Rückstufung scheint aber nicht sehr logisch, da Grausamkeit als Selbstzweck niemals eine Eigenschaft von Tieren gewesen ist.

### *Reinkarnation und Karma*

In der philosophischen Denkweise wird Reinkarnation immer mit Karma in Verbindung gebracht. Karma – das Wort stammt aus dem indischen Sanskrit und bedeutet »Tat« – ist der logische Schluß aus der Vorstellung, daß unser Universum auf der moralischen Ebene ebenso durch Gesetze regiert wird wie auf der physikalischen Ebene, wo Gesetze wie Schwerkraft und Elektromagnetismus gültig sind.

Die Naturwissenschaften tragen zum Verständnis des materiellen

Wesens der Dinge bei. Das kosmische System des Karma bietet eine Verständnisebene für ihren moralischen Zusammenhang. Übrigens wird diese Vorstellung von der christlichen Religion (und auch den meisten anderen) geteilt: »Wer nicht sät, der soll auch nicht ernten« (Galater 6, Vers 7), oder: »Auge um Auge, Zahn um Zahn« (Koran und Altes Testament). Ebenso wie es unterschiedliche Vorstellungen vom Himmel gibt, gibt es naive und philosophische Modelle von Karma. Die schlichte erklärt Karma als eine Art kosmischer Buchführung: Unsere guten und schlechten Taten werden sorgfältig notiert, und am Ende bekommen wir die Rechnung. Da ist Karma so etwas wie der Nikolaus, der sein Buch aufschlägt und uns dann entweder belohnt durch die Aussicht auf ein angenehmes neues Leben oder bestraft durch eine mühsame, schmerzensreiche neue Inkarnation.

In manchen östlichen Religionen ist Karma eine Bürde, die man abtragen muß. Dabei gilt es, aufzupassen, daß man sie durch erneute schlechte Taten nicht noch schwerer macht und sich so »schlechtes Karma« einhandelt. Gute Taten hingegen sollen die karmische Last abtragen. In jedem Fall will man sie loswerden. Die Frage ist natürlich immer: Wie unterscheiden sich die guten und die schlechten Taten?

Wieder andere glauben, daß Karma und Reinkarnation etwas mit dem Konzept von einer Evolution des Bewußtseins zu tun hat – nicht als Belohnung oder Strafe, sondern als Herausforderung und Chance. Die Bedingungen für unser jetziges Leben haben wir uns durch unsere vergangenen Leben selbst geschaffen. Und wie wir uns in diesem Leben verhalten, wird die Basis für das nächste sein. Karma ist das Gesetz, nach dem wir angetreten sind. Während wir durch zahllose Inkarnationen wandern, mit unserem selbstgeschaffenen Karma als Begleiter, nehmen wir an einem gigantischen Bewußtwerdungsprozeß teil. Wir selbst mögen noch so klein und unbedeutend sein – jede Einzelheit ist dennoch für das Ganze wichtig und unentbehrlich.

Eine noch andere Vorstellung von Karma hat die esoterische Reinkarnations-Therapie. Sie geht davon aus, daß wir bei der Schöpfung alle unser »Karma-Paket« (in der Astrologie entspricht es dem Horoskop) mitbekommen haben – das »Päckchen, das wir tragen müssen«, sozusagen den kompletten Lehrplan: all das, was wir in unserem Leben zu lernen haben. In den Anfangsstadien neigen wir dazu, diese Hausaufgaben auf eine Art zu erledigen, die die Esoterik »unerlöst« nennt: mit Hauruck, ohne viel Federlesens, ohne Nachdenken und ohne viel Gefühl für andere. Das Thema Aggression erledigen wir »problemlos« durch Mord. Im weiteren Verlauf unserer Entwicklung werden wir lernen, diese Situation auf einer erlösteren Ebene, etwa durch konstruktives Handeln und Tatkraft zu leben. Doch bis wir soweit sind, findet unsere Entwicklung im karmischen Sinn auf der unerlösten Ebene statt: Wir sind abwechselnd Opfer und Täter, kommen voran und fallen zurück, so lange, bis die Zeit reif ist, das anstehende Thema auf einer erlösteren Ebene zu leben.

Altes Karma abtragen – im Sinne von loswerden – oder neues schaffen kann dagegen niemand. Ebenso, wie die physikalische Energie in einem geschlossenen System erhalten bleibt, also in der Summe weder mehr noch weniger wird, bleibt auch das Karma der menschlichen Seele immer gleich. Es wandelt sich lediglich im Laufe der Entwicklung immer mehr von unerlöster zu erlöster Form.

Die entscheidende Frage ist deshalb nicht, ob Karma ab- oder aufgebaut wird, sondern unter welchen Voraussetzungen es verwandelt werden kann. Für die Praxis bedeutet das, wir können hoffen. Denn je mehr Hausaufgaben wir gelöst haben, desto geringer wird das Leid, das die ungelösten Aufgaben mit sich bringen, und desto leichter wird das Leben.

*Reinkarnation und Reinkarnations-Therapie*

Praktisch jeder, unabhängig davon, ob er an Reinkarnation glaubt oder nicht, ist mit ein paar psychologischen Tricks dazu zu bringen, mit großer Glaubwürdigkeit und hoher emotionaler Beteiligung »frühere Leben« aus seinem Inneren hervorzukramen und detailgetreu zu beschreiben. Auch die größten Skeptiker berichten, wenn sie selbst zurückgeführt werden, von früheren Leben in längst vergangenen Zeiten und alten Kulturen und illustrieren solche Berichte häufig mit verblüffend präzisen historischen Details, die in ihrem Wachbewußtsein nicht vorhanden sind. Auf Anfrage schildern sie bei der Rückführung sogar ihren eigenen Tod oder ihre Geburt.

Dieses Phänomen wurde in Zigtausenden von Rückführungen immer wieder bestätigt: Jahrzehntelang waren die Reinkarnationsforscher – und viele Wissenschaftler, die nach einer rationalen Erklärung dafür suchten – damit beschäftigt, die Berichte der rückgeführten Versuchspersonen auf historische Plausibilität zu überprüfen. Erst nachdem feststand, daß manchmal daran nicht zu rütteln war, wandten sie sich der Frage zu: Und wozu soll das gut sein? Doch bis dahin war es noch ein weiter Weg.

*Die Anfänge der Reinkarnations-Therapie: Forschungsreise in frühere Leben*

Als der französische Amateurforscher und Hypnotiseur Albert de Rochas Ende des vergangenen Jahrhunderts seine Versuchspersonen in Hypnose versetzte und zunächst über ihre frühere Kindheit und später – aus reiner Neugier – auch über »frühere Leben« befragte, dachte er allerdings nicht im Traum daran, daß dieses Verfahren gut fünfzig Jahre später erfolgreich zur Heilung körperlicher und seelischer Krankheiten eingesetzt werden könnte: Ihn interessierte einzig und allein das Experiment, und daß es zu funktionieren schien, überraschte ihn selbst am allermeisten. So oft er seine Fragen auch wiederholte, die Geschichten, die seine Versuchspersonen unter Hypnose über ihre früheren Leben erzählten, änderten sich nie. Und das, obgleich sich die Klienten im Wachzustand ohne ausdrücklichen posthypnotischen Befehl an rein gar nichts erinnern konnten! Begeistert schrieb de Rochas darüber ein Buch, das 1914 sogar ins Deutsche übersetzt wurde (»Die aufeinanderfolgenden Leben«, Leipzig, 1914). Aber im Jahr, in dem der Erste Weltkrieg ausbrach, hielt sich das öffentliche Interesse an seinen Experimenten in Grenzen.

Auch der englische Psychiater Sir Alexander Cannon, der wenig später ähnliche Rückführungen unter Hypnose durchführte, blieb nahezu unbeachtet. Erst in den fünfziger Jahren war die Zeit reif: Dem amerikanischen Geschäftsmann und Hobby-Hypnotiseur Morey Bernstein fiel das Buch von de Rochas in die Hände. Voller Neugier fing er seinerseits damit an, im Bekanntenkreis mit Rückführungen unter Hypnose zu experimentieren, und zu seiner grenzenlosen Überraschung landete sein Medium Virginia Tighe (später unter dem Pseudonym Ruth Simmons weltbekannt) in einem früheren Leben. Sie hieß damals Bridey Murphy und

lebte in der Mitte des vergangenen Jahrhunderts in Irland. Das Buch, das der verblüffte Bernstein über diesen Fall veröffentlichte (»Protokoll einer Wiedergeburt«), schlug ein wie eine Bombe, erlebte eine Millionenauflage, verursachte in Amerika und später auch in Europa Massenhysterien und machte den Hypno-Trip in frühere Leben zu einem beliebten Partyspiel.
Auch andere ernstzunehmende Ärzte, Wissenschaftler, Psychotherapeuten und Hypnotiseure überall auf der Welt begannen, sich erneut mit dem Thema Reinkarnation zu beschäftigen.
Unter ihnen war der amerikanische Psychiater und Parapsychologe Professor Ian Stevenson von der Universität Virginia, der die sogenannten »spontanen« Rückführungen erforschte: Mit äußerster Gründlichkeit und wissenschaftlicher Akribie dokumentierte er über 2000 Fälle von Menschen auf der ganzen Welt, die sich – häufig bewußt und ohne jede hypnotische Unterstützung – an frühere Leben erinnern konnten. Meist handelte es sich um Kinder, deren Identifikation mit einer früheren Inkarnation so stark war, daß sie für ihr jetziges Leben, und erst recht für ihre jetzigen Eltern, zum Problem wurde. Das Buch, das Stevenson über seine Studien schrieb, war nicht nur ungewöhnlich spannend (»Reinkarnation – der Mensch im Wandel von Tod und Wiedergeburt«, Aurum-Verlag, 1976), sondern auch außergewöhnlich fundiert. Selbst die größten Skeptiker mußten einräumen, daß Stevensons Recherchen überaus gründlich, sachlich und sauber dokumentiert waren. Seine Fallgeschichten – mochten sie auch für alle, die nicht an Reinkarnation glaubten, unerklärlich bleiben – erwiesen sich samt und sonders als nachprüfbar.
Das ließ sich über die Arbeiten und Veröffentlichungen der vielen tausend Berufs- und Freizeit-Hypnotiseure, die nun in den USA und in Europa Furore machten, längst nicht immer sagen. Der Rückführungsboom, der in der westlichen Welt ausbrach, führte

dazu, daß auch viel Zweifelhaftes und Absurd-Spektakuläres in hohen Auflagen auf dem Buchmarkt erschien. Trotzdem konnten auch die schärfsten Kritiker nicht bestreiten, daß bei allen Regressionen erstaunliche Parallelen zu beobachten waren:

- Sie waren überaus lebendig und intensiver als alle Träume, und im Gegensatz zu Träumen konnten sich die Rückgeführten anschließend an die kleinsten Einzelheiten erinnern.
- Die Abfolge der Ereignisse ließ sich nicht durch den Verstand kontrollieren. Die Versuchspersonen schilderten ihr Leben wie einen Film, den sie zum ersten Mal sahen.
- Die Bilder und Situationen waren demjenigen, der die Rückführung erlebte, überaus vertraut. Fast jeder identifizierte sich sofort mit einer der geschilderten Personen, und zwar unabhängig davon, ob diese Person – oder die Situation, in der er sich befand – nun angenehm oder unangenehm war.
- Die überwiegende Zahl der erinnerten Leben war, im Gegensatz zu dem, was Kritiker immer ironisch behaupten, keinesfalls glanzvoll und historisch spektakulär, sondern überaus durchschnittlich. Die Rückgeführten waren auch in ihren früheren Erinnerungen meist völlig normale Leute.
- Die emotionale Beteiligung war groß. Obgleich die Rückgeführten ihr Leben objektiv schilderten, erlebten sie die Situation persönlich mit. Die Tränen flossen reichlich – die ganze Palette menschlicher Gefühle lag bloß.
- Häufig spiegelte die in der Rückführung erlebte Situation einen wichtigen Aspekt des derzeitigen Lebens wider.
- Oft fühlten sich die Versuchspersonen nach der Rückführung erleichtert. Seelische und körperliche Probleme verschwanden, wenn während der Sitzung absichtlich oder unabsichtlich ein Trauma aufgedeckt wurde.

Und so war es nur eine Frage der Zeit, bis sich ernsthafte Forscher fragten: Was fängt man nun mit diesem Phänomen an? Die Antworten waren unterschiedlich:

1. Man ließ sich, aller Skepsis zum Trotz, durch das Erlebte überzeugen, und aus einem Saulus in Sachen Reinkarnation würde schließlich ein Paulus.
2. Man suchte nach wissenschaftlichen Erklärungen, die diese »Abwege des menschlichen Gehirns« begreiflich machen. Die Ansätze dafür sind zahlreich – sie reichen von Kryptomnesie (Fähigkeit, aus der enormen Datenbank des Unterbewußtseins dort gespeicherte, aber längst vergessene Informationen abzurufen) bis hin zur Hypogygie – dem Zustand zwischen Tag und Traum, in dem wir zu Halluzinationen fähig sind, die farbiger und intensiver sind als alle Träume. Doch die wissenschaftlichen Ansätze endeten alle in Erklärungen, die ihrerseits wieder erklärungsbedürftig und rätselhaft waren.
3. Man befaßte sich weniger mit dem Problem, ob die in der Rückführung erlebten »Leben« nachweisbar sind, sondern vielmehr mit der Frage, wie man die Erfahrungen aus früheren Leben im jetzigen Leben nutzen kann. Und damit sind wir bei den Anfängen der Reinkarnations-Therapie:

In den sechziger Jahren machten sich die ersten Ärzte, Psychologen und Psychotherapeuten daran, die Rückführung in frühere Leben ganz gezielt bei der Behandlung körperlicher und seelischer Krankheiten einzusetzen, und zwar unabhängig davon, ob Therapeut und Klient nun an Reinkarnation glaubten oder nicht. Mit großem Enthusiasmus wurden die Vorleben der Patienten nach verdrängten traumatischen Erlebnissen durchforstet. Wenn

erst die Ursachen entdeckt und ins Bewußtsein gerückt waren, würden, so hoffte man, die Symptome ganz von selbst verschwinden. In vielen Fällen taten sie das auch wirklich – den Patienten ging es nach der Therapie spürbar besser. Die Begeisterung war groß. Überall in der westlichen Welt entstanden Past-Life-Gruppen, Praxen und Institute, in denen man unter der Leitung eines »Reinkarnations-Therapeuten« auf Traumajagd ging. Das war ein Kinderspiel, denn traumatische Ereignisse gibt es in jedem Leben in Hülle und Fülle! Die Faszination, die von diesen schnellen Erfolgen ausging, war gewaltig. In zahlreichen Büchern wurde über die wunderbare Heilung von Blinden, Lahmen und psychisch Gestörten berichtet, die, nachdem sie ihr »Urtrauma« ausfindig gemacht hatten, ein völlig neues Leben begannen.
Skepsis hin oder her: Es ist unbestreitbar, daß fast jede »Erinnerung« an frühere Leben einen Konflikt im jetzigen Leben widerspiegelt. Dadurch kann man tatsächlich in vielen Fällen schneller zu einer Diagnose des Problems kommen und mehr Zeit darauf verwenden, den Patienten dabei zu helfen, mit dem aktuellen Konflikt umgehen zu lernen. Warum diese auffällige Übereinstimmung der Grundmuster zwischen jetzigem Leben und früheren Inkarnationen besteht, war und ist bis zum heutigen Tag eine Frage der Weltanschauung.
Therapeuten, die an Reinkarnation glauben, vertreten die Ansicht, daß ein Konflikt so lange bearbeitet werden muß, bis wir unsere Hausaufgaben schließlich begriffen haben und uns dem nächsten Lernziel zuwenden – abermals viele Leben lang.
Therapeuten, die nicht an das Modell der Reinkarnation glauben, sind überzeugt davon, daß sich unser Gehirn für das übergreifende Problem nur eine andere Verkleidung sucht und dabei überaus listig und trickreich vorgeht.
Die eine Meinung ist ebensowenig beweisbar wie die andere.

Aber eines scheint festzustehen: Rückführungen sind ein Weg, körperliche und seelische Krankheiten schnell und erfolgreich zu heilen.

*Der Weg zur esoterischen Reinkarnations-Therapie*

Zu den Experimenten, die im deutschen Sprachraum durchgeführt wurden, gehören die Rückführungen, die in den sechziger Jahren bei Thorwald Dethlefsen an seinem Institut für Außerordentliche Psychologie in München ihren Anfang nahmen. Auch Dethlefsen begann, wie alle anderen, mit der Traumasuche. Wenn die Ursache für einen Konflikt, eine Lebenskrise oder eine Krankheit weder durch die Schulmedizin noch mit Hilfe der Psychoanalyse zu entdecken war – wenn sie offensichtlich nicht in der Kindheit, nicht im Babyalter und auch nicht in der Phase der Geburt zu finden sind –, welch ungeheure Chance bedeutete dann die Möglichkeit, die Suche nach den Ur-Traumata auf frühere Leben auszudehnen!
Die Bücher, die Dethlefsen später darüber schrieb (»Das Leben nach dem Leben« und »Das Erlebnis der Wiedergeburt«), wurden zu langjährigen Bestsellern – auch dann noch, als Dethlefsen sich längst von der Fahndung nach dem Urtrauma distanziert hatte. Denn je intensiver er sich mit dem Thema Reinkarnations-Therapie beschäftigte, desto fragwürdiger erschien ihm die Methode. Während in Amerika immer neue Bücher auf den Markt kamen, in denen Fälle von spektakulärer Heilung durch Reinkarnations-Therapie bejubelt wurden, ging Dethlefsen neue Wege. Er hatte nämlich beobachtet, was die meisten seiner Kollegen in ihrer Euphorie übersehen hatten: Die Symptome der Patienten verschwanden in der Tat reihenweise – aber leider nur vorübergehend

hend: Nach einigen beschwerdefreien Monaten waren die meisten Krankheiten wieder da – oder andere, nicht weniger ernstzunehmende, hatten ihren Platz eingenommen. Das war, schloß Dethlefsen, ja auch gar nicht anders möglich, denn je mehr Leben man durchforstet, desto mehr Traumen entdeckt man natürlich. Die Ursachen der Ursachen nehmen förmlich kein Ende – bis hin zum Urknall. Eine Therapie, so Dethlefsen, die im Idealfall auf die wirkliche ganzheitliche Heilung des Menschen abzielt, nicht auf die bloße Symptomverschiebung, muß deshalb nicht nach Ursachen suchen, sondern nach der Urschuld. Dabei ist der Begriff Urschuld nicht im Sinne der christlichen Moral zu verstehen, sondern im esoterischen Sinne: Schuld bedeutet dort nichts weiter als die Absonderung (Sünde) des Menschen, seinen Sturz aus der Einheit in die Polarität, in diese Welt. Basierend auf dieser Erkenntnis, entstand eine völlig neue Art, mit Reinkarnations-Therapie umzugehen: Auch hier schaut sich der Patient die Situationen an, die eine relative Ursache seiner seelischen oder körperlichen Verletzungen darstellen. Aber dabei bleibt es nicht. Als nächstes wird er nämlich aufgefordert, nach dem sinnhaften Grund zu suchen, der dafür verantwortlich ist, daß ihm dieses Leid aufgebürdet wurde. Und nun wechselt er mit großer Sicherheit aus der beliebten Rolle des schuldlosen Opfers in die wesentlich unbeliebtere des »Täters«. Gelingt es ihm, nach anfänglichem Entsetzen, sich – mit Hilfe des Therapeuten – auch in dieser »bösen« Rolle zu akzeptieren, sich mit den Schattenbereichen seiner Seele, die er bisher empört von sich gewiesen hat, auszusöhnen und die Schatteninhalte zu integrieren, so ist er tatsächlich ein wenig »heiler« geworden. Echte Heilung muß – im Gegensatz zur bloßen Symptombeseitigung – immer auch im Bewußtsein, in der Erkenntnis, stattfinden.

Natürlich ist die Integration eines Schattens nur ein Schritt auf dem Wege zur Einheit. Denn wir alle tragen nicht nur einen Schatten mit uns herum, sondern ganze Scharen davon. Ist die Aussöhnung mit dem ersten gelungen, so könnte man theoretisch nun den nächsten »Durchgang« in Angriff nehmen. Und so würden wir uns dann voran therapieren bis zur Erleuchtung – was auch immer das sein mag. Doch es zeigt sich, daß dieser letzte, die Polarität transzendierende Schritt nicht machbar ist. Hier endet alles Machbare. Auch ist nicht zu erwarten, daß alle Erlebnisse aus früheren Leben in wenigen Wochen Therapie aufgearbeitet werden können. So wie ein guter Wein seine Zeit braucht, um zu reifen, so braucht auch ein Mensch für seine Entwicklung Zeit. Die beste Therapie ist immer noch das Leben selbst. Deshalb kann man schon damit zufrieden sein, die ewige Wellenbewegung der Polarität und die Rolle, die wir darin spielen – als Täter wie als Opfer – in der Therapie kennenzulernen und sich damit auszusöhnen.

Wenn wir an einigen Beispielen in der Therapie wirklich verstanden haben – mit Kopf, Herz und Bauch –, wie Verwandlung und Entwicklung vor sich geht, und dieses Prinzip dann auf unser alltägliches Leben übertragen, sind wir der Heilung schon ein gutes Stück näher. Daß dabei auch einige Symptome verschwinden mögen, ist ein angenehmer Nebeneffekt. Wichtiger noch aber ist, daß sich unsere Haltung zum Symptom ändert. Es ist nämlich der Wegweiser zum nächsten Lernschritt auf unserem Entwicklungsweg. Es wird erst dann, dann aber ohne Symptomverschiebung, überflüssig oder zumindest »harmloser«, wenn wir bewußt den gewiesenen Weg gehen.

Dieses anspruchvolle, philosophische Modell (das zu verstehen auch vielen esoterisch Interessierten nicht leichtfällt), ist natürlich längst nicht überall verbreitet. Die weitaus meisten der in

Deutschland praktizierenden hauptberuflichen Reinkarnations-Therapeuten (ganz abgesehen von den vielen Psychotherapeuten anderer Richtungen, die ebenfalls gelegentlich mit der Rückführung arbeiten) suchen nach wie vor in der Vergangenheit nach der Ursache für die Probleme von heute – und sonst nichts.
Aber alle – ganz gleich, ob sie nun an Seelenwanderung glauben oder nicht – beschäftigen sich mit der Seele. Spätestens an dieser Stelle erhebt sich die Frage: Was ist denn eigentlich die Seele?

## 4 *Hauptperson Seele*

Es gibt zwar hin und wieder Menschen, die die Existenz der Seele bestreiten – mit dem ebenso absurden wie unwiderlegbaren Argument, daß noch niemand eine gesehen hat. Aber sie sind – und waren es zu allen Zeiten – in der Minderzahl. In der gesamten Welt existiert keine Kultur, die nicht in irgendeiner Form die Seele kennt.
Ob jedoch nur Menschen eine Seele hätten oder auch Tiere und vielleicht sogar Pflanzen, wo im Körper sie zu finden wäre, ob sie mit dem Körper verginge oder unsterblich sei und immer wieder reinkarniere, darüber zerbrechen sich Philosophen, Esoteriker, Seelenärzte, Reinkarnationsforscher und Theologen schon seit langer Zeit den Kopf. In vielen alten Kulturen hielt man die Seele für eine dem Körper innewohnende Wesenheit aus feinstofflicher Substanz, eine Art Rauch oder »Lebensodem«, die beim Tod oder auch im Schlaf aus dem Körper austrat. Diese Vorstellung herrschte viele Jahrhunderte lang. Darstellungen auf

alten griechischen Urnen zeigen, wie die Seele durch den Mund eines Sterbenden entweicht – ein verbreitetes Konzept, das auch in vielen frühen christlichen Abbildungen vorkommt. Noch im späten Mittelalter wurde vor bösen Hexen gewarnt, die die Seele eines schlafenden Menschen bei ihren nächtlichen Ausflügen mit feinen Netzen einfingen und für viel Geld als »Ersatzteil« an Familien verkauften, in denen ein Geisteskranker lebte. Geisteskrankheit hielt man damals nämlich für die Folge einer gestohlenen oder versehentlich abhanden gekommenen Seele.

Eine der schönsten und kraftvollsten Vorstellungen von der Seele – die Griechen nannten sie Psyche – findet man bei Plato. In »Phaedrus« beschreibt er die Seele als Wagenlenker, die zwei Pferde lenkt, von denen das eine die körperlichen Leidenschaften und das andere die höheren, geistigen Regungen darstellt.

In der Bibel wird ein Mensch als »lebendige Seele« definiert (Genesis 2, Vers 7). Dort ist auch bereits von der sagenumwobenen »Silberschnur« die Rede, die die Seele mit dem Körper verbindet (Ecclesiastes 12.6). Erst wenn diese gelöst ist, kehrt die Seele zu Gott dem Schöpfer zurück. In der Überlieferung mancher Kulturen verabschiedet sie sich schweigend, in anderen zirpt, wispert oder stöhnt sie dabei laut.

Die Spiritisten versuchten im vergangenen Jahrhundert nachzuweisen, daß die Seelen Verstorbener als Geistwesen im Jenseits weiterexistierten und durch Medien Kontakte mit der diesseitigen Welt pflegen konnten, was sie auch gern und ausgiebig taten; dabei schmauchte Opa selig sein Pfeifchen wie zu Lebzeiten, und Oma trug immer noch das Großgeblümte mit dem Spitzenkragen. Heute bezeichnet man diese Art der Kontaktpflege mit dem Jenseits als »Channeling«, und das Mitteilungsbedürfnis der Geistwesen, die an diesem Hokuspokus teilnehmen, ist nach wie vor ungebrochen. Ganze Bücher werden auf diese Weise durchgegeben und auch veröffentlicht. Allerdings ist die Qualität der Botschaften aus dem Jenseits, von wenigen Ausnahmen abgesehen, nur ein Hinweis darauf, daß längst nicht jeder Mensch allein durch die Tatsache, daß er stirbt, auch klüger wird.

Aus all diesen Vorstellungen entwickelten sich die Konzepte, die unser heutiges Bild von der Seele prägen. Fast jede wissenschaftliche oder philosophische Richtung hat ihre eigene Definition. Jede ist in sich geschlossen, logisch und für sich betrachtet überzeugend. Trotzdem müssen wir uns darüber im klaren sein: Alles, was wir über die Seele wissen, verdanken wir Schlußfolgerungen und indirekten Beweisen, Visionen und Vermutungen – die Seele selbst jedoch ist und bleibt unsichtbar für unsere normalen Augen. Von dieser Einschränkung sind natürlich auch unsere eigenen Erkenntnisse und Beobachtungen nicht ausgeschlossen, mögen sie uns noch so überzeugend und faszinierend erscheinen. Dies sind, grob skizziert, die wichtigsten Seelen-Modelle unserer Zeit:

### *Die Seele in der abendländischen Philosophie*

In unserer Kultur werden Körper und Seele meist als zwei grundsätzlich getrennte Einheiten betrachtet. Der Erfinder dieses Leib-Seele-Dualismus war der französische Philosoph Descartes, dessen Erkenntnis »Cogito, ergo sum – ich denke, also bin ich« die Philosophie und die Naturwissenschaft mehr als dreihundert Jahre lang beeinflußt hat. Für Descartes gehören Körper und Geist zu grundlegend verschiedenen Bereichen, von denen jeder ohne Bezug auf den anderen erforscht werden kann. Der Körper wird von mechanistischen Gesetzen geleitet, die Seele (oder der Geist,

Descartes machte da keinen Unterschied) dagegen ist frei und unsterblich. Die Konsequenzen dieser Einstellung: Ärzte sind für die Behandlung des Körpers zuständig. Psychologen und Psychiater befassen sich ausschließlich mit der Seele. Die Psychiatrie, die eigentlich die Vereinigung dieser verschiedenen Standpunkte bewirken wollte, hat sich aus der Affäre gezogen, indem sie alles, was mit der menschlichen Seele und ihren Problemen zu tun hat, auf organische oder biochemische Ursachen reduziert und entsprechend behandelt.

Erst seit einigen Jahren versuchen Pioniere, wieder eine Brücke über diesen Körper-Seele-Dualismus zu schlagen und Patienten ganzheitlich zu behandeln.

Nach welchen Prinzipien Geist und Körper zusammenwirken, liegt allerdings nach wie vor im dunkeln. Viele Menschen, die grundsätzlich daran glauben, daß wir aus Körper und Seele bestehen, halten den Körper für die Hauptperson, was sich in einem Satz wie diesem ausdrückt: »Mein Körper hat eine Seele.« Was mit dieser Seele beim Tod geschieht, ob sie sterblich oder unsterblich ist, ist eine Frage des Glaubens, das muß bei dieser Betrachtungsweise jeder für sich selbst entscheiden.

### *Die Seele in der christlichen Theologie*

Ursprünglich war in den Anfängen des Christentums immer von drei Komponenten die Rede gewesen. Der Apostel Paulus sprach stets von Körper, Seele und Geist. Der Körper konnte Paulus zufolge verschiedene Gestalten haben: den normalen aus Fleisch und Blut und einen anderen, vergeistigten oder feinstofflichen Seelen-Körper, der nicht den Gesetzen der Materie unterworfen war. Der Geist wurde als das tiefste universelle Bewußtsein in uns definiert. Die Seele war eine Art »Treppe«, ein Bindeglied, mittels dessen der Geist sich im Körper manifestieren konnte. Dieses Modell fand die Kirche später zu kompliziert, oder es widersprach ihren politischen Zielen. Wie auch immer, sie ersetzte es kurzerhand durch das schlichtere dualistische von Körper und Seele und befaßte sich in diesem Rahmen weitgehend mit »Seelsorge«.

*Die Seele in der Psychologie*

Heute wird der Begriff Seele meist durch den psychologischen Begriff Psyche ersetzt, und man tut so, als bestünde zwischen beiden kein Unterschied. Die Seele der Psychologie ist der Ort der Triebe, Ängste, Konflikte, der Neurosen und Komplexe – also der Tummelplatz für die Auswirkungen und Störungen der Seele, niemals aber sie selbst. Freud, der Begründer der Psychoanalyse, unterteilt als erster »Psychisches« in drei Bereiche: das Es, das Ich und das Über-Ich. Das Es ist weitgehend identisch mit dem Unbewußten. Das Über-Ich sind die in die eigene Seele integrierten Gebote und Verbote der erziehenden Umwelt, das Ich ist schließlich eine höchst differenzierte Vermittlungsinstanz, sowohl zwischen den Ansprüchen von Es und Über-Ich als auch zwischen denen von Person und Umwelt. Unverarbeitete Konflikte zwischen diesen Instanzen sind Neurosen.
Diese Dreiteilung der Psyche hat die moderne Psychologie stark geprägt und kommt in der einen oder anderen Form immer wieder vor. So z. B. bei Eric Berne, dem Mitbegründer der Transaktionalen Psychoanalyse, der das Es als Kind in uns interpretiert, den vernünftigen Erwachsenen als Ich und moralisierende Elternteile als Über-Ich.

Bei C. G. Jung besteht die Psyche – grob skizziert – aus dem Bewußtsein, dessen Träger das Ich ist, aus dem persönlichen Unbewußten, das das Reich der Schatten, des Vergessenen, Verdrängten, Nichtgelebten darstellt, und seiner wichtigsten Entdeckung – dem überpersönlichen kollektiven Unbewußten, das der Psyche des einzelnen ebenso zugrunde liegt wie der gesamten Menschheit.
Dieses kollektive Unbewußte ist der Ort der Archetypen, das sind Grundthemen und -figuren, die in den Bildsymbolen von Träumen, Märchen und Mythen erkennbar werden (z. B. der Held, die Liebenden, der Teufel).

*Die Seele in der Naturwissenschaft*

Die Seele kam bei den Naturwissenschaftlern bis vor etwa hundert Jahren so gut wie gar nicht vor, abgesehen von einigen absurden Experimenten zu Beginn des Jahrhunderts. Um die Existenz der Seele nachzuweisen, wurde in speziellen Labors zur Seelensuche damals versucht, sie beim Verlassen des Körpers zu fotografieren oder sie mit einem eigens als Waage konstruierten Sterbebett unmittelbar vor und unmittelbar nach dem Tod eines Menschen zu wiegen, in der Hoffnung, die Diskrepanz als das »Gewicht der Seele« definieren zu können.
Wenn man die Ärzte nicht zu den Naturwissenschaftlern rechnet, sondern den Begriff auf Physiker, Chemiker und Biologen beschränkt, so ist die Seele in dieser Disziplin erst seit gut zehn Jahren ein Forschungsgegenstand. Natürlich heißt die Seele bei den Naturwissenschaftlern nicht Seele oder Psyche. Was dort nunmehr mit großem technischen Aufwand erforscht wird, sind unsichtbare, aber meßbare elektrische oder auch morphische Felder.

Eine der interessantesten Theorien der letzten Jahre stammt von dem amerikanischen Biologen und Verhaltensforscher Rupert Sheldrake. Nachdem er jahrelang Phänomene zusammengetragen hatte, die bis zu diesem Zeitpunkt wissenschaftlich nicht zu erklären waren, suchte er nach einem gemeinsamen Nenner für diese scheinbar unerklärlichen Erscheinungen. Diese Suche führte ihn schließlich zu einem empirisch überprüfbaren Modell der Seele und zu der für einen orthodoxen Naturwissenschaftler erstaunlichen Erkenntnis: Nicht nur Menschen und Tiere, sondern alle Dinge dieser Welt haben eine Seele, die unabhängig von Zeit und Raum ist. Als Naturwissenschaftler verwendete er zwar nicht den religiösen, wissenschaftlich jedoch dubiosen Begriff Seele, sondern er sprach von empirisch greifbaren »morphischen Feldern«. Der Begriff »Feld« stammt ursprünglich aus der Physik und definiert einen Raum, der aus unsichtbaren Kraftlinien und Informationen gebildet wird.
Nach Sheldrake besitzen alle Menschen und alle Dinge dieser Welt neben bestimmten materiellen Eigenschaften auch ein solches morphisches Feld – eine Art übergeordneten Bauplan, nach dem Körper und Verhalten sich formt und ordnet.
Wir beschreiben Sheldrakes morphische Felder hier nicht zuletzt deshalb so ausführlich, weil sie verblüffende Parallelen zu den Eigenschaften aufweisen, die die esoterische Reinkarnations-Therapie über die Seele in Erfahrung gebracht hat, zum Beispiel diese:

1. Morphische Felder gehen, genauso wie die Seele, nie verloren: Wenn ein Mensch (oder irgendein anderer Teil der Natur) stirbt, so verschwindet zwar sein morphisches Feld – also seine Seele – von der Bildfläche, doch kann sie zu einer anderen Zeit und an einen anderen Ort zurückkehren, wenn die entsprechenden materiellen Bedingungen gegeben sind.

2. Dabei behalten morphische Felder – wie die Seele – eine zumindest unbewußte Erinnerung an ihre frühere physische Existenz. Und wie die Seele bleiben sie sich selbst durch Zeit und Raum hindurch stets ähnlich.
3. Sie treten in Gruppen und Hierarchien auf, die sich gegenseitig »wiedererkennen« und beeinflussen.
4. Schließlich: Da morphische Felder auch unabhängig von Raum, Zeit und materieller Form existieren, ist Vergangenheit überall potentiell präsent – wie bei der Seele.

All das »weiß« man, laut Sheldrake, ohne allerdings je ein einziges morphisches Feld gesehen zu haben. Und so ähnlich geht es den Reinkarnations-Therapeuten und ihren Klienten auch mit der Seele:

*Die Seele in der esoterischen Reinkarnations-Therapie*

Auch unter Reinkarnations-Therapeuten gibt es keinen, der je eine Seele gesehen hätte. (Das will aber nicht viel heißen – wer hat schon mal elektrischen Strom gesehen?) Sie stehen zwar in täglichem Dialog mit ihnen, hören ihnen zu, versuchen, ihre verschlüsselten Botschaften zu verstehen, und manchmal gelingt das sogar recht gut. Doch wenn es darum geht, zu definieren, was Seele denn nun eigentlich ist, dann sind sie ebenso auf indirekte Beschreibungen angewiesen wie alle anderen Disziplinen, die sich mit dem »Seelenheil«, der »Seelsorge«, dem »Seelenfrieden« oder der »Seelenwanderung« befassen.
Die Seele, die die Reinkarnations-Therapeuten erleben, enthält Elemente der Philosophen ebenso wie solche der Psychologen, Theologen, Analytiker und Naturwissenschaftler. Vor allem

Sheldrakes Modell der morphischen Felder liefert nicht nur eine glaubwürdige Erklärung für eine Reihe scheinbar okkulter Phänomene, denen der Klient in der Therapie begegnet, sondern auch ein Verständnismodell für die uralte Sehnsucht der Menschen nach einem alles übergreifenden Zusammenhang – letzten Endes nach einem Schöpfer, der alle Fäden in der Hand hält.
Trotzdem bleibt die Frage offen, über die sich die Anhänger der Reinkarnationslehre seit jeher den Kopf zerbrechen – und auch alle Klienten, die sich in immer neuen Leben unter immer neuen Masken wiederfinden und nun verwirrt wissen wollen: Was genau von mir ist es, das immer wieder aufs neue geboren wird? Dies ist der Versuch einer Antwort:

*Ich und Unter-Ich*

Wir empfinden uns als mehr oder weniger scharf umrissene Einheit aus Körper, Seele (Gefühl) und Geist (Intellekt) und bezeichnen diese mit »Ich«:
»Ich bin 28, Abitur, Computerspezialist, 1,80 groß, ehrgeizig, verheiratet, ein Kind.«
»Ich bin Hausfrau, 44, koche gern und leide darunter, daß ich dreißig Pfund zuviel auf die Waage bringe und mein Mann eine jüngere Freundin hat.«
Die verschiedenartigsten Aussagen über Beruf, Aussehen, Charaktereigenschaften und Probleme fügen wir zu einer Identität zusammen – all das bin und habe »Ich«.

In Wirklichkeit bestehen wir aber aus vielen bewußten und unbewußten Teilen. »Die Grundstruktur des menschlichen Daseins«, so C. G. Jung, »ist die multiple (vielfältige) Persönlichkeit.«

Wir identifizieren uns allerdings nur mit den Teilen unserer Persönlichkeit, die uns bewußt sind, und bezeichnen sie landläufig als »Ich«. Die unbewußten Seiten, die im Schatten oder Halbschatten liegen, die kennen wir nicht mehr, aber vorhanden sind sie natürlich trotzdem: Wer ist nicht schon mal dem »inneren Schweinehund« begegnet? Wer hat nicht plötzlich durch die Vorwürfe seiner »inneren Stimme« ein schlechtes Gewissen bekommen? Wer hat sich nicht selbst schon gefragt, was da eigentlich »in ihn gefahren« oder was da »aus ihm herausgerutscht« ist? Während uns die Tatsache, daß sich unser Körper aus vielen verschiedenen bekannten und unbekannten Bestandteilen zusammensetzt, nicht im geringsten stört, bedroht die Vorstellung, daß zwei Seelen, ach, in unserer Brust wohnen, unseren Sinn von Identität. Es sind natürlich viel mehr als zwei.
Es widerstrebt uns zutiefst, gerade solchen Identitäten, deren Charakterzüge wir nicht mögen, Raum und Stimmrecht zu geben. Solche »Unter-Ichs« passen nicht in das Selbstbild, das die Hauptperson sein soll. Sie werden folglich unterdrückt und tauchen dann entweder durch Krankheit, Schicksalsfiguren im Außen – oder auf der Couch des Reinkarnations-Therapeuten wieder auf:

Die abgeschobenen Unter-Ichs der Klienten tragen jetzt Masken und Kostüme aus vergangenen Zeiten, haben manchmal sogar das Geschlecht vertauscht – aber in diesen Geschichten aus »früheren Leben« spielen sie jetzt die Hauptrollen.
Manchmal können sich die Klienten auf Anhieb mit ihrer Schattenfigur identifizieren. Manchmal pendeln sie eine Weile unsicher zwischen zwei Figuren hin und her. Aber auch wenn ihnen ihre Rolle in diesem oder jenem Spiel noch so widerwärtig erscheint – für die Dauer dieses »Lebens« werden sie schließlich

voll und ganz zu dieser Person. Erst im nachhinein, mit dem Wachbewußtsein, kommt die Scham, gefolgt von dem verzweifelten Versuch, diese »Ausrutscher« zu rechtfertigen oder zumindest zu entschuldigen.

Im Laufe der Therapie lernen die Klienten dann allmählich, ihren ungeliebten inneren Figuren ehrlicher, offener und mit Mitgefühl ins Gesicht zu blicken.
Und noch etwas lernen sie: Die Eigenschaften, die diese Unter-Ichs verkörpern, bleiben im Prinzip stets die gleichen: Wer Aggression zum Thema hat, der wird in allen Inkarnationen auf die eine oder andere Weise damit konfrontiert, mal als Opfer, mal als Täter. Mal auf der körperlichen Ebene mit Faust, Axt oder Giftbecher, mal auf der seelischen mit beißendem Spott oder giftigem Klatsch.
Verwundert stellen die Klienten nun fest, daß ihre Unter-Ichs aus den Therapiebildern immer deutlichere Entsprechungen zu ihrem jetzigen Leben finden: Vor allem die Charaktereigenschaften, die sie an anderen schon immer gestört haben, die entdecken sie jetzt auch bei sich.
Ungeliebte Bezugspersonen unseres Lebens und die wiedergefundenen Unter-Ichs repräsentieren beide unsere eigenen Seelenteile: wie innen, so außen. Nur haben die Klienten das bisher nicht wahrhaben wollen. Je mehr Teile ihrer Seele sie auf diese Weise kennenlernen, desto besser können sie die innere Verwobenheit erkennen, die zwischen allen Figuren besteht – mögen sie nach außen hin und quer durch alle Zeitalter auch noch so verschieden sein.
Doch wer ist die Essenz, die hinter allen Figuren, Haupt- und Nebenrollen steht, mit denen sich der Klient abwechselnd identifiziert – in diesem und in allen anderen Leben?

*Wer oder was von uns wird wiedergeboren?*

Nicht ihr Körper, das wissen die Klienten nun, die sich mal in einer männlichen, mal in einer weiblichen Inkarnation wiedergefunden haben. Auch nicht das, was sie bisher für ihr persönliches Ich, ihre Hauptrolle, ihre »Seele« gehalten haben. Das können sie nun aus eigener Erfahrung bestätigen. Denn sie haben ja gesehen, daß bestimmte Merkmale, die sie für absolut sichere Bestandteile ihrer heutigen Persönlichkeit hielten, durchaus nicht in allen Inkarnationen auf dieselbe Art und Weise vorkamen.
Wer also ist jene Individualität, die sich in so vielen Facetten inkarnieren und darstellen kann und die, im Rahmen der Entwicklung, doch immer sich selbst ähnlich bleibt?

Ist es das »höhere Selbst«? Das »wahre Selbst«? Das »innere Selbst«? Die »reine Seele«, die in ewiger, einsamer Größe verharrt – im Gegensatz etwa zu der »Elementarseele«, die für das Grobe zuständig ist?
An den zahlreichen Begriffen, die durch die Literatur geistern, kann man schon erkennen, daß es nicht so einfach ist, diese Essenz eindeutig zu beschreiben.
Wir wollen der verwirrenden Fülle der Definitionen keine neuen hinzufügen, sondern nur das mitteilen, was die Klienten in der Reinkarnations-Therapie erleben. Sie stellen fest:
Was wiederkommt, das sind nicht nur ihre Lieblingsrollen, die sie schon gut gelernt haben – es sind vor allem die scheinbar häßlichen Nebenrollen der Unter-Ichs, die nun endlich auch mal Hauptrolle spielen dürfen und müssen. Sie müssen, weil alle Seelenteile, jeweils am richtigen Platz und zur stimmigen Zeit, ihren Beitrag zum großen Entwicklungsdrama zu liefern haben. Keiner darf fehlen! Was wäre ein Bühnenstück ohne »Bösewichter«?

Es geht also darum, alle fehlenden Rollen kennen- und spielen zu lernen, alle Unter-Ichs im Ich-Bewußtsein aufzunehmen. Nur so kann Ganzheit werden.
Was ist die gemeinsame Essenz, die bewirkt, daß wir uns in allen möglichen Rollen wiedererkennen? Gibt es da einen, den einen Schauspieler, der alle diese Rollen spielt?
Unser Ich in seiner Gesamtheit ist dieser Schauspieler.
Damit das Ich zum Bewußtsein seiner Gesamtheit kommt, muß es so lange spielen, bis es alle seine Rollen gespielt hat und alle lieben gelernt: den machthungrigen König Lear. Den eifersüchtigen Mörder Othello. Den wahnsinnigen Prinzen Hamlet. Den Suchenden Faust. Den unglücklich Liebenden Romeo. Und viele, viele andere.
Wenn das Ich-Bewußtsein von einer Rolle zur anderen wechselt und so eine Inkarnation mit der nächsten verbindet – und genau das geschieht in der Therapie im Zeitraffer –, dann wird dem Klienten mehr und mehr bewußt, daß er all diese Figuren und Persönlichkeiten ist, daß sie alle zu ihm gehören – und doch ist er im Grunde keine davon. Der Klient wird immer mehr in das Bewußtsein wachsen, dieser eine Schauspieler zu sein. Er muß sich immer weniger festhalten an einer bestimmten Hauptrolle, an die sich ein ängstliches, abgegrenztes Ich klammerte. Wir sind alle viel mehr … Für das innerste Wesen des Schauspielers, der sich letztlich selbst zum Kulissenschieber und Maskenbildner, zum Zuschauer und Regisseur geworden ist, für ihn gibt es viele andere Namen: C.G. Jung nennt ihn das Selbst, andere sprechen vom Göttlichen in uns.

Für viele Klienten ist dieses Modell zunächst einmal eine Enttäuschung. Die Vorstellung, nie wieder als derselbe wiederzukommen, nie mehr die alten Freunde mit ihren vertrauten Masken wiederzusehen, ist für Menschen mit ausgeprägtem Sinn für persönliche Identität bitter. Wozu dann all die Mühen?
Doch genausogut kann man das natürlich auch als Chance sehen. Was ist der schlimmere Gedanke: ewig eine kleinkarierte Persönlichkeit mit sich herumzutragen – oder zu wachsen, sich zu entwickeln, neue Rollen zu lernen, größer, umfassender zu werden, als wir uns das je erträumt haben? Und was ist härter: einen Freund nie mehr wiederzusehen oder einen Feind niemals loszuwerden?

Wenn Sheldrake recht hat – und wenn das, was wir durch die Reinkarnations-Therapie über die Seele in Erfahrung gebracht haben, stimmt –, dann werden wir zwar wohl wirklich niemals wieder die gleichen sein. Aber trotzdem gibt es zwischen unseren jeweiligen Persönlichkeiten in verschiedenen Inkarnationen eine Reihe von Gemeinsamheiten, die uns bei der Seelenwanderung das Wiedererkennen erleichtern, mit uns selbst ebenso wie mit anderen:

1. Nicht die Persönlichkeit einer bestimmten Inkarnation, aber die Seele in ihrer Ganzheit hat Erinnerungsvermögen. Wenn unser Körper stirbt, dann bleiben alle Informationen dieses vergangenen Lebens in der Seele, dem morphischen Feld des Schauspielers, gespeichert. Die Persönlichkeit, die er vorübergehend angenommen hatte, ist tot und kommt in dieser Gestalt nie mehr wieder. Die Informationen jedoch, die in der Seele

gespeichert sind, fügen sich, wenn der Schauspieler in eine neue Rolle schlüpft, also in eine neue Persönlichkeit hineingeboren wird, in die bereits vorhandenen Informationen aus anderen Leben ein und treten in Wechselwirkung damit. Wäre die Wechselwirkung nicht vorhanden, gäbe es keine Entwicklung, die aufeinander aufbauen könnte. Alle Begabungen oder Schwächen, die wir in ein Leben mitbringen, sind Ausdruck von dem, was wir in früheren Leben bereits gelernt oder nicht gelernt haben.

2. Die Seele bleibt sich stets ähnlich: Die neue Persönlichkeit, die den Schauspieler nun ein Leben lang repräsentiert, ist all den vergangenen Inkarnationen ähnlich, steht in Wechselwirkung und Resonanz mit ihnen. Wenn wir die früheren Leben eines Klienten anschauen, beobachten wir: Die Kulissen wechseln, das dahinterstehende Muster bleibt sich immer ähnlich. Alle Geschichten, die der Klient erzählt, sind Variationen seiner Grundthemen, seines morphischen Feldes, seines Horoskops. Eines der wesentlichen Ziele der Reinkarnations-Therapie besteht darin, das »Erinnerungsvermögen« des Klienten in bezug auf all das, was er schon war und so ähnlich noch immer ist, aufzufrischen. Damit wird eine Verbindung hergestellt zwischen Seelenteilen, die bisher getrennt voneinander Eigenleben geführt haben. Die Bandbreite des bewußten Ich wird größer, der Schauspieler als solcher wird bewußter wahrgenommen.
3. Wir sind nicht alleine auf der Welt. Es gibt andere Menschen, andere Schauspieler, die sich in Gruppen und Hierarchien anordnen. Familie und Gesellschaft sind Beispiele dafür. Und alle haben ein ähnliches Entwicklungsprogramm zu erledigen. Sie lernen miteinander und aneinander, spiegeln sich gegenseitig wider.

Deshalb begegnen wir in unseren verschiedenen Leben immer Menschen, die sich an ihren Hausaufgaben genauso abmühen wie wir, und offensichtlich sind es nicht nur die gleichen Hausaufgaben, sondern oft auch die gleichen Menschen. Im Alltag *eines* Lebens wird uns das nur selten bewußt. In der Therapie jedoch erkennt die Seele ihre Weggefährten. Fast alle Klienten stellen während der Therapie mit Verwunderung fest, daß sie die wichtigsten Personen in ihrem Leben in verschiedenen Rollen wiedererkennen: Der jetzige Partner ist in einem früheren Leben der Vater oder der Sohn. Ein Konkurrent im Beruf taucht als ehemaliger Rivale im Streit um eine Frau auf. Oft, wenn eine Beziehung noch nicht völlig beendet ist, ist die Ehefrau von heute die Geliebte von »damals« – oder umgekehrt. Die Seele weiß also Bescheid.

### *Die Beziehung Klient–Therapeut: eine alte Liebe?*

Auch der Therapeut erweist sich oft unter den verschiedensten Masken als »alter Bekannter«. Zunächst sieht es so aus, als würde das die ohnehin schon komplizierte Beziehung zwischen Klient und Therapeut noch zusätzlich erschweren. Vor allem dann, wenn der Klient eine Klientin ist und der Therapeut ein Mann. Schließlich weiß seit Freud fast jeder, daß sich die Klientin während der Therapie häufig in ihren Therapeuten verliebt. Für dieses »Risiko« wird in der psychoanalytischen Fachliteratur der Begriff »Übertragung« verwendet. Natürlich kommt gelegentlich – aber seltener – auch der umgekehrte Fall vor: Der Therapeut verliebt sich in die Klientin. Das ist dann die sogenannte Gegenübertragung.

Nun sind Übertragung und Gegenübertragung keine Erfindungen

der Psychoanalyse, sondern sie kommen tatsächlich im therapeutischen Alltag vor, und es zeichnet einen guten Therapeuten aus, die Machtposition seiner Rolle nicht auszunutzen. Wenn er sensibel damit umgeht, ist eine solche Situation kein »Therapie-Unfall«, sondern eine große Chance.
Bei der Therapie begegnen sich ja nicht nur Therapeut und Klient in ihren jeweiligen Rollen, sondern es findet auch eine Berührung von zwei Seelen statt – bewußt oder unbewußt. Erfolg und Qualität einer Therapie hängen auch davon ab, daß diese Berührung eine bewußte ist oder wird. Für den Therapeuten gilt: Wer andere öffnen will, der muß sich selbst öffnen. Wer berührt, wird berührt. Der Therapeut weiß das und hat, hoffen wir es zumindest, die Erfahrung, mit solchen Situationen souverän umzugehen. Die Klientin jedoch, die sich vielleicht noch nie jemandem so offen und persönlich mit all ihren Gedanken und Gefühlen gezeigt hat wie ihrem Therapeuten, verliebt sich.
Bei der Reinkarnations-Therapie kommt für die Klientin manchmal noch hinzu, daß sie ihren Therapeuten in früheren Leben ganz spontan wiedererkennt und dort mit ihm eine – wie immer geartete – Beziehung hatte. Gerade in dieser Situation liegt die besondere Möglichkeit und Chance der Reinkarnations-Therapie: Denn nun hat sie die Gelegenheit, quasi offiziell mit ihrem Gefühl umzugehen.
Wenn der Therapeut merkt – und er sollte es schnell merken –, daß die Klientin Anzeichen von Verliebtheit zeigt, dann fordert er sie ausdrücklich auf: »Geh zurück durch Zeit und Raum und schau, ob da eine Situation ist, in der du auch schon mit mir zu tun hattest.«

Jetzt kann sie ohne Hemmungen alle Schranken fallen lassen und das scheinbar so heikle Tabu-Thema auf der Bilderebene ausleben. Die Geschichten, die ihre Seele erzählt, handeln von den Beziehungen zwischen ihr und dem Therapeuten auf allen möglichen Ebenen. Es geht um Opfer und Täter, Mann und Frau, Vater und Tochter, Pflicht und Neigung und natürlich immer wieder um Sex. Es kann aber durchaus auch vorkommen, daß die beiden sich als zwei Männer oder als Mutter und Tochter gegenüberstehen.

Danach hat die Klientin dann im Zeitraffer ihrer Seelenbilder ganze Leben gemeinsam mit dem Therapeuten überschaut. Und nun weiß sie, was der Therapeut natürlich schon lange weiß: Wir sind keine Fremden, die sich da zufällig im Rahmen der Therapie begegnet sind. Wir sind zwei Seelen, die sich schon lange kennen und etwas miteinander zu erledigen haben.

Jetzt kann der Therapeut erklären: Nach all diesen früheren Begegnungen – gleichgültig, ob sie historisch stattgefunden haben oder auf einer anderen Wirklichkeitsebene möglich wären – besteht jetzt die Chance, in der Therapiesituation miteinander und aneinander das zu lernen, was sie beide in früheren Situationen von Leidenschaft, Begierde, Eifersucht und Machtspielen nicht begriffen haben: Zwei Seelen, die miteinander zu tun hatten und haben, setzen ein gemeinsames Stück Weg fort. Diesmal aber geht es nicht um persönliche Verwicklungen, sondern darum, im Rahmen einer Therapie mehr Bewußtsein zu entwickeln.

Am Ende dieses Weges stehen im Idealfall zwei Menschen, die sich erkannt haben und daher frei voneinander sind. Nun können sie im Gefühl des Miteinanderverbundenseins einander loslassen und jeder für sich weitergehen ... genau so, wie sie von allen anderen Bindungen in ihrem Leben früher oder später loslassen müssen.

## 5 *Woher – wohin?*

Wozu das alles? Warum kommen wir wieder – in welcher Form auch immer? Wer ist dafür verantwortlich? Geht das immer so weiter, oder hat das irgendwann ein Ende? Und wenn es ein Ende gibt: Was geschieht, wenn wir eines Tages, nach unserem letzten Leben, am Ziel angekommen sind? Diese und ähnliche Fragen stellt sich irgendwann jeder, der sich mit Reinkarnation beschäftigt. Mit der Antwort, daß etwas einfach so ist, wie es ist, haben sich die Suchenden noch nie zufriedengegeben. Erst die Weisen haben es schließlich erkannt. Aber dazu mußten sie zuerst Suchende gewesen sein.

Wir normalen Sterblichen jedoch gehen davon aus, daß es für alles einen Grund geben muß. Schon das Johannes-Evangelium beginnt mit den Worten: »Am Anfang war das Wort.« Im Altgriechischen bedeutet »Wort« auch »Grund«. Natürlich ist die Frage nach dem Woher und Wohin kein Privileg der Kirchen, und auch keines derjenigen, die an Reinkarnation glauben. Naturwissenschaftler und Philosophen, Dichter, Mystiker und Theologen aller Richtungen befassen sich seit jeher mit dem unergründlichen Rätsel unserer Existenz.

### *Wie alles anfing*

»Am Anfang schuf Gott Himmel und Erde.« Dieser erste Satz aus der Schöpfungsgeschichte der Bibel (Moses 1,1) stimmt inhaltlich mit fast allen Schöpfungsmythen der Welt überein: Am Anfang war jemand, der alles in Gang setzte. Auch was danach geschah, wird in den Mythen aller Kulturen ähnlich beschrieben.

Überall ist die Rede von einem »besseren Ort« – Paradies, Nirwana, Garten Eden –, wo der Mensch ursprünglich zu Hause war, bevor er ihn nach einem Sündenfall – der ebenfalls in fast allen großen Schöpfungsmythen vorkommt – verlassen mußte. So wurden auch Adam und Eva aus dem »Garten Eden« vertrieben, als sie nach dem Apfel vom Baum der Erkenntnis griffen. Bis heute wissen wir von niemandem, dem es gelungen wäre, den Weg zurück ins Paradies zu finden, obwohl viele behaupten, ihn zu kennen.
Die Mythen um die Entstehung der Welt, den Sündenfall und den göttlichen Zorn reichten der Menschheit Jahrtausende lang als Erklärung für ihr von Leiden und Suchen geprägtes Schicksal aus. Erst vor hundert Jahren, mit dem Siegeszug der naturwissenschaftlichen Weltschau, begannen die Menschen, sich mit dieser Erklärung nicht mehr zufriedenzugeben. Sie begannen, nach wissenschaftlichen Erklärungen zu suchen. Neben Charles Darwin, der die Evolutionslehre begründete, waren es vor allem die Physiker und die Kosmologen, die der Schöpfung mit den Methoden der Naturwissenschaft auf den Grund zu gehen versuchten. Und vor einigen Jahren sah es tatsächlich so aus, als wäre – bis auf Bruchteile der ersten Sekunde – zumindest das Rätsel um die Entstehung der Welt gelöst: Die Theorie vom Urknall ging um die Welt.

So erklärten die Wissenschaftler den Beginn: Vor etwa 15 Milliarden Jahren startete die Schöpfung mit einer urgewaltigen Explosion. Im Feuerball des Big Bang entstanden erst Atombausteine, dann Atome, die sich allmählich zu Molekülen zusammenfügten. 50 Millionen Jahre nach dem Urknall verklumpten sie zu Galaxien. Vor 5 Milliarden Jahren bildete sich am Rande einer dieser Galaxien der Planet Erde aus kosmischen Staubwolken. Erst kürzlich, gemessen an diesen gigantischen Zeiträumen, wandelte sich der Affe zum Menschen. Soweit schien alles völlig logisch. Doch gerade als die Theorie vom Urknall anfing, überall Fuß zu fassen und in breiten Schichten zum Allgemeingut zu werden, mehrten sich die kritischen Stimmen – ausgerechnet aus den Reihen ihrer Begründer.

Die Kosmologen selbst waren plötzlich mit ihrer eigenen Urknall-Theorie nicht mehr zufrieden. Wie kann es sein, so fragten sie, daß aus einem kosmischen Nichts, einer leersten Leere, über die keine wissenschaftlichen Aussagen mehr möglich sind, ein gesamtes Universum entstanden sein soll?

Von dieser Frage war es nur ein kleiner Schritt bis zur nächsten, die der französische Kosmos-Forscher Gérard de Vaucouleurs etwas ironisch so formulierte: »Was machte Gott, bevor er das Universum schuf?«

Und so kehrt auch die Naturwissenschaft auf Umwegen zurück zu der scheinbar so altmodischen und unwissenschaftlichen Vorstellung, daß am Anfang der Welt eine Macht gestanden haben muß, die in diesen Kreisen natürlich nicht als Schöpfer oder Gott, sondern als »transzendentale Wirklichkeit«, »kosmische Energiequelle«, »Superkraft« oder »ursprünglich einheitliches Feld« bezeichnet wird. Aber das sind nur andere Worte für ein und dieselbe Idee:

Der Wissenschaftsjournalist Hoimar von Ditfurth: »Es ist plausibel anzunehmen, daß unsere Wirklichkeit von einer umfassenderen Ordnung getragen wird.«

Der Biologe und Verhaltensforscher Rupert Sheldrake: »Der Evolutionsgedanke beinhaltet eine Theorie ursprünglicher Einheit. Er führt die Vielgestaltigkeit der Welt auf einen Ursprung zurück. Alle Formen des Lebens stammen von ein und derselben Urform ab. So sind wir also allen Lebewesen verwandt und letztlich auch mit allen anderen Dingen im Universum verbunden. In den traditionellen Schöpfungsmythen finden wir diese Auffächerung des ursprünglich Einen in die Vielfalt der Dinge, und die modernen Evolutionstheorien entsprechen dieser mythischen Betrachtungsweise.«

Der Physiker Paul Davies: »Zusammengenommen deuten die Forschungen der neueren theoretischen Physik auf die faszinierende Idee hin, daß die Natur in ihrer Gesamtheit dem Wirken einer einzigen Superkraft unterliegt. Diese Superkraft läßt das Universum nicht nur entstehen, sondern gibt ihm auch Licht, Energie, Materie und Struktur. Sie wäre jedoch mehr als bloß ein schöpferisches Prinzip, sie wäre die Verschmelzung von Materie, Raum, Zeit und Kraft zu einem Kontinuum und würde offenbaren, daß das Universum von einer bisher ungeahnten Einheitlichkeit und Einheit ist.«

Wer oder was dieser Schöpfer ist, die »Superkraft«, das »ursprünglich einheitliche Feld«, dieser Inbegriff von Einheit und Vollkommenheit, das ist nach wie vor eine Domäne der Religionen und der Philosophie. Doch zumindest wissen und spüren wir, daß wir alle daraus entstammen und uns dorthin zurücksehnen.

Das Interesse der Naturwissenschaftler konzentrierte sich auf die Frage, ob die Schöpfung ein einmaliger Akt und mit der Erschaffung der Welt erledigt war, oder ob die schöpferische Kraft nach wie vor im Universum und im Leben eines jeden Menschen wirksam ist. Die meisten sind inzwischen zu dem Schluß gekommen, daß alles für die dynamische Betrachtungsweise des Universums spricht.

Das hat erhebliche Konsequenzen für unser Thema: Wenn schon die materielle Welt nicht mehr nur nach statisch kausalen Regeln abläuft, dann muß die Seele erst recht einer dynamischen Entwicklung unterworfen sein. Das bedeutet: Niemand kann in dieser Welt existieren, ohne sich zu entwickeln.

Für die Esoterik sind solche Gedanken nichts Neues. Sie vertritt schon seit Jahrtausenden die These, daß die Schöpfung nicht zufällig entstand, sondern aus einer göttlichen Absicht hervorgegangen ist. Auch auf die Frage, was Gott mit der Erschaffung der Welt beabsichtigt haben mochte, hat die Esoterik eine Antwort: Sie wurde von Gott geschaffen, lautet die provozierende These, um seiner Selbsterkenntnis und Selbstverwirklichung zu dienen, und der Mensch spielt dabei eine zentrale Rolle.
Der deutsche Mystiker Meister Eckhart formulierte das selbstbewußt so: »Daß Gott ist, dafür bin ich die Ursache. Wäre ich nicht, so wäre Gott nicht Gott.«
C. G. Jung ging sogar noch weiter. Er postulierte, daß die »Kreatur ihren Schöpfer um ein winziges überragt. Der unbewußte Gott sehnt sich nach Licht und hat wahrscheinlich die Schöpfung geschaffen, um dadurch selbst bewußt zu werden.«
Wenn der Schöpfer unsere Welt am Anfang nicht wie ein Uhrwerk aufgezogen hat, das nun bis zum Ende abschnurrt, sondern wenn er selbst sich unablässig in diese Welt hinein entwickelt und auch von der Welt beeinflußt wird, dann fällt uns Menschen in diesem Entwicklungsprozeß eine Hauptrolle zu. Aber was sollen wir entwickeln?
Für Darwin war das keine Frage.

*Die Evolution: Warum sind wir hier?*

Als Charles Darwin im letzten Jahrhundert seine Evolutionstheorie vorstellte und damit den Entwicklungsgedanken erstmalig einer breiten Öffentlichkeit nahebrachte, ging es wie ein Paukenschlag durch die Welt: Unsere einzige Existenzberechtigung besteht in der physischen Entwicklung der Spezies über lange Generationsreihen hinweg.
Diese Evolution beruht auf drei Grundgesetzen: der natürlichen Auslese, der Tendenz zur Variation und dem Kampf ums Dasein. Die Entwicklung der Individualität ist, evolutionstechnisch gesehen, irrelevant. Aus diesem Gedanken entstand übrigens auch der Kommunismus. Darwins These vom Überleben der Bestangepaßten und Stärksten gilt allen Einschränkungen zum Trotz auch heute noch als die überzeugendste Lösung, die bisher von wissenschaftlicher Seite vorgebracht worden ist, und ist weithin populär. Schließlich sind ja daraus wir Menschen entstanden, und nach Darwin sind wir ja die »Krone der Schöpfung«. Aber wenn man hinterfragt, wozu diese gesamte Evolution nach Darwin gut sein soll, muß man einräumen, daß ihr einziges, moralisch überaus anfechtbares Ziel darin besteht, genetisch starke Wesen hervorzubringen, die sich auf Kosten der Schwächeren durchsetzen. Aber die Entwicklung der Spezies, also der Menschen schlechthin, ist doch nur ein Ausschnitt aus unserer Entwicklungsaufgabe. Zur Evolution gehört nicht nur die physische Entwicklung zur bestmöglichen Qualität, sondern auch die intellektuelle, seelische und spirituelle Entwicklung einer individuellen Persönlichkeit.

Die Theosophen haben am präzisesten beschrieben, wie wir uns diesen Entwicklungsprozeß vorzustellen haben. Das theosophische System ist heute in praktisch allen esoterischen Richtungen maßgeblich, auch wenn viele den Ursprung der Gedanken gar nicht mehr kennen. Wer in groben Zügen mit der theosophischen Denkweise und den dort verwendeten Begriffen vertraut ist, kann die meisten esoterischen Schriften besser verstehen. Die Theosophie sagt:

»Der erste Schritt besteht in der körperlichen Entwicklung. Dazu gehören auch von Zeit zu Zeit stattfindende Mutationen (= Entwicklungssprünge). Jedes Wesen entwickelt sich vom Stein über die Pflanze und Tier zum Menschen. In Mineralien schläft das Bewußtsein, in Pflanzen träumt es, in Tieren erwacht es langsam und regt sich, im Menschen wacht es ganz auf, und in weisen oder erlösteren Menschen erkennt es sich voll.

Ist mit der Menschwerdung die körperliche Entwicklung abgeschlossen, folgt als nächster Schritt die intellektuelle und humanitäre Evolution der Menschheit – in dieser Phase befinden wir uns gerade. Dabei geht es um die Erweiterung des Bewußtseins und die Entwicklung einer Individualität. Unser Bewußtsein mag zwar das am höchsten ausgebildete sein, aber es ist nichts im Vergleich zu unserer Unwissenheit.

Diese Entwicklung ist ebenfalls ein langdauernder Prozeß. Für eine relativ kurze Zeit, die uns allerdings sehr lange vorkommt, nämlich viele Inkarnationen lang, stellt unsere Individualität die Verbindung von einem Leben zum nächsten her. Aber am Ende dieses Weges ist die Individualität auch nicht mehr notwendig. Dann gibt es nur noch das eine universelle Selbst.

Der dritte und letzte Schritt ist die spirituelle Entwicklung. Darüber läßt sich noch nicht viel zu sagen, weil wir noch zu weit davon entfernt sind. So wie die geistige Evolution erst stattfinden konnte, als die körperlichen Voraussetzungen dafür geschaffen waren, so muß das Bewußtsein gerüstet sein, um reif für die spirituelle Entwicklung zu werden. Doch wenn wir dereinst Bewußtsein und Individualität voll entwickelt haben, glauben die Theosophen, kommt der nächste Quantensprung, der uns über die Grenzen der Individualität hinauskatapultiert in die Superhumanität. Dann werden wir zu dem, was Teilhard de Chardin als ›suprahumane Wesen‹ bezeichnete – zu Engeln, Heiligen oder was auch immer man sich darunter vorstellen mag. Wenn diese Stufe erreicht ist, werden wir nicht mehr wiedergeboren. Dann hat sich die Reinkarnation erübrigt, und wir entwickeln uns in anderen Daseinszuständen weiter oder kehren zurück in die göttliche Einheit, der wir alle entstammen.

In gewisser Weise ist dieser Weg aus der Einheit hinaus, in die Welt hinein und in eine neue Einheit zurück eine einzige große Inkarnation. In diesem Prozeß wird aus dem anfänglichen Überlebenskampf allmählich Lebensfreude, aus der dumpfen Ahnungslosigkeit Bewußtsein.«

Soweit die Theosophen. Ob nun die Entwicklung der Seele tatsächlich so verläuft, wie diese sich das vorstellen, oder so ähnlich oder vielleicht auch ganz anders, muß dahingestellt bleiben. Jede Vorstellung, die wir darüber haben, ist immer nur ein Modell. Doch macht die These, daß wir hier sind, um uns zu entwickeln, nur dann Sinn, wenn wir akzeptieren, daß sich viele Leben eines Menschen aneinanderreihen und durch ein »inneres Band« zusammenhängen. Ein einziges Leben ist viel zu kurz für eine solche Aufgabe. Deshalb macht die Vorstellung Sinn, daß wir immer wieder zurückkehren, um die Lektionen zu lernen, die das Leben für uns bereithält, so lange, so oft und so schmerzlich manchmal, bis wir alles begriffen und gelernt haben, was zu lernen ist.

Alle Entwicklung im menschlichen Bereich strebt von der Unvollkommenheit zur Vollkommenheit, von der Vielfalt zur Einheit, von der Begrenzung zur Grenzenlosigkeit. Bewußt oder unbewußt strebt alles im Universum danach, Freiheit, Einheit und Vollkommenheit zu erreichen. Wir sammeln Erfahrungen, um uns vom Rad des Lebens zu befreien. Jeder Zeitzyklus, ob Tage oder Inkarnationen, ist ein Schritt, der uns dem Ziel näher bringt.

Für diejenigen, die immer noch glauben, mit dem Tod müsse logischerweise alles aus sein, eine kleine Geschichte zum Nachdenken:

Der 1894 verstorbene Anatom Josef Hyrtl war von einem Weiterleben nach dem Tode überzeugt, und um anderen seine Meinung verständlich zu machen, wählte er dieses Beispiel:
*»Stellen wir uns einmal vor, wir sind ein Embryo im Mutterleib und sollen uns vorstellen, daß wir außerhalb der Gebärmutter ein neues Leben beginnen werden. Hätte der Embryo Selbst-Bewußtsein und wüßte er im voraus, was beim Vorgang seiner Geburt mit ihm geschehen würde, er müßte diesen Vorgang zweifellos für seine absolute Vernichtung halten: die ihn umschließenden Hüllen zerreißen. Das Fruchtwasser, sein Lebenselement, fließt fort. Die Nabelschnur, die ihn ernährt, wird zertrennt. Und überdies hat er, aller Lebensmöglichkeiten beraubt, den erstickenden Sturz durch würgende Enge zu tun. Ja, stünde der Embryo auf dem Boden der Tatsachen, kein Zweifel, ein Überleben der Geburt müßte für ihn undiskutabel sein. Denn er weiß nicht, daß in ihm andere Organe für ein Leben in einer anderen Welt bereits vorsorglich angelegt sind. Lungen, um Luft zu atmen, Augen, um den Kosmos der Farben und Formen zu schauen. Mehr noch, dieser anscheinend hoffnungslose Vernichtungsakt ist in Wahrheit der Weg in ein neues Leben.«*

Schauen wir den Tod am Ende eines jeden Lebens an, so scheint es plausibel, daß er gleichzeitig auch die Geburt in eine andere Welt darstellt. Was ist das für eine Welt, die zwischen zwei aufeinanderfolgenden Inkarnationen liegt?

### *Im Jenseits*

Jede Inkarnation endet mit dem körperlichen Tod. Und was passiert dann? Was geschieht in der Grauzone zwischen zwei Inkarnationen, die meist als Jenseits bezeichnet wird? Dieses Jenseits ist natürlich nicht zu verwechseln mit der göttlichen Einheit am Ende des Weges. Es ist sozusagen ein vorübergehender Aufenthaltsort, den Woody Allen einmal so beschrieben hat: »Selbstverständlich gibt es ein Jenseits. Die Frage ist nur: Wie lange hat es abends geöffnet, und wie weit ist es von der Innenstadt entfernt?«

Wie können wir uns diese andere Welt vorstellen?

Ist das Jenseits eine geistige Welt, das »Sommerland«, wie die Spiritisten glauben, wo sich außer den Verstorbenen auch Schutzgeister der Menschen und vor allem die lieben Verwandten, die auf ein Wiedersehen hoffen, aufhalten? Erwarten wir unsere nächste Wiederverkörperung im »Bardo«, wie im tibetanischen Totenbuch zu lesen ist? Oder was können wir uns unter Jenseits vorstellen?

Die Sterbeforscher Elisabeth Kübler-Ross und Raymond Moody haben aus den Berichten Sterbender oder klinisch toter und wieder zum Leben erweckter Patienten bewegende Bücher zusammengestellt, die unsere Hoffnung auf ein Weiterleben nach dem Tode bestärken. Trotzdem müssen wir einräumen, daß alles, was wir über den Tod wissen, von Lebenden stammt. Und alles, was wir über den Tod hinaus vermuten, ist letztlich nicht beweisbar, bleibt Spekulation oder Vorstellungs-Modell. Sicher ist nur: Es gibt diesen Zustand genauso, wie es Tag und Nacht gibt, Wachen und Träumen. Da die Welt auf allen Ebenen aus Gegensatzpaaren besteht, muß es auch zu einem Leben im Diesseits, mit Körper, einen Gegenpol geben, nämlich das Jenseits ohne materiellen Körper.

*Das Jenseits in der Reinkarnations-Therapie*

In der Reinkarnations-Therapie werden die Klienten auch mit dem Tod und dem, was danach kommt, konfrontiert. Wenn sie ihre Angst vor dem Sterben überwunden haben, schildern sie das, was danach geschieht, genauso selbstverständlich wie ihre früheren Leben. Ihre Beschreibungen haben individuelle Färbungen. Sie reichen von scheinbar realen Landschaften, ähnlich wie auf der Erde, bis hin zu leuchtenden Farbteppichen und funkelnden Spiralen. Aber in vielen Punkten gibt es erstaunliche Übereinstimmungen. Die Einschränkung, daß auch ihre Aussagen von Lebenden stammen und deshalb nur begrenzte Gültigkeit haben, gilt natürlich auch hier. Das sagen Klienten über den Tod:

1. Mit dem körperlichen Tod ist keineswegs der Tod des individuellen Bewußseins verbunden.
   Im Gegenteil – bei überraschendem Tod merken die Klienten manchmal gar nicht, daß sie keinen lebendigen Körper mehr haben. Erst dann, wenn sie durch Wände gehen, sich schwerelos bewegen und für ihre Mitmenschen anscheinend Luft sind, stellt sich heraus: »Hoppla, irgend etwas stimmt da nicht!«

Kündet sich der Tod langsamer an, dann erleben ihn die Klienten nach anfänglicher Todesangst meist als etwas Erlösendes und Befreiendes. Das ist verständlich, denn Tod ist immer ein Loslassen, ein Sich-Hingeben und Fallenlassen, auch wenn er nicht freiwillig eintritt. Mag die Angst davor noch so groß sein, so ist die Erfahrung dieses Zustandes angenehm, wenn man sich erst in ihm befindet.

Tritt der Tod durch langsames Dahinsiechen oder Altersschwäche ein, so vollzieht sich der Übergang ins Jenseits manchmal in einzelnen Schüben. Der Körper ist noch nicht ganz tot, aber Teile des Bewußtseins sind schon »drüben«, der mehr oder weniger große Rest folgt (in der Regel) mit dem Körpertod nach.

2. Nach dem körperlichen Tod sind oft tiefere Erkenntnisse und Einsichten möglich als während des ganzen vorausgegangenen Lebens.

   Diese Möglichkeit nutzt die Reinkarnations-Therapie, indem sie den Klienten aus einem Nachtodes-Bewußtsein zurückschauen läßt auf das gerade zu Ende gegangene Leben. Aus diesem Blickwinkel entwirren sich für den Klienten viele Schicksalsfäden, ein Sinn wird deutlicher, Wertungen und Erstarrungen können schlagartig revidiert werden. Auch eine Vorausschau auf die nächste Inkarnation und die darin liegende Entwicklungsaufgabe ist möglich.

3. Das Jenseits hat keine so festen Strukturen wie die materielle Welt. Es ist am ehesten mit dem Zustand des nächtlichen Träumens vergleichbar. Konkrete Szenen wechseln mit irrealen, surrealistischen und symbolischen Geschehnissen. Manchmal schildern die Klienten auch nur farbige Zustandsräume, Wolken und Schleier, die mehr von Gefühlen als von Ereignissen gekennzeichnet sind.

Rein technisch besteht kein Unterschied, ob ein Klient von einem konkreten früheren Leben berichtet oder vom Jenseits. Beides ist gleich schwer – oder einfach.

4. Das Jenseits ist nichts anderes als das Unbewußte.
   Mag es für den einen Klienten nach einem verkorksten Leben wie der Himmel erscheinen, so ist es für einen anderen Klienten, der im vorausgegangenen Leben viel verdrängt hat, die reinste Hölle. Denn jetzt wird er möglicherweise mit all dem konfrontiert, was er in den 60 oder 80 Jahren zuvor mit zweifelhaftem Erfolg innerlich und äußerlich von sich weggeschoben hat.
   Zu sterben, das ist wie Eintauchen ins Unbewußte: Gewohnte und festgehaltene Identitäten und Selbstbilder lösen sich auf. In diesem Sinne ist jede tiefergehende Psychotherapie auch Sterbevorbereitung. Wer zumindest die großen Themen und Inhalte seines Unbewußten kennt, der braucht keine Angst vor dem Tod zu haben. Es wird ihm danach nichts Fremdes begegnen.
5. Im Jenseits findet Entwicklung statt. Wir ruhen uns dort längst nicht nur von einem anstrengenden Leben aus. Diese Entwicklung vollzieht sich aber auf andere, mehr passive Art als in einem Leben mit Körper. Es geht mehr um ein Bilanzziehen, ein Verarbeiten und Neuordnen von Entwicklungsimpulsen, die im nächsten Leben wieder auf den Prüfstand müssen. Es ist wie beim Schlafen. Hatten wir eine gute Nacht, dann beginnt der nächste Tag mit Schwung und Klarheit. Konnten wir aber in der Nacht nicht loslassen von den Ereignissen des gestrigen Tages, dann wird der nächste Tag auch ein schwieriger sein.
6. Zeit und Raum haben im Jenseits andere Qualitäten als in unserer gewohnten Alltagswelt. Ähnlich wie im Traum fallen

uns diese aber nicht weiter auf, sind wir erst mal »drüben«. Es erscheint uns dort genauso normal wie unsere Alltagswelt hier. Daraus ergibt sich aber, daß es keine festlegbaren Zeiträume gibt, in denen wir im Jenseits weilen. Die Uhren dort gehen anders. Nach den Beobachtungen über viele Therapien hinweg scheint es, daß diese Zeiträume, nach diesseitigen Uhren gemessen, sehr kurz sein können. Im Extremfall kann eine Seele mit dem Eintritt in ein neues Leben beginnen, obwohl der Körper aus der letzten Inkarnation noch gar nicht ganz tot ist. Von außen betrachtet sieht das so aus, als ob sich Inkarnationen überlappen. Das will jedoch nicht viel heißen. Denn nach der subjektiven Zeit des Jenseits, während des schrittweisen Übergangs von Seelenteilen in einen neuen Körper hinein, können Jahrhunderte vergehen.

*Der Weg*

Der lange Entwicklungsweg in eine neue Einheit führt durch die Erfahrung von Gegensätzlichkeiten, also mitten durch die Welt. Zwar gibt es an entscheidenden Stellen Helfer in unterschiedlicher Verkleidung, aber gehen müssen wir selbst, niemand nimmt es uns ab. Allerdings reisen wir in der Begleitung zahlloser Weggefährten, die alle auf dem gleichen Weg der Selbsterkenntnis sind, anfangs unbewußt, später immer mehr als bewußte Pilger.
Zu allen Zeiten ist der Mensch aus unterschiedlichsten Motiven auf Pilgerfahrt gegangen. Spirituelle Suche, Queste, Kreuzfahrt, Gralssuche sind einige der Namen für den Weg, den wir alle beschreiten, auf der Suche nach Erleuchtung, Frieden, Linderung, Heilung und Einheit. Die mystische Tradition eines Volkes ist

meist durch heilige Schriften belegt, in denen von Helden und ihrer Suche die Rede ist, und diese Suche ist auch das Thema vieler der großen Werke der Weltliteratur. Die Mythen handeln alle von Sündenfall, Versäumnis, Schuld und Erlösung. Oft hängt der Erfolg der Queste davon ab, zur rechten Zeit die rechte Frage zu stellen. Parzivals Suche nach dem Heiligen Gral, Cervantes' »Don Quijote«, Dantes »Inferno«, Hermann Hesses »Siddharta«, Goethes »Faust«, Mozarts »Zauberflöte« und die Berichte der Kreuzritter – sie alle haben das gleiche Thema der Suche. Wie immer auch sie genannt wird – stets ist das Ziel der Suche die Quelle, aus der wir alle gekommen sind.

Es führen ebenso viele Wege zum Heiligen Gral (und zur Erleuchtung oder Erlösung) wie nach Rom. Doch jeder führt durch die Welt, und zwar ohne Abkürzung. Aus den Erfahrungen vieler Therapien zeigt sich, daß es keine Schnellstraße der Wohlanständigkeit gibt, die schnurgerade ins Paradies führt. Auch die Therapie nicht.

Aber jeder, der sich auf die Suche macht, wird davon verändert, egal, ob er erfolgreich ist oder nicht. Vielleicht findet er im Laufe seines Weges ganz andere Dinge als die, die ihn anfangs veranlaßt haben, aufzubrechen. So mancher Kreuzritter ist ausgezogen, um die Grabstätte Christi zu suchen und von den Heiden zu befreien. Was er findet, ist etwas ganz anderes: Er wird sich seiner Grausamkeit und Panzerung bewußt angesichts einer orientalischen Kultur der Offenheit und Körperlichkeit. In den Therapien kommt es häufig zu solchen Bewußtwerdungsprozessen – Jahrhunderte später, *jetzt in dieser Sitzung*.

Oft wandelt sich das Motiv, aus dem heraus ein Klient Reinkarnations-Therapie macht, während der Therapie mehrmals. War es zu Beginn eine Situation der Ohnmacht, die ihn kommen ließ, so mag sich diese im Lauf der Therapie ändern in eine Suche nach erneuter Macht, dann in ein Bedürfnis nach tieferer Beziehung und schließlich einmünden in eine echte Sehnsucht nach Spiritualität. Es kann aber genauso gut auch andersherum laufen: So mancher Klient, der zur Erleuchtung nur noch die letzten Weihen suchte, fand sich wieder in einer großen Gier nach Welt, die er bisher nur verdrängt hatte.

Wie auch immer der Weg des einzelnen aussehen mag, er folgt einer inneren Gesetzmäßigkeit, wie sie auch in den alten Mythen aufgeschrieben steht – dort hat jede Suche drei Phasen:

1. Die Trennung von allem, was bekannt und geliebt wird, weil die Seele einen Ruf aus dem Inneren vernimmt und sich auf die Suche nach der Quelle macht.
2. Die Reise, die Gefahr, die Irrtümer, Fehler und schließlich die Wunder der Umwandlung der Seele durch Erfahrung.
3. Die Rückkehr mit dem Geschenk der Selbsterkenntnis und Liebe im Herzen.

Alle drei Phasen durchlaufen wir immer wieder aufs neue, in kleinen Zyklen und in großen. Den Weg der Entwicklung können wir uns vorstellen wie eine Spirale, die sich nach oben hin verjüngt. Die eine Wahrheit, die der Spitze der Spirale entspricht, umkreisen wir unzählige Male auf verschiedenen Ebenen.
Die großen Probleme des Lebens, so lehren uns viele Therapieverläufe, entstehen nicht etwa durch den Weg als solchen und die eigentlichen »Abenteuer«, sondern durch die Weigerung, den Weg fortzusetzen. Diese Weigerung mag unterschiedliche Gründe haben: Einige der »Pilger« meinen, die Weisheit bereits mit

Löffeln gefressen zu haben und kurz vor dem Ziel zu sein. Andere geben auf, weil sie glauben, in die falsche Richtung zu laufen, wenn ihr Weg nicht so verläuft, wie sie ihn sich vorgestellt haben. Wieder andere können nicht loslassen von der zuletzt zurückgelegten Wegstrecke, um sich auf eine nächste Spiralwindung zu begeben. Und dann sind da noch die vielen, die einfach nur noch in Depression versinken und sich tot stellen, in der Hoffnung, daß sich damit alles von selbst erledige.

Da in dieser Welt aber alles mit allem verbunden ist – eine Konsequenz aus der Tatsache, daß alle Wesen aus einer gemeinsamen Einheit entstammen –, ist auch jeder Mensch mit jedem anderen verbunden. Der Fortschritt aller ist auch der des einzelnen, die Verweigerung des einen betrifft alle anderen. Deshalb können wir gewiß sein, daß, egal, wo wir uns gerade auf unserem Weg befinden, stets auch Weggefährten da sind, die uns über schwierige Stellen hinweghelfen. Vielleicht warten sie schon lange darauf, daß wir sie erkennen.

Alleine werden wir das Ziel des Weges nicht erreichen können. Dies wäre ein Widerspruch in sich, ist das Ziel doch Einheit.

### *Heilung durch Reinkarnations-Therapie: Eine moderne Suche nach dem Heiligen Gral*

Auch wenn wir alle auf der Suche nach Erlösung und Heimkehr sind: Längst nicht alle gehen diesen Weg gleich zielstrebig. Manche wissen nicht einmal, daß sie unterwegs sind. Und was das Ziel ihres Weges ist, darüber machen sich viele der Reisenden keine Gedanken. Sie haben – und das ist ganz verständlich – zunächst einmal nur ein Nahziel vor Augen: durchzukommen ohne Leid. Oder, wenn Leid und Probleme schon da sind, die

Erlösung von aktuellen Symptomen, von Verzweiflung und Krankheit.

Nachdem die Kirche viel an Glaubwürdigkeit und Lebensnähe verloren hat und die Schulmedizin bestenfalls dem Körper helfen kann, versuchen heute viele, dieses Nahziel auf dem Weg über Psychotherapien und New-Age-Methoden aller Art zu erreichen. Dabei werden solche Methoden bevorzugt, die ein schnelles, müheloses und am besten automatisches Erreichen von Gesundheit, Karriere, Kraft, Selbstbewußtsein, Sinnhaftigkeit und Erfolg im Leben versprechen. Die vom Leben Gebeutelten wenden sich hilfesuchend und auf wundersame Heilung hoffend an einen Therapeuten, Guru oder einen entsprechenden »esoterischen« Verein, bei denen sie all das loszuwerden hoffen, was ihnen zu schwer geworden ist.
Doch nach einer ersten Euphorie müssen die meisten schließlich feststellen: Weisheit und die Kunst des Lebens und des Sich-Entwickelns ist nicht so einfach übertragbar und übermittelbar. Solche Dinge kann man nicht pauken wie Schulwissen, dafür gibt es keine Ausbildungskurse. Die Weisheit, die ein weiser Mann zu übermitteln versucht, wird stets dünn, wenn der Schüler versucht, sie auf sein Leben zu übersetzen.
Niemand braucht einen Guru oder die Mitgliedschaft in einem Heilsverein, auch wenn viele das glauben. Doch um das zu begreifen, muß man erst einmal den Weg der Enttäuschung gegangen sein.

Ähnlich verhält es sich mit der Psychotherapie. Die Klienten brauchen keinen therapeutischen Guru, auch wenn sie immer nach einem Führer suchen, der ihnen den Weg zum Glücklichsein weist – einen, der größer, stärker, klüger ist als sie. Einen Übervater, der das ausbügelt, was der eigene ihrer Meinung nach verbockt hat. Sie sehnen sich alle nach dem Tag, an dem ihre Probleme gelöst sein werden. Der ersehnte Retter ist der Therapeut. Und deshalb projizieren sie auf ihn alle Träume, Hoffnungen, Sehnsüchte. Weil er so stark ist und sie so schwach sind, er so groß und sie so klein, muß er sich um sie kümmern. Sie glauben, daß er der Erleuchtung nahe ist, denn wie sollte er sie denn sonst retten können? Sie wollen einen Guru und sind enttäuscht, sollten sie erfahren, daß der Therapeut auch nur ein Mensch ist.

Doch wie Hermann Hesses Siddharta schließlich lernt, auf einen Guru zu verzichten und statt dessen still zu werden und dem Fluß des Lebens zu lauschen, so müssen auch die Klienten in der Therapie lernen, ihren Weg aus eigener Kraft und Verantwortung zu gehen. Auch der beste Therapeut kann immer nur Begleiter sein.

Die Reinkarnations-Therapie unterscheidet sich da in nichts von allen anderen Therapieformen. Sie hat allerdings den Vorteil, daß sie besser als viele andere Methoden geeignet ist, die Klienten zu ent-täuschen – im Sinne von frei zu machen von Täuschung und Illusion.

Zunächst einmal wird jedem Klienten während seiner Therapie deutlich, daß, egal an welchem Symptom entlang er in seine Seele hinabtaucht, er immer auf ähnliche Grundmuster seines Wesens stößt. Ja schlimmer noch, egal, in welchem Zeitalter er ein früheres Leben anschaut, zu jeder Zeit war er beschäftigt, seine immer gleichen Probleme zu bearbeiten, wenn auch in ganz unterschiedlichen Kulissen und auf verschiedenen Ebenen. Die Illusion, daß es sich bei seinem augenblicklichen Dilemma um etwas Kurzfristiges und Vorübergehendes handeln könnte, ist dahin. Er hat sich, wie schon unzählige Male zuvor, am gleichen Thema festgefressen. Der Klient lernt, daß seine Probleme nicht mit einem Fingerschnippen wegzuzaubern sind, sondern daß sie Bestandteile seines langen Weges sind, und zwar genau diese Probleme und keine anderen. Und er allein ist der beste Spezialist dafür.

Dann wird der Klient in der Reinkarnations-Therapie einen Therapeuten erleben, der keine Weltanschauung oder Heilslehre verkauft, sondern der einfach, wertfrei und ohne moralische Ansprüche, sagt: »Schau dich an, in all deinen Erlebnissen, Bildern und Gefühlen – dies alles sind Teile von dir selbst. Dies bist du und dein Weg.«

Die Illusion, daß jemand anders als er selbst schuld an seinem Schicksal hat, ist dahin. Er lernt immer mehr, selbst Verantwortung zu übernehmen. In der Reinkarnations-Therapie wird jedem Klienten schon nach kurzer Zeit deutlich, daß er bereits Jahrtausende auf dem Weg ist. Keiner wird ernsthaft annehmen, daß sein Weg nun nach einigen Wochen Therapie endlich dem Ende zu geht. Dennoch können diese wenigen Wochen eine wichtige Weichenstellung bewirken:

Dem Klienten wird klar, daß sein Weg viel länger dauert und viel komplizierter ist, als er dachte. Ihm wird aber auch klar, daß er nur ein paar Probleme dieser Welt zu lösen hat, seine eigenen nämlich, und daß er dafür wirklich eine Chance hat, wenn er die »Werkzeuge« und Fähigkeiten benutzt, die ihm (und nur ihm) dafür mitgegeben wurden. Die Chance besteht jetzt darin, unangenehmen Wahrheiten ehrlicher ins Auge zu schauen und seinen Lebensweg so zu nehmen, wie er ist – aber mit anderem Bewußtsein!

Das Ziel am Ende des Weges kennen wir nicht. Würden wir es kennen, wären wir dort. Aber tief in uns tragen wir dennoch eine Erinnerung an das Ziel, denn es ist nichts anderes als der Ursprung, aus dem wir alle stammen: »Von der Einheit zur Einheit, von der Fülle zur Fülle«, so ist es schon in uralten indischen Schriften niedergelegt.
Schwer tun wir uns mit der Frage, was die Fülle Gottes denn bewegt haben könnte, sich in die Vielfalt der Welt hineinzubegeben. Warum ist die Unendlichkeit mit sich selbst so unzufrieden? Man kann nur vermuten, daß die Unendlichkeit noch unendlicher wird und die Fülle noch voller, wenn sie nach einem solch langen Entwicklungsweg durch die Welt mit all den widerborstigen Menschen in neuem Bewußtsein zu sich selbst zurückfindet, in eine neue, mit Bewußtsein erfüllte Einheit hinein. Aber hier können wir nur spekulieren und uns in Bescheidenheit des Geistes üben. Der »liebe Gott« läßt sich nicht in die Karten schauen.
Auch bleibt die Frage offen, wie es in einer neuen Einheit zugehen mag, wie wir uns dort fühlen. Ob Höheres Selbst, Gott, Einheit, Paradies, Erleuchtung, Nirwana, ewige Seligkeit, Himmel, Samadhi oder Unio Mystica – wie es »dort« aussieht und wie dieser Idealzustand beschaffen ist, darüber gibt es nur Vermutungen, und manche sind nicht einmal sehr anziehend.
Lloyd George, englischer Premierminister, sagte einmal über das Paradies: »Die Vorstellung, daß der Himmel ein Ort sein soll, an dem beständig Sonntag ist mit pausenlosem Gottesdienst, hat mich so abgeschreckt, daß ich für zehn Jahre zum Atheisten wurde.«
Thomas von Aquin sagt über die Seligkeit im Himmel: »Die Seligen, die sich dort aufhalten, befinden sich auf unterschiedli-

chen Entwicklungsstufen der Heiligkeit und erleben demzufolge auch einen unterschiedlichen Glückszustand.«
Prosaischer drücken es die Buddhisten aus: »Vor der Erleuchtung Holz hacken, nach der Erleuchtung Holz hacken.«
Die berühmtesten Dichter, Mystiker und Religionsstifter haben sich bemüht, das Ziel aller menschlichen Sehnsucht in Worte zu fassen. Doch am zutreffendsten ist, finden wir, der Satz von Ludwig Wittgenstein: »Worüber man nicht sprechen kann, darüber muß man schweigen.«

Viel wichtiger erscheint es uns, sich dem Augenblick zu widmen, der aktuellen Lebenssituation. In dem Moment, in dem wir von allem losgelassen haben, auch von den höchsten Zielen, mag die Erleuchtung geschehen – so jedenfalls berichten es die Weisen. Sie sagen: »Der Weg ist das Ziel.«
Wer den Weg lieben gelernt hat, dem mag das Ziel zufallen:

*»... ich denke, ob die wohl recht haben, die lehren, man müsse sich von dem Irdischen frei machen, um aufzusteigen in die Vollkommenheit. Das kann ich nicht begreifen. Eher wollte ich ohne Vollkommenheit sein, als mich von den blauen Märzblumen, von den Gräsern, von den blühenden Apfelbäumen, von dem Harz an den Tannen, vom Meer, von den schneeflockendurchtanzten Dezembertagen und von alledem zu lösen.*
*Wenn es wahr ist, was einige in Büchern verzeichnet haben, daß die Seele immer wiedergeboren werden muß in den Bereich der Erde, bis sie, von Stufe zu Stufe sich hebend, aus der Irdischkeit erlöst wird, so könnte, meine ich, das Wohnen der Seele auf dieser Erde nur den Sinn haben, alles Erdenwesen bis in seine tiefste Tiefe zu erleben. Aber wie kann man etwas, sei es Mensch, Tier oder Ding, in seinem Wesen erfassen, wenn man's nicht liebt?*

*So erfüllen diejenigen, die das irdische Getriebe am inbrünstigsten lieben, den Sinn ihres Erdendaseins am ehesten. Nur ihnen kann die Verheißung nahe sein, aus dem irdischen Bezirk in den Sternenstaub entrückt zu werden. Aber klingt das wohl für solche Menschen wie eine Verheißung? Sie hängen ja an Wald und Feld, sie sind ja den Getreidehalmen getreu, sie wollen ja nicht erlöst sein von der Erdenschwere, sie lieben das alles ja!*
*Und die anderen, die den Geist lieben? Nein, die dürfen noch nicht fort, denn sie haben wohl den Sinn der Erde nicht begriffen.«*
*(Manfred Hausmann: »Lampioon – Abenteuer eines Wanderers«, Fischer Verlag)*

# ANHANG

## *Techniken der Rückführung: Verkehrsmittel auf der Reise in frühere Leben*

Neben dem Punkt: Sind das wirklich echte Leben, an die man sich in der Rückführung erinnert? gibt es noch einen zweiten, praktischen Aspekt, der alle Laien brennend interessiert: Wie geht das?

Die meisten vermuten, daß die Rückführung unter Hypnose geschieht. Daß man einen Menschen unter Hypnose in »frühere Leben« zurückversetzen kann, finden sie zwar spannend, aber im Grunde nicht nachvollziehbar. Hypnose fällt ohnehin in einen Bereich, der viel Rätselhaftes enthält – warum sollte da nicht auch ein Trip in die eigene Vergangenheit möglich sein? Wenn sie dann jedoch erfahren, daß die Hypnosetechnik längst durch andere, wesentlich einfachere Methoden ersetzt worden ist, daß sogar simple Entspannungsübungen dazu ausreichen, beginnt das große Staunen: Kann das wirklich so einfach funktionieren?

Zunächst einmal: Jemanden auf die Wohnzimmercouch zu legen und Phänomene hervorzurufen, die sich als »frühere Leben« interpretieren lassen, ist technisch kein Kunststück. Das schafft mit den zur Verfügung stehenden, relativ leicht erlernbaren Methoden – egal welcher Art – fast jeder. Die Frage ist nur: Will man einfach nur ein wenig herumreisen, oder hat man ein Ziel? Beim Vergangenheits-Tourismus ist die Technik das geringste Problem (dafür gibt es allerdings, wie beschrieben, viele andere Risiken).

Mit Therapie haben diese Spielereien jedoch nichts, aber auch gar nichts zu tun.
Wichtig wird eine gut gekonnte Technik seitens des Therapeuten in dem Moment, in dem es um echte Therapie geht. Eine der am häufigsten gewählten Methoden ist dabei die Tiefenentspannung. Der Klient wird durch bestimmte, immer ähnlich lautende Formeln in einen Zustand der Trance versetzt.
Er bleibt dabei bei Bewußtsein, kommt aber in einen entspannteren Zustand. Allerdings kann er, während er in aller Ruhe den Entspannungsformeln des Therapeuten lauscht, leicht das Gefühl bekommen: Der Therapeut macht das schon, da kann ich mich jetzt ausruhen. Das ist jedoch eine fragwürdige Einstellung, denn in der Therapie zählen bei dem Prozeß der Bewußtwerdung nur die Ergebnisse, die aus eigener Kraft und Antrieb »erobert« worden sind. Der Klient soll lernen, selbst aktiv zu sein.

Auf der Suche nach Alternativen entwickelte der renommierte amerikanische Reinkarnations-Therapeut Netherton deshalb die Technik der sogenannten Schlüsselsätze. Sie basiert auf der Beobachtung, daß viele Klienten ihre Lebensprobleme mit immer wiederkehrenden Sätzen beschreiben, die aus der jetzigen Lebenssituation heraus nicht unbedingt einen Sinn ergeben: »Ich fühle mich verraten und verkauft«, »Wenn er mich verläßt, sterbe ich«, »Das schaffe ich niemals«. Weil der Klient noch gar nichts erlebt hat, was diese Befürchtung rechtfertigt, vermutet Netherton, daß es sich bei diesen immer wiederkehrenden Sätzen um unbewußte Probleme handelt, die oft aus früheren Leben übernommen sind. Also läßt er seine Klienten ihre »Schlüsselsätze« so lange wiederholen, bis sie in die Situation in einem früheren Leben hineingerutscht sind, in der sich bei ihnen diese Überzeugung gebildet hat. Und schon ist er ihrem Trauma auf der Spur.

Auch diese Methode funktioniert – allerdings hält sich auch hier die Eigenbeteiligung des Patienten in Grenzen.

Ich selbst wünsche mir, daß meine Klienten in jeder Sitzung von Anfang an so aktiv wie möglich mitarbeiten, und verwende deshalb eine Atemtechnik, die ich von den Rebirthern übernommen habe.

## *Der Atem – Brücke zur Seele*

Seit Jahrtausenden haben Mystiker und Weise immer wieder auf die gewaltige Kraft unseres Atems hingewiesen und auf den Einfluß, den er auf unsere körperliche, geistige und seelische Gesundheit hat. In geheimen Schriften soll von rituellen Atemübungen die Rede sein, die auf Atlantis praktiziert wurden. Jeder, der sich ein wenig mit Yoga beschäftigt hat, weiß, daß die indischen Meister durch Pranayama in der Lage sind, nicht nur ihr Bewußtsein unendlich zu erweitern, sondern auch den Verfall ihrer Körperzellen aufzuhalten und ihren Körper auf Wunsch zu materialisieren oder zu dematerialisieren. Denn der Atem ist nicht nur eine der wichtigsten Energiequellen, sondern auch das Bindeglied zwischen der materiellen und der geistig-spirituellen Welt. Er ist Ausdruck von Seelischem und führt deshalb geradewegs dorthin: hinein in die Seele des Klienten, ins Reich der inneren Bilder und Gefühle. Eine einfachere, natürlichere Methode kann es nicht geben. Atem ist der Ausdruck der Polarität. Mit jedem Einatmen nehmen wir Lebensenergie auf, mit jedem Ausatmen geben wir Lebensenergie frei. Je »runder« der Atem, je weicher, fließender die Übergänge zwischen EIN und AUS, desto freier fließt die Energie.

Also beginnen wir jede Therapiesitzung damit, daß der Klient 15–30 Minuten konzentriert atmet: tief, schnell und kraftvoll, so als würde er in raschen Schritten eine steile Treppe hinaufgehen. In Wirklichkeit liegt er aber auf der Couch und hat deshalb nicht die Möglichkeit, die Energie in Bewegung umzusetzen. Ergebnis: Der Körper beginnt zu kribbeln, verkrampft sich, wird steif, fühlt sich an einigen Stellen unendlich leicht an, an anderen unerträglich schwer. Der Klient muß nun das Vertrauen haben, durch diese Verkrampfungen durchzuatmen – der Therapeut unterstützt ihn dabei –, so lange, bis sich die Krämpfe lösen und eine tiefe Seelenschicht erreicht ist.
Erst dann lassen wir den Atem ruhiger werden. Die Ruhephase beginnt. Astrale Energie wird hautnah spürbar. Der Körper fühlt sich fast schwerelos an, das rationale Denken rückt in den Hintergrund. Der Klient spürt, wie er seiner Seele nahe ist. Und in diesem entspannten Zustand tauchen nun die Bilder der Seele auf, die wir auch als frühere Leben bezeichnen.
Viele mögen die Atemtechnik anfangs nicht. Das »Turbo-Atmen« ist ihnen lästig. Oft ist es ihnen auch unheimlich, denn sie spüren genau, daß sie in dieser Phase auf ihren Kopf als Kontrollinstanz verzichten müssen und ihrem Körper völlig ausgeliefert sind. Manche gähnen, driften ab und versuchen, »heimlich« einzuschlafen. Andere atmen zwar scheinbar mit großer Power, klemmen aber trotzdem ihre Energie ab – es geschieht nichts. Wieder andere schwitzen stark, lachen, schreien, toben, winden sich in Krämpfen oder verspüren einen starken Druck auf die Blase, manchmal auch Heißhunger oder sexuelle Regungen.

Ich habe festgestellt, daß die vier Grundtypen in der Astrologie – Feuer, Wasser, Luft und Erde – in Ansätzen auch an der Art ihres Atmens zu erkennen sind:

Da gibt es zum Beispiel die »Wasser-Atmer« (starke Betonung von Krebs, Skorpion, Fische): Die meisten von ihnen finden das Intensiv-Atmen lästig, sie atmen »undiszipliniert« und schweifen gern ab. Um so lieber wenden sie sich den Gefühlen zu, die sie beim Atmen spüren. Da fließen die Tränen, Papiertaschentücher werden in Mengen verbraucht. Manche Wasser-Typen bekommen beim Atmen sexuelle Gefühle, andere verspüren eher Hunger. Wasser-Typen atmen fast immer sanft und weich.

Die Feuer-Atmer (starke Betonung von Widder, Löwe, Schütze): Feuer-Typen haben beim Atmen einen ausgeprägten Hang zur Dramatik. Auf der Couch geht es hoch her: Sie schreien und toben, sie schwitzen, strampeln und sind ständig in Bewegung. Viel Energie wird freigesetzt, und wenn diese Energie in die Seele geht, kommen die Feuer-Typen leicht an ekstatische Zustände heran.

Die Luft-Atmer (starke Betonung von Zwilling, Waage, Wassermann): Da Atmen unbestreitbar etwas mit Luft zu tun hat, haben die Luft-Typen mit der Technik des Intensiv-Atmens die geringsten Probleme – es sei denn, sie machen vor lauter Angst »zu«. Das passiert immer dann, wenn sie Schwierigkeiten haben, sich mit ihrem »Luft-Typ« zu identifizieren. Die Folge: Nichts geht mehr! Andererseits haben Luft-Atmer am leichtesten von allen vier Typen das Gefühl, ihren Körper verlassen zu können und davonzuschweben.

Die Erd-Atmer (starke Betonung von Stier, Jungfrau, Steinbock): Anfangs tun sie sich sehr schwer mit dem Atmen – sie atmen nur oberflächlich, weil sie befürchten, daß sie sonst den Boden unter den Füßen verlieren könnten. Trotzdem kommt es bei ihnen überdurchschnittlich häufig zu Krämpfen. Sie verlangen, bevor sie mit dem Atmen beginnen, erst mal eine Erklärung, was das denn eigentlich soll. Aber wenn die Erd-Typen dann erst mal angelaufen sind und der Krampf durchgeatmet ist, wollen sie gar nicht mehr aufhören. »Abheben« kommt allerdings für sie am wenigsten von allen in Frage. Dafür sind sie viel zu erdverhaftet. In der Entspannungsphase fühlen sie sich aber in ihrem Körper richtig wohl.

Noch eine Beobachtung scheint sich immer wieder zu bestätigen: So, wie einer atmet, so ist er. Wer wenig atmet, ist gehemmt. Wer richtig, also rund, atmet, lebt richtig. Wer bewußt atmet, lebt bewußt. Seelische Blockaden drücken sich stets auch im Körper aus. Der Körper lügt – im Gegensatz zum Klienten – nie! Im Verlauf der Therapie lernen die Klienten übrigens fast immer, sich mit ihrem Atem anzufreunden. Die Tatsache, daß er ihnen den Weg zu einer erweiterten Bewußtseinsebene glättet, sie dort hingeleitet, wo wir alle hergekommen sind, und sie ihrer magischen Kräfte wieder bewußt werden läßt, ist eine Erfahrung, die kaum jemand unberührt läßt.
In jeder Therapie sollten die Klienten ein oder zwei Sitzungen »durchatmen«. Sinn solcher Atemsitzungen ist es, den Klienten energetisch »durchzuspülen«. Das muß man sich so vorstellen: Körper und Seele werden durchzogen von feinen, unsichtbaren Kanälen, den sogenannten Meridianen. Stellen wir uns vor, darin fließe Wasser (entspricht der feinstofflichen Energie). Nun wird der Lauf des Wassers in manchen Kanälen an einigen Stellen blockiert, weil irgendein Hindernis im Weg ist. Was tun? Wir öffnen ein Schleusentor und setzen das ganze Kanalsystem unter Wasser, das nun mit großem Druck durch alle Kanäle strömt und alle Hindernisse wegspült. Ebenso lösen sich bei den Klienten

alle Blockaden und Verkrampfungen. Gefühle werden in reiner, ungefilterter Form frei. (In dieser Situation wird übrigens häufig die Geburt wiedererlebt, daher stammt auch die Bezeichnung Rebirthing.)

Ellen, 40, die verschiedene Berufsausbildungen abgebrochen hat und zur Zeit allein lebt – vom Geld ihrer Eltern –, schildert eine solche Atemsitzung in ihrem Protokoll. Obgleich sie das Beispiel von dem Kanalnetz nicht kennt, beschreibt sie ihre Empfindungen mit einem ganz ähnlichen Bild:
»*Ich erlebe, daß es für meine Energie ganz verschiedene Wege und Formen gibt, sich auszudrücken. Es gibt Engpässe dort, wo ich die Energie gewohnheitsmäßig abschnüre. Es gibt Abzweigungen, an denen ich mich für die eine oder andere Richtung entscheiden kann. Manche Wege sind schmerzhaft und selbstzerstörerisch – und trotzdem wähle ich sie zwanghaft immer wieder. Es gibt Wege, die dorthin führen, wohin ich will, aber die darf ich, sagt mir mein Verstand, keinesfalls benutzen. Nun kann ich dieses gesamte Labyrinth anschauen: die Wege, die Engpässe, die Abzweigungen – und ihre Bedeutung für mich. Ich sehe die Stellen, wo ich immer die falsche Entscheidung treffe. Dort zwingt mich etwas, zu bremsen, wo ich eigentlich lieber strömen möchte. Ich überschaue das ganze Bild: Sehe, daß an einigen Stellen der ursprüngliche Grund für meine schädliche Wahl überlebt ist, es ist nur noch alte Gewohnheit. Ich kann loslassen …*«

In der Phase der tiefen Entspannung, die dem Intensiv-Atmen folgt, betritt der Klient eine neue Bewußtseinsebene. Er ist hellwach, aber sein Verstand, der normalerweise als scharfer Zensor jede seiner Äußerungen kontrolliert und nichts ungefiltert durchgehen läßt, tritt jetzt zur Seite und macht den Weg frei für die Bilder, die nun aus der Seele aufsteigen. Nun kommt es darauf an, daß der Klient lernt, diese Bilder zu betrachten und gleichzeitig sie auszusprechen. Es gibt kein Richtig und kein Falsch. Und alles, was er sagt, ist wichtig. Denn was auch immer er ausspricht – es hat etwas mit ihm selbst zu tun. Alle Figuren, die in seinen Bildern vorkommen, sind bewußte oder gerade bewußt werdende Teile seiner Seele. Selbstverständlich hat auch das, was er nicht ausspricht, mit ihm zu tun: Auch sein Abwehrsystem ist ein Teil seiner Individualität.

Es gibt Klienten, die trotz reduzierter Wachsamkeit ihres »Kopfes« gewaltige Widerstände überwinden müssen. Manchmal sagen sie während der ganzen ersten Sitzung kaum ein Wort – sosehr sich auch der Therapeut bemüht, nachzuhaken. Sie behaupten, sie sähen einfach keine Bilder. Oder sie bringen in endloser Ausführlichkeit Bilder, die ihrer Meinung nach garantiert »harmlos« sind: welche Blumensorten etwa auf der Wiese wachsen oder in welchem Stil ihr Haus möbliert ist. Andere reden gleich von Anfang an ungebremst drauflos und sprechen ungeniert Dinge aus, die sie sich im Normalzustand kaum zu denken trauen. Aber es gibt kaum jemanden, der im Verlauf der Therapie die Technik des Bilderns – so nennt man die Fähigkeit, mit geschlossenen Augen Bilder zu sehen und zu erleben und diese gleichzeitig zu erzählen – nicht beherrscht. Natürlich gibt es nicht nur im Inhalt, sondern auch in der Art der Darstellung erhebliche

Unterschiede. Wie die Klienten bildern, verrät schon ein Blick in ihr Horoskop (genau wie beim Atmen): Dort kann ich nämlich nicht nur nachlesen, welche Themen für sie wichtig sein werden, sondern auch, auf welche Weise sie die Träume ihrer Seele wahrscheinlich erzählen werden.

Etwa so sehen die Bilder der Klienten aus, wenn man ihre Tierkreiszeichen nach den vier Elementen gliedert:

Die Erd-Typen (Stier, Jungfrau, Steinbock) kleben an sinnlichen Eindrücken. Sie erzählen eher langsam, dafür aber gründlich. Keine Szene ohne Brotzeit, lautet die Devise der Stiere. Die Jungfrauen sehen oft vor lauter Bäumen den Wald nicht. Sie brauchen manchmal eine halbe Stunde, um den Raum zu schildern, in dem sie sich (in ihren Bildern) befinden, und verlieren sich leicht im Detail. Aber sie wollen alles genau wissen. Denn je besser sie etwas ergründet haben, desto weniger Angst glauben sie haben zu müssen. Die Steinböcke kommentieren ständig: Das hätte ich aber besser nicht tun sollen. Das war aber dumm von mir!
Lieblingsrollen der drei Erdtypen: Bauer, Richter, Wissenschaftler, Pfandleiher, Sammler, Eroberer neuer Länder.
Lieblingsthema: haben, halten, besitzen, bewerten, ergründen.

Die Wasser-Typen (Krebs, Skorpion, Fische) beschäftigen sich am liebsten mit ihren Gefühlen, je intensiver, desto besser. Sie identifizieren sich stark mit der Handlung ihres Bilder-Dramas. Beim geringsten Anlaß fließen die Tränen in wahren Sturzbächen. Ein klarer »roter Faden« ist ihnen in ihrer Geschichte nicht so wichtig, Hauptsache, die Zusammenhänge sind emotional klar!

Lieblingsrollen der Wasser-Typen: Mutter, Familienvorstand, Apotheker, Krankenschwester.
Lieblingsthema: Liebe, Familie, Kinderkriegen. Aber auch »skorpionische« Themen um Schmerz, Lust und Selbstzerstörung kommen immer wieder vor.

Bei den Feuer-Typen (Widder, Löwe, Schütze) strömen die Bilder nur so. Sie wechseln rasch, sind intensiv, farbig, flackernd, manchmal oberflächlich. Es kommt zu gewaltigen Gefühlsausbrüchen, die aber sofort wieder verraucht sind. Sex und Crime sind für sie entweder überhaupt kein Thema – oder aber sie haben fast ausschließlich damit zu tun.
Lieblingsrollen der Feuer-Typen: Sie sind immer da, wo es brennt: Krieger, Feldherren, Herrscher, Sexprotze – und überall dort anzutreffen, wo es donnert und kracht.

Die Luft-Typen (Zwilling, Waage, Wassermann) tun sich schwer, ihre Identität zu finden. Sie sind unverbindlich, schweben gern auf Wolken – auch in ihren Bildern. Das Schildern fällt ihnen nicht leicht. Oft reißen sie Szenen nur an, auf Details und Stimmigkeit legen sie keinen großen Wert. Da darf im Mittelalter ruhig schon mal ein Hubschrauber rumfliegen. In ihren Geschichten kommen sie selbst am liebsten gar nicht vor. Am ehesten verstehen sie sich noch als Kommentator: »Das ist ja wieder nur Phantasie – ich will endlich mal echte Gefühle spüren!«
Lieblingsrollen: Gelehrter, Verkäufer, Händler, Fuhrmann.

Eines haben alle vier Typen gemeinsam: Zurück in der Realität, betrachten sie ihre Bilder anfangs mit einer Mischung aus Faszination, Betroffenheit und Skepsis. »Das habe ich bestimmt irgendwo gelesen« oder »Ich gebe doch hier nur Umwelteindrücke wieder« sind Einwände, die fast jeder Klient gegen die Bilder seiner Seele vorbringt. Das mag in vielen Fällen durchaus zutreffen. Aber auch die Umwelt ist ein Spiegel der Seele. Wir alle haben mit dem, was uns wie ein Zufall erscheint, durchaus etwas zu tun! Im weiteren Verlauf der Therapie, und je vertrauter ihnen die Technik des Bilderns wird, lernt der Klient dann, das aufsteigende »Material« so zu nehmen, wie es kommt, und es ohne Wertung und Kommentar zu berichten.

# Bibliographie

Thorwald Dethlefsen: »Schicksal als Chance«, Bertelsmann, 1979

Thorwald Dethlefsen/Rüdiger Dahlke: »Krankheit als Weg«, Bertelsmann, 1983

Rüdiger Dahlke: »Krankheit als Sprache der Seele«, Bertelsmann, 1992

Rüdiger Dahlke: »Okkultismus«, Heyne, 1990

Rüdiger Dahlke/Nicolaus Klein: »Das senkrechte Weltbild«, Hugendubel, 1986

C. G. Jung: »Wirklichkeit der Seele«, dtv, 1990

C. G. Jung: »Archetypen«, dtv, 1990

C. G. Jung: »Von Gut und Böse«, Walter, 1990

Erich Fromm: »Die Kunst des Liebens«, Ullstein, 1956

Rupert Sheldrake: »Das Gedächtnis der Natur«, Scherz, 1991

Michael Talbot: »Das holographische Universum«, Droemer, 1992

Hanscarl Leuner: »Katathymes Bilderleben«, Thieme, 1989

Günter Griebl: »Die Schwingen der Freiheit«, Theta, 1988

Peter Orban: »Seele«, Hugendubel, 1991

Peter Orban/Ingrid Zinnel: »Personare«, rororo, 1992

Peter Orban: »Verborgene Wirklichkeit«, Hugendubel, 1990

Michael Ende: »Die unendliche Geschichte«, Thienemann, 1979

J. R. Tolkien: »Das Silmarillion«, Klett-Cotta, 1978

Herbert Fritsche: »Erhöhung der Schlange«, Burgdorf, 1979

Jörg Wichmann: »Renaissance der Esoterik«, Kreuz, 1990

Harald Wiesendanger: »Zurück in frühere Leben«, Kösel, 1991

Morris Netherton: »Bericht vom Leben vor dem Leben«, Scherz, 1979

Ian Stevenson: »Reinkarnation«, Aurum, 1976

Morey Bernstein: »Protokoll einer Wiedergeburt«, Knaur, 1991

*Anfragen zur Reinkarnations-Therapie*

Mathias Wendel
Adalbertstraße 68
80799 München

Knaur®

# Westliche Wege

(86008)

(4107)

(4261)

(4223)

(4262)

(4252)